观点新闻学

靖　鸣　冯馨瑶　史剑辉◎著

安徽师范大学出版社
ANHUI NORMAL UNIVERSITY PRESS
·芜湖·

图书在版编目(CIP)数据

观点新闻学 / 靖鸣,冯馨瑶,史剑辉著 .— 芜湖:安徽师范大学出版社,2022.1(2022.9重印)
ISBN 978-7-5676-5203-3

Ⅰ.①观… Ⅱ.①靖… ②冯… ③史… Ⅲ.①新闻学 - 研究 Ⅳ.①G210

中国版本图书馆CIP数据核字(2021)第119919号

观点新闻学　　靖　鸣　冯馨瑶　史剑辉◎著

责任编辑:胡志恒　　责任校对:阎　娟
装帧设计:王晴晴　汤彬彬　　责任印制:桑国磊
出版发行:安徽师范大学出版社
芜湖市北京东路1号安徽师范大学赭山校区
网　　址:http://www.ahnupress.com/
发 行 部:0553-3883578　5910327　5910310(传真)
印　　刷:苏州市古得堡数码印刷有限公司
版　　次:2022年1月第1版
印　　次:2022年9月第2次印刷
规　　格:700 mm × 1000 mm　1/16
印　　张:18.25
字　　数:303千字
书　　号:ISBN 978-7-5676-5203-3
定　　价:59.80元

序

记者在新闻报道活动中，常会遇到新闻当事人对新闻事实发表言论或观点，或者采访者借采访对象之口，在报道事实的同时表达与事实有关的观点。观点既可以用来阐述新闻事实，也可以在多角度认知事实的情况下发掘真相。观点不仅对具体的新闻报道有辅助作用，而且成为报道中不可或缺的重要一环。

民国初期，报人便以畅言政治局势和社会弊害为己任，阐明自身的观点和主张，以启迪民众。对于媒体自身来说，观点的呈现恰恰也是报刊自身态度和立场的体现，不仅仅是对社会现实的反应，更是媒体自身办报立场和方针的彰显。

在如今社交网络媒体时代，针对新闻中观点的研究已经不仅仅局限于媒体的观点式引导，更体现在网民们的微观点表达中存在的合理意义和失范问题上。因此，研究以表达观点为重要内容的新闻报道现象，具有相当重要的理论意义和实践意义。

研究以表达观点为重要内容的新闻报道现象（观点新闻），需要对以下情况予以关注：以新闻中的观点为主，不仅仅通过对观点性的事实进行采访和呈现，而且视之为一种思维方式，在写作中通过专业知识能力、逻辑思维能力将事实、材料和观点进行合理安排，以此来表明记者观点，在报道他观点中表明记者自观点倾向，做到“用事实说话”（他人的观点也是事实）。因此对以表达观点为重要内容的新闻报道现象的研究，是一项基础性意义与应用性意义兼顾的学术研究。

靖鸣教授与冯馨瑶、史剑辉两位同志合作撰写的《观点新闻学》一书，具有显著的创新性，不仅从历史学的角度追寻观点在新闻视野中的运用，对观点新闻的本质规律进行探讨，而且注重新闻中观点呈现的思想性和引导力，探讨不同类型观点新闻的写作特点，弥补了前人研究的视角空白。他们对如今的观点新闻呈现，选取典型案例进行个案分析和对比分析，发现实际应用中观点在新闻中的合理安排规律和本质呈现特点。同时围绕新闻中传递的观点对新闻进行审视，从观点角度发现新闻的组成和背后的运行规律，分析了事实性观点新闻、策划性观点新闻、解释性观点新闻、编辑部配发性观点新闻、时政新闻中的观点新闻和自发性观点新闻中的采访技巧和写作要求。同时将观点新闻放在自媒体视野中分析网络意见领袖和政务微博的微观点表现特点。具体来讲，这本专著的学术价值和现实意义体现在以下方面。

第一，具有一定的基础性意义。作者从新闻学的角度思考了新闻中观点存在的必然性，针对观点新闻的特性和价值导向进行阐述，梳理观点新闻的形成机理、传播渠道、传播效果，对于丰富新闻理论、拓展新闻实践具有重要的理论价值和指导意义。目前，在网络时代，微观点渐成信息市场的主角，需要探寻微观点的传播规律和运行机制，拓展新闻学的学术视野，为实现新闻传播活动的高效化和优效化提供指导。

第二，具有一定的应用性意义。作者以观点为核心，对事实性观点新闻、策划性观点新闻、解释性观点新闻中的观点采访技巧和观点写作技巧进行了探讨，为新闻实务中记者业务能力的进一步提升提供帮助。对编辑部配发性观点新闻、时政新闻引起的观点新闻写作以及记者的自发性观点新闻进行了探讨，以进一步提升媒体的权威性和指导性。在新媒体传播语境中，社会舆论系统面临形变与重构，研究观点新闻，探索新媒体用户的观点新闻诉求，探索提高观点新闻传播者的媒介素养，对于以公共理性构建新闻传播生态，构建公共话语空间，参与公共舆论有一定的实践指导意义。通过各方观点新闻的体现，表达各阶层的利益诉求，以平衡新闻传播生态，对构建公共话语空间具有一定的实践价值。

作者将观点新闻定义为即时获悉、生成且受众欲知的观点、意见、看法、态度、倾向等信息。作者考察了观点新闻研究的必要性和可行性，从不同学科分析观点新闻的存在价值以及存在意义，并提出了具有创新价值的几个观点。

其一，作者认为，观点新闻是“即时获悉、生成且受众欲知的观点、意见、看法、态度、倾向等信息”，实际上就是包括新闻工作者在内的表达主体。观点新闻正在成为网络时代各种媒体竞相生产的一种报道形式。研究观点新闻，重点是要研究观点新闻生产传播与公共话语空间、社会舆论的关系，探讨观点的形成机理、基本形态、传播规律，分析观点新闻的类型、特征及各类观点新闻的策划采写要略。

其二，观点新闻的本质是用事实说话，以观点引导。通过提前策划，确定新闻采访对象、布局新闻资源，通过对事实性观点、解释性观点等的采集，与媒体观点、记者观点结合，最终配发观点新闻，在基于客观事实、权威意见和公众看法的基础上进行舆论引导和意见整合，已然成为传统媒体未来的发展方向。

其三，微博、微信作为网络自媒体，传播新闻信息成本低廉，用它们作为观点新闻发布的平台，能让公众更便捷地开展互动传播，更好地表达观点，激活民慧。微博等自媒体用户是通过共同爱好或共同利益联系在一起的，通过微观点、微力量的聚合改变世界。自媒体显然成了一个新闻使用者观点公开互动讨论的强大平台，如今已然是一个“观点”的时代。这对于我们研究新闻事业的未来发展是十分有价值的。

当然，《观点新闻学》难免也会存在一些问题，比如说，能不能以观点新闻学来予以命名，这本身就可以讨论。靖鸣教授等三位同仁就此提出了一家之言，其创新的勇气和为实现创新而付出的艰辛劳动都是值得肯定的。从某种意义上说，当今时代和未来社会缺的不是信息，而很可能是精辟的、深邃的、具有洞穿力的观点。就此而论，观点新闻不会衰亡。

是为序。

丁柏铨

二〇二一年四月八日于南京大学和园

前 言

拙作《观点新闻学》杀青之际，不由得想到它的问世其实跟自己青少年时代的兴趣不无关系。

我1975年7月参加工作，一边从事艰苦的工作，一边利用空余时间，自发而又积极地给所在单位的广播站写稿，大量的稿件中有不少是“小评论”，虽然是特定时代的逻辑和表达，但反过来说倒也培养了自己的评论写作兴趣。80年代中期，在读大学期间和毕业后写过一些新闻评论，继而对新闻评论有了进一步的感性认识。90年代中期，媒体的“事业单位、企业化管理”步伐加快，大量的市场化报纸应运而生。市场化媒体的兴起为新闻评论、新闻时评和观点表达提供了一个绝佳平台和空间。

我2000年到广西大学新闻系任教。2005年，我所在的广西大学新闻系从事“新闻评论学”课程教学的老师退休，系里挑选我接替退休的老师上这门课。新闻系的教师大多知道，“新闻评论学”课程是新闻学教学中十分难上的课程之一。系领导安排我上，我未曾多想，欣然领命。当然有个重要因素是我将要教的班级，前一学期刚给他们上过“新闻采访与写作”课程，广西大学新闻系有个不成文规定，“新闻采访与写作”课程期末考核一项重要的指标是，要求学生完成发表15篇新闻报道的任务，如果综合考核不及格，课程要重修。结果一学期下来，同学们表现令我吃惊，他们在报纸上发表了大量的新闻报道，许多同学发表新闻报道在30篇以上。这样的学生在全国新闻院系应该也不多见。所以再给这样的学生上“新闻评论学”课程，我有信心，也愿意与他们再度相逢在课堂上，与他们一起品味“新闻评论学”课程教与学的甘苦。

21世纪初，互联网新媒体为新闻评论和观点新闻的发展提供了广阔的空间和平台，新闻评论由过去的媒体的观点表达、媒体人的观点表达，扩展为具有表达意愿和能力的主体的观点表达，因此包括媒体、媒体人和普通公民在内，所有表达主体都可以就新闻事件、社会热点问题发表自己的观点、意见。而在“新闻评论学”教学实践中，我欣喜地看到两个班级中的吴向阳、邓新、田野、谢焕权、杨华、徐冰、孔祥新等一大批同学通过一个学期的学习和实践磨砺，所写的新闻时评作品纷纷在《光明日报》《中国青年报》《工人日报》《中国妇女报》《解放日报》《广西日报》《羊城晚报》《扬子晚报》《北京晚报》等数十家中央媒体和省市主流媒体发表，他们发表对新闻事件和热点问题的观点和意见，让我看到具有新闻价值的观点和意见也是新闻，是一种观点新闻，是舆论和观点市场十分受公众欢迎的新闻类别，也是一个新的新闻经营运作发展的增长点。

通过在广西大学新闻系“新闻评论学”课程教学的实践，不仅使我有幸发现和认识到广西大学这些20岁左右的青年人照样能参与到舆论意见市场中“指点江山”和在观点的博弈中展现不凡才华，而且作为教师能遇见这样一批出色的学生，职业的成就感油然而生。既更新了我对青年大学生的认识，也增强了我培养人才的信心和责任感，更使我敏感地意识到，我们的教学和研究，仅仅用传统的新闻评论来认识新闻市场的一种新闻样态和产品类别，用传统的新闻评论理念和思维引领新闻评论的写作，去满足公众对观点意见信息的诉求，已经不能很好地适应社会需要和新闻媒体发展需要。我们的教学和研究应该与时俱进，构建一个专门研究观点新闻学的理论体系，专门深入研究观点新闻，推进观点新闻在媒介市场的运营与发展，以此满足受众对观点意见信息的需要。

由此，我产生了撰写《观点新闻学》一书并试图构建观点新闻学理论框架的设想，并设计了这本书的框架目录。2010年我来到南京师范大学新闻与传播学院工作，同样因为此前担任“新闻评论学”课程教学的老师退休，学院安排我承担“新闻评论学”课程教学任务。通过多年的教学探索，我不断思考观点新闻学建构和研究的问题。同时在十多年的研究生教学中，我将过去初步形成的观点新闻学的理论框架和主要内容作为研究专题开展教学和研讨，倾听同学们的意见。在近几年对本科生的“新闻评论学”教学和研究生的“新闻业务专题研究”教学中，我发现学生们运用互联网新媒体这个空间，就新闻事件、新闻热点问题以及社会问题发表自己的观点和意见，所撰写的观点新闻被各大网络媒体和省内外一些报刊纷纷刊发。

2010年以后几年，我在南京师范大学新闻与传播学院“新闻评论学”课程的教学实践，使我在新闻评论学教学上有了新的体悟，并于2015年在中国社会科学文献出版社出版了《新闻评论进行时：实践、互动、鲜活的写作理念》一书，在此基础上，对我在广西大学新闻系的教学过程中形成的《观点新闻学》一书的框架和内容进行了充实和完善。

近年来，微博、微信等社交媒体蓬勃发展，信息市场早已经跨越了信息爆炸的阶段，进入观点爆炸的时代，这客观上为公众表达以及新闻媒体之外的传播主体的意见表达提供了一个更广阔的平台和空间，同时也带来许多新的问题和挑战。所以，在这个基础上，我对《观点新闻学》研究框架和内容有了进一步的思考。尤其是近年来媒介形态和生态的快速变化，后真相时代信息传播出现观点和谣言先行、舆论市场混杂甚至扰乱人心等新现象新问题，客观上也迫切需要观点新闻学予以回答和反应，也倒逼我必须加快观点新闻学的研究和《观点新闻学》一书的写作进度，所以就有了读者诸君现在见到的这本拙作。

我和两位合作者南京师范大学新闻与传播学院冯馨瑶、史剑辉根据新的舆论生态和观点新闻运作新变化，对书稿框架结构和内容进行多次研究、修改和完善，分头进行撰写。本书共九章，我负责绪论、第一章、第二章、第三章的写作和全书的统稿；冯馨瑶负责第四章、第六章、第七章、第九章的写作，并协助我统稿；史剑辉负责第五章、第八章的写作。

本书第一至第五章是针对观点新闻的理论阐释。我们将观点新闻定义为即时获悉、生成且受众欲知的观点、意见、看法、态度、倾向等信息，是新近发生的表达主体所表达的观点、意见和看法等信息，是表达主体具有鲜明主观性的价值判断，是表达主体通过对客观事物的认识（也可能是错误的认识），主客观相结合，经过复杂的内化而产生和形成的主观认知，包括情感、态度等。观点新闻更为重要的特征是其观点的新闻性。本书还论述了观点新闻学研究的必要性和可行性，从不同学科的视野分析观点新闻学存在价值以及存在意义。从政治学角度而言，观点新闻在言论自由、出版自由、新闻自由的背景下产生，而后又反过来促进言论自由、出版自由、新闻自由的进一步发展。从新闻学角度而言，观点新闻是新闻的一种类型而非体裁，它可以满足受众对观点信息的需求，且具有新闻的特殊功能。从经济学角度而言，在新媒体的冲击下传统媒体面临着巨大的生存危机，而观点新闻则成为传统媒体新的发力点。本研究围绕观点新闻的定义、特点等明确观点新闻学的研究对象，提出观点具有主观性、个人差异性、直接表达性、强烈思想性和易变性等特点。观点新闻学的构建与研究不仅具有理论意义，而且对丰富新闻理论具有重要的理论价值。本研究通过探究观点新闻形成的社会机理，探讨其对新闻传播生态、公共话语空间的影响，这对构建和谐公共话语空间，引导社会舆论，应对公共危机等方面也有一定的应用价值。

第六章至第九章针对不同性质的观点新闻和网络社会中不同主体视野下的观点新闻进行研究。对于记者来说，观点新闻不仅仅包含观点的采写，更包含着观点的传播。如何从枯燥的观点报道中以民生视角发现有价值的信息，是新闻记者所需要具备的基本技能。在所谓“硬新闻”的报道中，往往只需要对客观事实如实报道，用事实说话。但是随着社会环境的变化和受众需求的提高，有时仅仅是简略的新闻报道已然不足以为受众解惑释疑，受众在消息报道中处于“略知但又不知”的尴尬境地。因此围绕事实性观点新闻、专题型观点新闻、解释性观点新闻中的观点采访与写作、编辑等问题进行深入的探讨，对新闻媒体采编人员观点新闻报道写作能力的提升具有积极的指导意义。对媒体编辑部配发性观点新闻、时政新闻引起的观点新闻以及记者的自发性观点新闻进行探讨，可以进一步提升新闻媒体的权威性、思想指导性。微信、微博等社交媒体在移动技术的支持下解放用户的空间限制，用户的注意力从现实生活中的移动设备映射至虚拟社会中的碎片化信息。同时，信息的实时性发送在链式网络上形成病毒式传播，从移动互联的便捷性，到社交网络的信任关系和高到达率，再到社会全面连接后的广泛性，用户的信息得以突破时空迅速在社交媒体塑造的媒介情境中传播，并影响用户的参与式行为。对于从普通公民中涌现的网络意见领袖的微观点，它具有形成民意表达的新渠道、发挥社会政治作用等正效应，但也存在道德失范、纪律失范、法律失范等负效应问题。对于政务微博中的微观点来说，它也能产生及时发布信息，抢占舆论高地；保持与民互动，监控微博舆情；去“隔层”对话，宣传主流价值等良好效果。

第九章还对微信公众号观点新闻的写作进行了探究和论述。

《观点新闻学》这一研究成果能够顺利出版，得益于很多人的帮助。在此感谢多年来对我的科研、学习和教学工作给予帮助支持的老师、同事、同学、朋友以及学生；感谢著名新闻学家、南京大学新闻传播学院博士生导师丁柏铨教授拨冗赐序指教；感谢浙江越秀外国语学院网络传播学院院长何海翔教授的关心和支持；感谢安徽师范大学出版社胡志恒编辑对拙作出版付出的创造性劳动。

限于我们的学识，本书必然存在错谬之处，欢迎读者提出宝贵意见。

靖　鸣

二〇二一年五月十六日

目 录

绪 论

一、观点新闻学研究缘起

报刊自诞生起便经历由“观点纸”向“新闻纸”的转变，新闻媒体（包括报刊、电台、电视台）由重视宣传功能转而注重以信息传播为核心的本体功能。但进入21世纪互联网时代和信息化时代，人们获取信息的途径越来越多，传统媒体应对互联网新媒体的挑战，一个有力而有效的举措是重视和大力倡导观点新闻的运营，“观点”重铸传统媒体的活力。当然这里的“观点”完全不同于民国初期政论报刊中的“观点”。

民国初期，报人往往也是畅言政治局势、社会弊害的政治家，报纸是报人用来宣传自己持有的观点和主张，“立言”“立志”，发表政治观点与主张的工具。近代报刊的三次创办高潮均伴随着中国政治革命的兴起而出现，政论性报刊成为政治舞台的映射。

当今的“观点”则是浅阅读、碎片化信息消费背景下各种主体的观点和意见，不仅仅通过媒体人直接呈现，也通过对他人观点的点赞、转发或加工再传播，来表明对挖掘公共事件真相的支持，或是对事件发展趋势的预测。当然无论是哪种观点，都是依托于新闻事实的，是记者或编辑根据新闻价值和观点价值做出判断继而呈现在媒体（版面）之上的观点新闻，因此具有一定的思想性和引导力，能发挥特有的新闻传播和舆论引导的作用。

网络媒体传播时代，公众成了信息生产的主角，由“旁观者”转为“当事人”，形成了“人人都是媒体”的传播环境。因此，新闻媒体开始有意识地转向新闻的深度报道，并运用观点新闻的各种形式（包括传统的新闻评论），谋求自身新的发展，在观点市场争得一席之地。新闻媒体通过对事件真相的挖掘，或有待追踪报道的新闻点，或新闻事件本身蕴含的可议论话题的发掘等，发表具有独到见解和新闻价值的观点新闻，以影响受众。在人人可以发声、社交媒体快速发展的移动互联时代，在信息传播进入“后真相”、新闻反转成为常态和谣言频发的传播背景下，如何发掘观点新闻的特殊功能和作用，记者、编辑如何采编运作好观点新闻、占领观点舆论市场，成为新闻媒体迫切需要面对的新的课题。

观点新闻这一新闻形态在网络社交媒体得以蓬勃发展，具有特殊的意义和重要的作用。网络时代的低门槛、草根性、匿名性和开放性使网民开始站在网络媒体的前台，成为自己的代言人，表达自己的观点，原本四散的网民在网络中产生聚合继而发生裂变效应，在极短的时间内达成意见、观点的整合，形成舆论声势。而当下网民在网络中的微观点的表达有助于民主权利的实现。面对网民的微观点，政府、传统媒体也开始借助新媒体来贴近网民的生活和语言，通过微观点、微表情的运用来加强舆论引导和社会管理。因此，微观点的形成机制、作用发挥亦成为当下时代的一个社会命题。

后真相时代，真相姗姗来迟，公众表达便捷而多元，各种利益集团和一些意见领袖为了自身利益发声，舆论市场观点爆炸，形形色色的观点遍布网络，容易造成舆论混乱和人心不稳，甚至造成社会焦虑和社会动荡。在此传播语境中，特别需要客观、理性、权威的观点新闻引导舆论，化解舆论风险和危机。比如，2020年新冠肺炎疫情暴发以来，在许多舆论事件中，观点新闻在化解舆情危机中发挥了积极作用。主流媒体、自媒体、意见领袖、公众等多种观点新闻形成舆论的共振及合力，充分体现其化解重大舆情事件危机和风险的作用。

我们发现，如今学界大多集中于对新闻观点的关注，而忽视了观点本身也是新闻事实的一种形态，新闻媒体借助受众关注的各种观点新闻的报道，为受众提供多种意见，或在舆论市场众声喧哗时为受众解除困惑、提供决策指导，抑或通过权威、理性观点的传播，在事实的娓娓道来中形成观点，对舆论进行有效引导。本研究在阐述观点新闻理论渊源的基础上，分析观点新闻的采访、写作及编辑要领与方法，从而呈现观点新闻的学理与实践路径。

二、观点新闻研究综述

（一）西方言论自由语境中的观点新闻

观点新闻的发展历史可以追溯到人类最早的新闻传播。公元前59年罗马公告式官方公报——《每日纪闻》，是罗马执政官尤利乌斯·恺撒下令每日公布元老院及公民大会的议事纪录，被指定的书写人用尖笔书写在罗马议事厅外一块涂有石膏的特制木板上，它被认为是人类最早的报纸。其内容多为政府要事，其创办的目的就是通过公布元老院和公民大会议事内容，争取舆论支持，扩大政治影响。其中的“官方公报”就是罗马政府官方的“观点新闻”。15世纪末叶，开始出现纪事性的小册子。1641年11月，托马斯（J.Thomas）创办的《国会活动纪要》（The Heads of Several Proceedings in this Present Parliament）是首家专门报道国内政治新闻的报刊。在各种报道国会消息的报刊中，较为著名的是1642年至1655年持续出版的《国会辩论每日纪闻》（A Perfect Diurnal of Some Passages in Parliament），该刊并非日报，而是逐日记录国会主要辩论事项的周刊或旬刊[①]。其中的“逐日记录国会主要辩论事项”也是“观点新闻”。1634年，法国《公报》报道了由于伽利略坚持“太阳是宇宙的中心”而对其进行的审讯，然而作者赞同的是伽利略“荒谬和虚假”的观念而不是宗教裁判所[②]。其中既呈现了伽利略“太阳是宇宙的中心”的观点和依据，又出现庭审双方的不同观点，这是控辩双方的观点呈现，是事实性观点新闻信息，而作者对伽利略“荒谬和虚假”的观念的赞同则是该报记者的观点新闻。1682年，奥·门克创办的德国第一家科学杂志《学术纪事》中以传递科学观点为主，1688年克·托马斯创办的文学与哲学杂志《每月论坛》具有较强的思辨色彩。1756年，俄国第一张非官方报纸《莫斯科新闻》在初期便偏重传播科学知识和介绍先进的思想观念。我们可以将媒体及媒体人的实践视作新闻界最早对观点新闻的实践和探索。

① 陈力丹：《世界新闻传播史（第三版）》，上海交通大学出版社2016年版，第30页。

② 陈力丹：《世界新闻传播史（第三版）》，上海交通大学出版社2016年版，第67页。

资产阶级革命中的政党相争无疑进一步助推观点新闻的快速发展。在英国的大革命中形成了国会派和保皇派，1643年保皇派创办的报刊《公民信使》中，便以“来自……的伦敦情报”为副标题，罗列各处的消息来源，并以此来传递各种观点。1733年美国《纽约周报》在一条消息和一则广告中讥讽了州总督，其观点在事实和宣传的不同层面和角度上得以呈现。1765年11月，美国发生了抵制印花税的抗议活动，《宾西法尼亚公报》和《宾西法尼亚广告人周报》在10月的最后一期采用了粗黑框，以此来抗议开征印花税。可见，报纸或媒体观点的呈现不仅体现在内容上，形式的采用同样能够表达报纸的态度和方针。1848年，在法国的二月革命中，法国新闻工作者德·日拉丹（Emile de Girardin）主办的《新闻报》连续揭露基佐政府的丑闻。法国大革命中较为著名的《人民之友报》几乎每日一期，宣传较为激进的革命观点。同时期的《人民论坛报》的许多报道也代表了法国早期的平均共产主义的观点。

新闻自由也在资产阶级革命中得以发展，而主张自由者发表的言论在广而告之的背景下本身就成为观点新闻的一种形态。1644年11月，英国诗人、政论家约翰·弥尔顿（John Milton）出版著名演说辞《论出版自由》，这极大地激发了公众对于出版自由和言论自由的向往，并由此带动了观点新闻的进一步发展。

英国资产阶级革命之后，观点新闻在言论自由和新闻自由理念的影响下数量激增，并充分体现在欧洲的报刊上。1762年，约翰·威尔克斯（John Wilkes）在其创办的杂志《北方英国人》上发表批评乔治三世的文章。18世纪的《英国政治月刊》中主要报道了议会中的观点辩论。马克思在1855年评《广告人晨报》时，指出其“无疑又是伦敦除《泰晤士报》外发行最广的日报……它倒像是个辩论俱乐部，每个读者都可以在上面发表自己的意见”。[①]此时报纸不仅仅是办报人发表观点的媒体，更成为读者抒发意见的平台。法国《弗加罗报》不仅发表正版的言论、消息，更办有企业金融、文化娱乐等专版，同时通过时事漫画来吸引读者。而记者“无冕之王”的称谓，就是争取观点新闻报道权的产物，新闻媒介争取新闻自由和议会监督权的斗争，正是由观点报道引发的。1772年，英国记者经过斗

①《马克思恩格斯全集》第10卷，人民出版社1962年版，第653页。

争迫使国会解除了新闻禁令，获得了国会的旁听权和报道权。而在此前记者报道议会消息是一种罪过，会受到惩罚。1831年英国国会专设记者席，允许记者听会和报道议会消息。后又通过法案确认记者报道国会消息和批评国会不属于诽谤罪。记者于是被称作与国王平起平坐的“无冕之王”，是继贵族、僧侣、资产者之后的“第四阶级”。19世纪的英国，《泰晤士报》被称为英国上流社会的舆论权威，多位主笔卸任后成为内阁成员，地位极高。记者的言论自由和观点自由被大幅度激发，即使不具有政治权力，仍然具有较高的影响力。现代新闻传播事业更将观点作为吸引读者的有效手段之一。德国《法兰克福汇报》重视经济新闻和国际新闻，其“经济透视”专栏每天对经济形势作出分析，而其“致读者”专栏则对读者意见随时做出反馈。

观点新闻以观点为支撑，只有在言论自由、新闻自由的时代背景下才能使观点新闻真正发挥其作用，体现不同阶层、不同利益群体的公众的观点。沈固朝的《欧洲书报检查制度的兴衰》是国内第一部系统研究欧洲书报禁史或书报检查制度史的学术专著[①]。郑超然、程曼丽等均对欧洲封建专制时代新闻出版业受到特许出版制度或书报检查制度等严格的控制进行了历史性探究[②]。言论自由在被压制的情形下，统治阶级只会禁锢人们的思想，使其有言而不敢发，形成舆论场中的单向观点，这类观点传播往往体现着封建阶层的利益，而无法形成“自由市场”以进行观点辩驳，观点在政府的控制之下成为无声的怒吼，亦无法经由媒体传播而产生广泛影响。

英国是自由主义思想的重要发源地。早在1644年，约翰·弥尔顿（John Milton）就在《论出版自由》中道出了英国人民对言论自由的最初向往。此后，英国哲学家约翰·洛克（John Locke）的《人类理智论》、法国思想家孟德斯鸠（Charles de Montesquieu）的《论法的精神》、英国思想家约翰·斯图亚特·密尔（John Stuart Mill）的《论自由》等均对言论自由、

① 沈固朝：《欧洲书报检查制度的兴衰》，南京大学出版社1999年版。

② 郑超然，程曼丽：《外国新闻传播史》，中国人民大学出版社2008年版。

新闻自由进行了重要论证。王建红[①]、石义彬[②]、柯泽[③]等回顾了西方新闻自由的发展过程，体现了在自由主义复兴的西方社会语境中，新闻自由所面对的进退维谷的现实境况。王永亮等指出1791年的美国宪法第一修正案保证了新闻出版自由，美国大众传媒机构依靠宪法第一修正案赋予的权利，成为对政府、国会、法院三个机构行为进行监督批评的“第四个权力机构”[④]。1956年出版的《报刊的四种理论》[⑤]从社会和制度方面提供了一种研究新闻自由的新角度、新思路，揭示了经典自由主义理论解释和解决媒介问题时的一些矛盾，而这是许多研究传播制度的学者的理论基础。陈力丹指出西方国家新闻体制中难以解决的固有矛盾是西方新闻自由与言论自由主体之间存在的矛盾[⑥]。

新闻自由在新中国的真正发展及研究起源于20世纪80年代，这段时间新闻法开始起草，新闻媒介的事业属性逐渐显现，新闻自由也便成为时代发展中的必然趋势。起初的研究围绕国外的新闻自由发展开展，如1982年林珊的《里根背弃了关于新闻自由的诺言》。[⑦]1983年，葛迟胤在《坚持无产阶级新闻事业的党性原则》中开始论及新闻自由，认为“新闻自由就是一定阶级运用传播工具采集、传播、了解、评论新闻和发表意见的自由权利”[⑧]。1988年，夏勇在《近代新闻法制革命考：关于提出和确立自由的若干问题》一文中认为“新闻自由是新闻法制的核心、精髓和价值目标”[⑨]。20世纪90年代中期由于种种原因，新闻自由的研究较少。但21世纪以来，关于新闻自由的探讨呈现出爆发式增长，其中最根本的原因便是政治环境的变化以及互联网的发展。朱颖、陈小彪针对网络环境下的新闻自由指出，

① 王建红:《西方新闻自由思想的发展及其理论困境》,《新闻知识》2000年第9期,第9-11页。

② 石义彬,庄曦,周娟:《西方新闻自由的历史逻辑与现实表达》,《当代传播》2009年第2期,第13-17页。

③ 柯泽:《西方自由主义影响下的新闻自由——从17世纪以来西方政治传播学历史文献的角度》,《西南政法大学学报》2009年第3期,第122-130页。

④ 王永亮:《美国舆论监督的实质剖析》,《声屏世界》2003年第5期,第50-52页。

⑤ [美]施拉姆:《报刊的四种理论》,中国人民大学新闻系译,新华出版社1980年版。

⑥ 陈力丹:《西方新闻自由与言论自由的固有矛盾》,《新闻大学》2008年第3期,第10页。

⑦ 林珊:《里根背弃了关于新闻自由的诺言》,《国际新闻界》1982年第1期,第31页。

⑧ 葛迟胤:《坚持无产阶级新闻事业的党性原则》,《新闻记者》1983年第5期,第45页。

⑨ 夏勇:《近代新闻法制革命考:关于提出和确立自由的若干问题》,《世界历史》1988年第5期,第85页。

在网络环境下，新闻自由的疆域得到了拓展，从主体、内容、时空、受众四个方向向外延伸[①]，并针对网络环境下新闻自由的边界进行探讨。

（二）马克思主义视域下的观点新闻

西方资本主义国家是新闻自由的最早践行者，1983年葛迟胤在《坚持无产阶级新闻事业的党性原则》中指出："社会主义新闻自由是无产阶级和广大人民多数人享有的自由，是不断发展的过程"，"是有限制的自由，不允许违反宪法、违反四项基本原则的所谓'自由'"[②]。马克思、恩格斯、列宁等也对新闻自由和社会主义新闻自由提出了不同的见解。

马克思、恩格斯作为无产阶级事业的开创者，是将革命实践和办报活动结合在一起的，被赋予"报刊活动家"的称号。在自由主义思潮兴起时期，马克思和恩格斯就极其重视新闻的自由观，恩格斯指出"没有新闻出版自由、结社权和集会权，就不可能有工人运动"[③]。刘建明指出，"马克思把新闻自由区分为特权和普遍权利，对两种自由观作出最准确的概括。任何压制新闻自由都是把自己的言论无条件地强加在人民头上，变为自己的特权，是一种思想专制，而人民的自由则是一种普遍权利"[④]。马克思在自由主义视角之下写出《评普鲁士最近的书报检查令》和《第六届莱茵省议会的辩论（第一篇论文）》来主张新闻自由。

马克思的报刊实践活动可以说是从其作为《莱茵报》（1842年）的通讯员开始的，后创办《新莱茵报》等报刊。在《新莱茵报》时期，马克思重归理论，探讨政治批判方向。而在1851—1862年，马克思与美国《纽约每日论坛报》展开合作，其文章充满着观点的思想性和论争的思辨性。在早先关于1848年的欧洲革命报道中，《纽约每日论坛报》已经尝试将新闻和分析结合起来。除了对革命事件进行简单的描述外，还会以社会批判的形式对新闻做出分析[⑤]。在《纽约每日论坛报》记者看来，"现在他们必须提供

① 朱颖、陈小彪：《论网络环境下的新闻自由及其边界》，《国际新闻界》2007年第11期，第41页。

② 葛迟胤：《坚持无产阶级新闻事业的党性原则》，《新闻记者》1983年第5期，第45页。

③《马克思恩格斯全集》（第21卷），人民出版社2003年版，第112页。

④ 刘建明：《马克思主义新闻观的经典性与实践性》，《国际新闻界》2006年第1期，第7页。

⑤ 沈荟，熊涛：《学术性新闻"：马克思在〈纽约每日论坛报〉的社会历史写作》，《新闻与传播研究》，2020年第9期。

关于欧洲正在发生的事情的‘更大画面’；解释事件的原因，以补充枯燥的电报报道”[①]。马克思的身影便在此时出现在《纽约每日论坛报》上，马克思并非就新闻来报道，或就分析来说理，而是结合当下社会环境以揭露事实。在《选举中的舞弊》一文中，马克思在阐释托利党舞弊行为的同时，深刻分析英国当前的政治局势。观点的阐释不仅仅是写作人的观点表达，更是读者的思想升华。《纽约每日论坛报》在发表马克思文章的同时，也在无声地传递着观点，尽管有些观点与马克思并未能够达成一致，但是却能够为读者提供一个思辨的空间，同时鼓动读者介入社会活动。

列宁则更强调报纸的党性，注重新闻中观点的阐释，认为报刊是宣传者、鼓动员和组织者。陈力丹针对十月革命后列宁的新闻思想强调了“列宁是从政治家角度而不是从学术角度提出新闻的问题，他的一些关于报刊、广播的论述要解决的是眼前的现实困难，而不是在给媒体下某种定义”[②]。列宁将报刊视为社会主义的建设工具，进一步强化了新闻媒体的观点性质和革命性质，继承了马克思恩格斯的报刊党性思想，同时也将报刊思想运用在无产阶级夺取政权之后的社会发展事业之中。

无产阶级专政条件下的革命报纸则成为党派的主要喉舌，巴黎公社的报纸用来阐述公社的目标，公布公社的各项法令和决议，向人民解释法令、决议的内容和意义，揭露资产阶级政府投降卖国的真面目，与读者建立密切的联系，从而形成强大的社会舆论，为捍卫人类历史上第一个无产阶级专政作出了重大贡献。俄国十月革命胜利后，为了指导苏维埃的经济工作，《经济生活报》（1918—1937）和《贫农报》（1918—1931）的基本任务均以指导城市和农村经济工作为主。苏联成立后，苏共中央的机关报《真理报》则负有批评监督全国报刊的责任。

观点新闻在中国的历史可追溯至古代邸报时期。邸报是我国最早的报纸，其记录了皇帝的起居言行、谕旨、臣僚奏疏等，含有大量来自官方的观点信息。我国近代的第一份中文报刊《察世俗每月统记传》的主要内容是宗教宣传、伦理道德以及西学介绍，其宗旨为“灌输知识、阐扬宗教、

① Tuchinsky A M, Horace Greeley's New York Tribune: Civil War-era Socialism and the Crisis of Free labor, New York: Cornell University Press, 2009, p.92.

② 陈力丹:《再论列宁十月革命后的新闻思想》,《中国青年政治学院学报》2003年第6期,第74页。

砥砺道德”，观点在宗教宣传中呈现并以此来影响受众。1872年创办的《申报》在针对商业报纸不足做出的一系列改革中便强调了“每日一篇‘言论’”的重要性，极其重视观点的发表。王韬更是开政论文章之先河，创办了第一份以政论著称的报纸《循环日报》，认为报纸应“立言”。后经过戊戌变法、辛亥革命等事件，言论版成为报纸不可或缺的一部分。1919年五四运动期间，《新青年》旗帜鲜明地提出了“打倒孔家店”的观点，并不断抨击封建迷信，传播科学知识。

1942年4月，中共中央对延安《解放日报》进行改版。宣传部在《为改造党报的通知》中指出，党报既“要有适当的正确的自我批评”，又“要有对于敌人的思想的批判”①。新中国成立后，观点新闻也在不断地发展之中。“1999年11月3日，在《中国青年报》第2期《青年话题》上，推出了《不同观点》专栏，发表了高志国的《法官能否有豁免权》，同时发表的还有4篇同一主题的文章，这几篇文章都与‘法官’有关，但并非围绕同一事件或同一主题。这组文章是《青年话题》编辑部组织的一个专题性策划，其最直接的目的，是把‘不同观点’引入言论版，引发真正意义上的交锋与争鸣。”②可见，观点新闻随着新闻事业的发展而不断完善。

以毛泽东为代表的中国共产党人同样在重视党性原则中注重新闻的思想性和观点新闻，毛泽东倡导“政治家办报”。童兵③、赵中颉④、朱清河等⑤学者指出，“政治家办报”即要求新闻编辑、记者、经营管理人员不能仅仅是新闻的报道者，更应该在新闻工作中具有“胸有大局、勇于担责”的政治家的意识和政治家的素养。

改革开放四十多年来，马克思主义新闻观也得到了进一步发展，2002年和2005年，《邓小平新闻宣传理论研究》和《江泽民新闻宣传思想研究》分别出版。习近平总书记也一再强调：“经济建设是党的中心工作，意识形

---

① 中共中央宣传部:《为改造党报的通知》,《解放日报》1942年4月1日。

② 涂光晋:《搭建“意见平台”——我国报纸言论版的回顾与思考》,《国际新闻界》2007年第7期，第11页。

③ 童兵:《要政治家办报——毛泽东新闻思想要点之六》,《新闻与写作》1993年第12期,第8-9页。

④ 赵中颉,杨黎:《“政治家办报”的当代解读》,《新闻记者》2006年第3期,第33-34页。

⑤ 朱清河,张荣华:《“政治家办报”的历史起点与逻辑归点》,《新闻与传播研究》2009年第4期，第26-37+112页。

态是党的一项极端重要的工作”，“历史和现实反复证明，能否做好意识形态工作，事关党的前途命运，事关国家长治久安，事关民族凝聚力和向心力”[①]。这些论述均说明在如今的新闻舆论工作中，观点新闻与舆论引导的统一性及重要性。

社交网络媒体环境中，观点新闻成为一个重要的新闻类别，进入学者们的研究视野。关于观点新闻，赵佳认为，观点新闻就是以传播新闻观点为主要目的的新闻报道[②]。观点新闻也是新闻，同时对观点新闻的类型、存在方式等进行了探讨。黄团元围绕新闻和会议报道中的观点，指出观点新闻是“近期的具有新闻性质的‘新’观点报道”[③]。观点呈现在媒体上就决定了其存在的普遍性或典型性，能够反映某种问题或减少受众的不确定性，为公众的生活提供指导。观点新闻的目的是通过某一观点传播使公众接受其观点并在观点的指导或影响下做出工作、学习或生活的行为决策。也有部分学者认为观点新闻是言论的新叫法，如杨青认为如今媒体发表的言论叫法新颖，版面也由单一栏目变为了正版言论[④]。但从实际状况来看，无论是新闻类观点新闻还是言论类观点新闻，都强调了某一主体的具有新闻价值的观点的传播。

如今，观点新闻已然成为报纸在新媒体时代获得经济效益和社会效益的主要利益增长点所在。新媒体背景下观点表达情绪化极为严重，更需要主流媒体的观点新闻包括新闻评论能够扬长避短，保证权威性。黄团元指出“报刊需要观点新闻”，“针对社会上热点焦点而阐述，使反映的问题（观点）得到重视和解决”[⑤]。蔡敏认为“在新时代条件下，面对网络新媒体的冲击，权威、独到的观点，深入准确的新闻报道永远是传统纸媒的核心竞争力”[⑥]。而同时“公民记者”的涌现也使得微观点的呈现成为这个时

---

① 人民网：《习近平：意识形态工作是党的一项极端重要的工作》，2013年8月20日，http://politics.people.com.cn/n/2013/0820/c1024-22634056.html，2020年6月7日。

② 赵佳：《观点新闻:报纸竞争的关节点》，《中国记者》2006年第6期，第61页。

③ 黄团元：《观点新闻与新闻观点》，《新闻采编》2001年第4期，第12页。

④ 杨青：《“观点新闻”撑起报纸半壁江山》，《新闻知识》2003年第12期，第31页。

⑤ 黄团元：《观点新闻与新闻观点》，《新闻采编》2001年第4期，第13页。

⑥ 蔡敏：《把纸媒做成观点纸——谈全媒体时代纸媒的核心竞争力》，《传媒》2010年第7期，第66页。

代的主流。廖礼中认为“普通公民或者出于某种兴趣、爱好、参与社会事务的热情等，也或是出于个人私利考量通过传统媒体或新的传播媒介传播新闻信息，行使传播或言论自由的权利”。[①]因此，当今新媒体时代无论对于传统媒体或新媒体中的普通受众而言，观点新闻学都是一个需要深入研究的新闻传播研究领域的新课题。

上述关于新闻自由和观点新闻的研究表明，观点新闻依托于新闻自由而出现，研究观点新闻的观点新闻学是一门隶属于新闻学的具有特殊规律的分支学科。观点新闻自新闻诞生之时就与事实、事件性新闻相伴而生，对事实、事件的分析判断以及新闻中观点的呈现也是观点新闻的一种表现方式。但人们更多关注于新闻中观点与事实的不同，而忽视了观点新闻本身的存在意义。我们只有研究把握好观点新闻的操作运行规律，才能够进一步发挥观点新闻的思想性和引导力以及在新闻传播事业、社会发展进步中的重要作用。

当今信息传播进入网络新媒体传播时代，信息爆炸，谣言纷飞，真相姗姗来迟，受众需要权威的发声和舆论引导，这是观点新闻进一步蓬勃发展的社会因素。观点新闻在不同的媒介和信息平台上成为不可或缺的重要新闻样态，迎来全新发展时期。网络新媒体时代的观点新闻与近代“观点纸”时代政党的论争和争论的观点新闻不同。其不同有：一是就媒介环境而言，“观点纸”时代是大众传播早期积极传播政党、集团、组织理念的事实上的组织传播，即社会处于信息传播者与受众之间存在不对称状态，当时的媒介环境，是对垒的党派和利益集团运用当时唯一的纸质媒介竭力传播自己的政治理念，批驳攻击另一党派政治观点和理念的环境。就我国而言，在近代报业史党报阶段的“观点纸”时代，公众阅读报纸看到的是党派之间的论争。随着新闻事业的发展，媒体以传播信息为要，满足公众阅读需要，“观点纸”时代慢慢向“新闻纸”时代转变；而现在的媒介环境在大众传播高度发达之后，进入到网络新媒体时代，网络赋权，全民传播。全民传播带来信息的过载和冗余，反而使公众无所适从。在这一媒介环境之下，人们渴求权威、科学、理性的观点新闻指引和舆论引导，因而，信

① 廖礼中:《是“公民记者”还是“公民报道者”？——新媒体环境下对“公民记者”的再思考》,《新闻记者》2009年第1期,第90页。

息传播由“观点纸”到“新闻纸”再进入到“观点纸—新闻纸叠加”的新信息传播时代。二是就信息传播的社会环境而言，政党报刊的“观点纸”时代，信息流通有限，人们在两种不同政见、理念之下，始终处于观点、意见、思想的观点新闻的纠结和选择之中；而政党报刊之后的“新闻纸”时代是在信息爆炸、谣言泛滥和新闻后真相、新闻反转和缺乏权威观点、舆论引导背景之下，信息传播的社会环境发生巨变，受众特别需要提供观点意见服务和舆论引导。三是就表达内容而言，“观点纸”时代的观点新闻是具有鲜明政治倾向的价值判断；而网络新媒体的观点新闻是经历大众传播的市场化发展之后，在网络新媒体传播样态和平台多样化、多元化、全民化背景下的观点和意见等的表达。四是就表达主体和接受客体而言，“观点纸”时代观点新闻的表达主体是进行价值判断的少数政治家和社会精英；网络新媒体时代观点新闻的表达主体是有表达意愿和能力，积极关注参与观点意见表达的受众。更为重要的不同是受众既是又不仅仅是观点新闻的被动接受者，同时亦是观点新闻主动积极的生产者和传播者，而且传播主体和接受客体往往融合为一体，同时活跃于观点和意见集聚的舆论市场。

三、研究观点新闻学的意义

构建和研究观点新闻学既具有理论意义又具有实践意义。作为新闻学的重要分支，观点新闻学以新闻中的观点新闻的生产与传播活动规律为研究对象。观点新闻是观点事实的发现、采集与写作的结果，新闻记者编辑在采访写作编辑中运用专业知识能力、逻辑思维能力将事实、材料和观点进行合理安排，以此来表明观点、意见和倾向。

（一）理论意义

观点新闻学拓宽了新闻传播学研究的视野和领域。如今观点新闻正在成为网络时代各种媒体竞相生产、做大做强的一种报道形态和类别。观点新闻学是研究观点新闻现象和活动规律的科学，是新闻学科的重要分支，属于新闻业务范畴，其研究重点是观点新闻生产传播与公共话语空间、社会舆论的关系，探讨观点的形成机制、基本形态、传播规律，分析观点新闻的类型、特征及各类观点新闻的策划采写要略。观点新闻依据观点的来源可以分为自观点新闻和他观点新闻。在自观点新闻中，着眼于新闻记者的主体性意识，要求记者能够发挥主观能动性，从新闻事实中发现为公众所需的观点。而在他观点新闻中，对于他观点的选取亦是具有特殊传播规律和要求的。从事实的基本呈现到深度背景原因的挖掘，再到预测影响的探究，以观点来审视新闻，进行舆论引导，重视观点中的事实和事实中的观点。新闻应该包含观点新闻，仅有实在的可视的新闻事实无法帮助公众审视当下的社会万象，因此，需要以对事物的价值判断的观点来连接事物的多重意义。观点新闻学不仅仅属于新闻学，其中更是包含政治学、经济学等多种学科要素。在政治学视野下，观点新闻学是出版自由、新闻自由、言论自由的产物；在经济学视野下，经营好观点新闻是帮助传统媒体应对新媒体挑战的重要手段。不同新闻观点的采集也有着各自特殊的规律，在事实性观点采集中，需要突出的是其新闻性，在专题型观点新闻中，则依据事实的生成机制分为不同的策划报道类型。

社交媒体时代，微观点成为信息市场中的主角，需要探寻微观点的传播规律和运行机制。在传统的社交平台中，个体往往呈现自身的生活状态，用以维持现实生活中的社会交往关系，而公共话题的构建往往以论坛的形式将普通用户区隔开来，精英人士和专业用户成为社交平台观点、意见表达的主导力量。自媒体作为去中心化的平台，用户的话语权得到了最大程度的激发，个体可以通过话题的转发、评论、留言等方式参与话题的讨论，在接收信息的同时也成为信息的生产者，在社会公共事件中发表自己的观点并推动事件的走向。社会学家安东尼·吉登斯（Anthony Giddens）指出现代性发展过程中的“时空分离”，在新媒体的催化剂作用下，现代化的人和物不断从时间和空间的限制中解脱出来，进而导致了“脱域”。所谓“脱域”指的是“社会关系从彼此互动的地域关系中，从通过对不确定的时间的无限穿越而被重构的关联中‘脱离出来’”。[①]微信、微博等社交媒体在移动技术的支持下解放用户的空间限制，用户的注意力从现实生活中的移动设备映射至虚拟社会中的碎片化信息。同时，信息的实时性发送在链式网络上形成传播学所谓的病毒式传播，从移动互联的便捷性，到社交网络

① [英]安东尼·吉登斯:《现代性与自我认同》,赵旭东、方文译,三联出版社1998年版,第22页。

的信任关系和高到达率，再到社会全面连接后的广泛性，使用户的信息得以突破时空，迅速在微信、微博塑造的媒介情境中传播，并影响用户的参与式行为。如2019年“奔驰车主维权事件”中，西安奔驰女车主因新车漏油退换车受阻，坐在4S店展车引擎盖上哭诉维权一事引发关注。在“大连女子被暴打事件”中，辽宁省大连市甘井子区，被害人吴某在回家途中被一男子殴打，在事件曝光后，网民们纷纷积极提供线索助力案件告破。在嫌疑人落网后，女权意识也刺激了信息的再次爆炸增长。自媒体的传播机制使普通用户之间的随机转发、点赞、评论形成水平式的扩散传播，纵横交织形成多中心的网状传播，一条信息的发出引起迅速的连锁反应。使得新闻信息的尘土会瞬时积厚，会随时覆盖真相，人们需要观点之利剑拨开云雾，发掘事实，还原真相。因此，系统地研究观点新闻的上述问题，对丰富新闻理论具有重要的理论价值。

（二）实践意义

观点新闻学围绕观点新闻中的事实性观点新闻、专题型观点新闻、解释性观点新闻中的观点采访与写作、编辑等问题进行深入的探讨，对新闻媒体采编人员观点新闻报道写作能力的进一步提升具有积极的指导意义。对编辑部配发性观点新闻、时政新闻引发的观点新闻的写作以及记者的自发性观点新闻的写作进行探讨，可以进一步提升媒体的权威性、新闻的指导性。同时，在新媒体传播语境中，社会舆论系统面临形变与重构，研究公众的新媒体意见观点表达，探索新媒体用户的观点新闻诉求，探索提高观点新闻传播者媒介素养，对以公共理性构建新闻传播生态，构建公共话语空间，公众如何参与公共舆论有一定的实践指导意义。通过不同传播平台各方观点新闻的传播，表达公众的利益诉求，以平衡新闻传播生态，对构建公共话语空间具有一定的实践意义。

新闻媒体具有环境监测的重要功能，可以在纷繁复杂的社会中发现新闻事实并进行报道。目前，观点新闻已成为媒体的一个新的可以进一步拓展的新闻类别和空间。2020年1月31日上海药物所和武汉病毒所联合发布称，研究发现双黄连口服液可抑制新型冠状病毒。一时间消息通过社交媒体传播刷屏，全国多地市民连夜在线下药店排队购买……面对此番景象，央视新闻记者针对此事件联系中央指导小组医疗小组专家、中国工程院院士张伯礼，进行了观点新闻报道。

观点新闻中的观点具有主观鲜明色彩，而记者在采写时同样也会进行主观判断的择取，因此观点新闻中的观点既代表了观点发出者的意见，也代表了记者和媒体的看法。科林伍德（Robin George Collingwood）认为，历史的过程不是单纯事件的过程，而是行动的过程，它有一个由思想的过程所构成的内在方面；而历史学家所寻求的正是思想过程，一切历史都是思想史①。新闻媒体本身就是具有政治属性和鲜明意识形态色彩的，在满足公众信息需求的同时，也需要对社会问题进行专业分析，发表观点。在信息爆炸中以丰富的事实、具有思想性的观点提升媒体的高度，从而提升媒体本身的影响力。所以在观点新闻的报道中，记者往往需要注重观点的思想性，在焦点问题中具有足够的理论储备和政治敏感性，做出价值判断，表明立场态度，坚守原则性，避免被社会中的娱乐化和时效性的片面追求所左右，在舆论漩涡中保持清醒冷静的头脑，正确引导舆论走向。

对于记者来说，观点新闻不仅仅包含观点的如实报道，更包含着观点的有效传递。如何从看似平常的观点报道中以受众关心和感兴趣的视角发现有价值的观点信息，是新闻记者所需要具备的基本技能。在所谓“硬新闻”的报道中，记者往往只需要对客观事实如实报道，用事实说话。但是随着社会的发展和公众需求的提高，有时仅仅是简略的新闻的报道已然不足以为公众解惑释疑，公众在消息报道中处于只知其表不知其里的尴尬境地。

公众与新闻事实接触的间接性又不足以让公众能够切实地接触到事件本身，所以无法做出事实判断和价值判断，因此，记者在报道事实的同时，通过采访新闻当事人、新闻目击者以及专业权威人士的观点来为受众解惑。记者通过新闻当事人的观点和看法，使公众能够通过“观点采择”来设身处地为处于事件中心的当事人考虑，从而透析事件发生原因或发展运行规律。记者借由新闻目击者的观点和看法，从不同角度呈现新闻事实，最终在多角度的补足之中呈现全面完整的新闻事实，同时借观点报道来提升新闻的客观性和说服力。因为每个人的角度都不同，故在各方意见的集合之

① 季宗绍:《思想性是新闻媒体的立身之本》,《新闻知识》2005年第4期,第19页。

中往往能达到“1+1>2”的效果。记者还可以采访专业权威人士，从专业角度解析事件。新闻事实往往涉及多个领域，受众往往为表面所惑，而记者又由于专业程度的缺乏，其观点不足以为人所信服。专业权威人士的第三方观点为公众剖析事件本质问题，帮助公众抽丝剥茧，深入事件本质，更令受众信服并产生积极的传播效果。而要想使新闻报道在事实传递的同时进行舆论引导，新闻记者就必须从多个角度审视事件的起因、经过、结果和事物的发展规律，发挥创造性，科学理性表达自身意见，引导公众理性看待事件。因此，对于观点新闻的研究可以帮助新闻记者发现信息孤岛中的有益观点，帮助公众进行判断，使观点新闻在互联网纷繁复杂的信息传播中发挥作用，提升公众对事件或问题的认知能力。而记者经过观点新闻的不断累积，使公众形成科学的价值判断能力，并内化为公众的价值观念，从而使其在判断其他现象、问题之时受到“观点培养”的影响，能够做出理性判断。

另外，观点新闻的传播，使公众能够参与社会事务的讨论，在参政议政中拓宽话语领地。“网络反腐”“微博问政”等观点新闻传播活动是当下公民参与公共话语空间构建与社会民主的体现。通过研究观点新闻传播形成的社会机理，探讨其对新闻传播生态、公共话语空间的影响，对构建和谐公共话语空间，引导社会舆论，应对公共危机有一定的现实意义。

第一章　多学科视野下的观点新闻

我国近代报刊的观点新闻是随着民主政治的兴起而出现的，在政治斗争环境下，报纸成为各个政党宣传政党思想和抨击其他政党、集团理念、思想的工具。1874年王韬创办《循环日报》，对时事发表自己的见解、观点，开启了报刊政论的先河。在近代自由意识逐渐兴起的年代，我国报纸经历了三次创办高潮。此时的报刊不仅仅用来传递信息，更代表了整个报馆和主笔的态度，抨击时弊、大言改革与革命，从王韬的“持论蜂起，无一不为庶人之清议”[①]，到梁启超的报馆“有益于国事如此，故怀才抱德之士，有昨为主笔而今作执政者；亦有朝罢枢府而夕进报馆者”[②]，再到孙中山的“提倡革命，非借报馆为喉舌不可”[③]。报人参与政治斗争中也使得报纸带有政治化的色彩，所以将报纸称为“观点纸”。

马克思在1849年2月7日谈到《新莱茵报》时指出，“报刊按其使命来说，是社会的捍卫者，是针对当权者的孜孜不倦的揭露者，是无处不在的耳目，是热情维护自己自由的人民精神的千呼万应的喉舌”[④]。报纸天生的政治化色彩使观点无处不在，报纸离不开观点，同时，报纸亦需要观点，读者也需要报纸对时事给出“观点”和分析。

毛泽东在《解放日报》改版座谈会上的讲话（《解放日报》1942年4月2日）和对《晋绥日报》编辑人员的谈话（1948年4月2日发表）中指出，“在报纸上正确地宣传党的方针政策，通过报纸加强党和群众的联系”[⑤]。

① 王韬:《弢园文录外编》,辽宁出版社1994年版,第299页。

② 梁启超:《本馆第一百册祝辞并论报馆之责任及本馆之经历》,《中国新闻史文集》,上海人民出版社1987年版。

③ 冯自由:《革命逸史(初集)》,中华书局1981年版,第172页。

④《马克思恩格斯全集(第六卷)》,人民出版社,1961年,第275页。

⑤《中国共产党新闻工作文献选编》,人民出版社,1990年,第182页。

毛泽东也提出了“政治家办报”的理念，指出“搞新闻工作，要政治家办报”。习近平就报纸党性的内涵指出：“坚持党性，核心就是坚持正确的政治方向，站稳政治立场，坚定宣传党的理论和路线方针政策，坚定宣传中央重大工作部署，坚定宣传中央关于形势的重大分析判断，坚决同党中央保持高度一致，坚决维护中央权威。所有宣传思想部门和单位，所有宣传思想战线上的党员、干部都要旗帜鲜明坚持党性原则。”[①]因此，观点新闻的存在不仅仅是必需，而且是刚需。

如今，随着自媒体的普及，广大用户积极利用自媒体记录生活、表达情感、传播意义、顿悟生活，观点传播走下了“精英之塔”，开始了“大众指尖”上的狂欢。“公民记者”兴起，自媒体观点表达、传播、整合和反馈表现了在传统媒体时代下无法形成的互动表达自由。传播学集大成者和创始人威尔伯·施拉姆（Wilbur Schramm）提出了“信息选择或然率”公式：媒体用户选择媒介或信息与可以得到的“报偿的保证”（即满足程度），以及“费力的程度”（即内容的易得性）等因素相关[②]。满足程度越高，而费力程度越低，则或然率就越大，用户就越容易选择这种媒介或信息。网民利用自媒体阐释观点，实现自我，互联网成为新时代网民对媒体的最佳选择。微博等自媒体的使用较其他媒体便捷、经济，成了用户获得新闻、发表观点的理想选择。对突发事件、社会焦点等问题的关注，用户会自觉选择微博等自媒体，自觉聚合、互动商讨、积极发表观点，促使事态朝有利于公众利益的方向发展。

互联网时代观点新闻的勃发对传统媒体也带来了新的发展节点和机遇，在“所有人向所有人传播”的围观平台下，传统媒体成为观点新闻的再造者，在真假难辨的海量信息环境中，有价值的信息却愈加难以获取，使公众再次陷入信息困境之中。2020年新冠肺炎疫情暴发，世界卫生组织（WHO）在应对新冠疫情召开的会议上，全球传染病防范主任Sylvie Briand博士提出了一个新名词“infodemic”，直译为“信息疫情”。他认为：“在这样的信息疫情中，社交媒体上过度泛滥的信息或真或假，使得缺乏辨认能

① 南振声：《始终坚持党性和人民性的统一》，人民网2013年10月9日，http://theory.people.com.cn/n/2013/1009/c40531-23135817.html，2021年3月31日。

② 唐晓玲：《信息选择或然率公式对广告传播的启示》，《新闻界》2007年第4期，第147页。

力同时又处于极度缺乏安全感的人们无法去判断信息的真假，使其无法获得有效的信息来源和可靠的医学建议，在渲染的恐慌情绪中对健康造成危害性。”①

作为主流媒体应成为信息海洋中的哨灯，在引导受众的同时为舆论环境的清朗健康做出贡献。报刊、广播、电视作为主流媒体的核心竞争力不仅仅在于其报道的真实性，同时也取决于观点新闻的深度分析和理性观察。因此，无论从政治学角度、新闻学角度还是经济学角度，均应大力倡导观点新闻经营，推进观点新闻的发展，重视观点新闻的研究。

第一节　政治学视野下的观点新闻

观点新闻建立在人人都可发表观点的基础上，是从表达自由、言论自由、新闻自由延伸出来的新闻形态。言论自由是保障人民基本权利，实现人民当家作主的必经之路。马克思指出，“新闻出版就是人类自由的实现”②。尽管目前我国新闻法还未进入正式的立法程序，但是在相关法规中都有保障和实施新闻自由的制度安排。我国现行《宪法》中规定“中华人民共和国公民有言论、出版、集会、游行、示威的自由”。该条规定从政治学意义上对观点新闻给予了顶层制度层面的支持和保障，且社会主义政治文明建设的本质就是公民的表达自由和批评监督自由。只有在公民具有自由表达的权利和媒体拥有发表意见的权利的基础上，才有助于国家和社会治理，能够帮助我们发现并不断解决问题，推进社会进步和有序发展，实现社会主义政治文明。

观点新闻便是基于这类“自由”的条件而存在的，它是在报道新闻中发表意见，同时给予公众抒发观点、意见、建议乃至情感的平台。同时，新闻媒体肩负着上传下达和下情上达的重任，既是党和政府的“喉舌”，为党和政府的政策发布和时政热点做出阐释，也是公众的代言人、人民的

① 药明康德：《世界卫生组织：病毒之外，“信息疫情同样会危害健康”》，搜狐网2020年2月6日，https://www.sohu.com/a/370984798_282570，2021年3月31日。

②《马克思恩格斯全集（第1卷）》，人民出版社1995年版，第166页。

“喉舌”，具有舆论监督的功能。无论从哪个意义上来说，政治学视野下的新闻并非自然主义的所谓“客观呈现”，信息传播自古以来就具有一定政治和思想、情感倾向性。我国新闻媒体奉行党性原则和人民性原则，媒体应该在保证新闻真实性的基础上，传播主流观点和其他有价值的观点新闻，在减少受众信息不确定性的同时为公众提供观点新闻的服务。

一、新闻自由、言论自由、表达自由、意见自由催生观点新闻

言论自由是随着西方自由资本主义的发展而提出的。15世纪，威廉·卡克斯顿（William Caxton）将印刷术带到英国。随着印刷品的不断增加，民众有机会不断接受新思想和新观点，这触犯了封建王朝的利益，因此统治者下令管制出版业。在自由主义思想和封建王朝的管制冲突之下，愈来愈多的资产阶级革命家提出了“言论自由”“出版自由”的口号。17世纪40年代约翰·弥尔顿控诉当时的出版检查制度，指出“我们所希望的只是开明地听取人民的怨诉，并作深入的考虑和迅速的改革，这样便达到了贤哲们所希求的人权自由的最大限度”①。在自由主义思想的引导下，资产阶级革命爆发，出版的管理与限制逐渐被放宽。尽管在新闻事业发展过程中，英国专制新闻政策不断以不同形式出现，如知识税、新闻法、新闻检查令等，但仍在不断迈向自由主义的进程。

1789年，在政治家托马斯·杰斐逊（Thomas Jefferson）的主张下，言论、出版自由被载入美国的《人权法案》，以法律的形式对言论自由和出版自由做出规定。19世纪，约翰·斯图亚特·密尔出版《论自由》，认为“每个人在意识形态领域中，都应享有良心的自由、思想的自由、发表意见的自由”。对于思想、意见是否正确的判断，密尔认为我们永远不能确信我们力图窒息的意见是谬误；即使我们确信，要窒息它仍是一个罪恶。权威压制某个意见“可能是正确的”，但是权威者“不是不可能错误的”②。密尔从另一个角度指出言论自由的重要性，即靠近真理的角度，只有每个人享

① [英]弥尔顿：《论出版自由》，吴之椿译，商务印书馆1958年版，第1页。

② 郑超然、程曼丽、王泰玄：《外国新闻传播史》，中国人民大学出版社2000年版，第73页。

有言论自由并进行自由辩驳的情况下才能更接近真理。19世纪末期，几乎所有的国家都在宪法中确定了新闻自由的精神。如英国《人权法》中指出，“人皆有言论自由的权利。此权利应包括保持主张的自由，以及在不受公共机关干预和不分国界的情况下，接受并传播消息和思想的自由”①。法国《新闻出版自由法》规定“印刷、出版享有自由权；任何报纸、期刊之发行，仅须向政府声明由谁负责即可”②。而言论自由、出版自由在新闻传播领域中延伸出了新闻自由，以此来保障媒体的权利。

社会主义思潮中的新闻自由可追溯至马克思在1842年的《评普鲁士最近的书报检查令》一文，他无情地揭露了普鲁士政府检查制度的本质，指出“没有新闻出版自由，其他一切自由都会成为泡影”③。1848年以后，马克思、恩格斯从革命的民主主义者转为共产主义者，强调无产阶级党报要遵循以科学社会主义为指导的党的政策纲领。同时也指出，报刊是维护自己自由的人民精神的千呼万唤的喉舌。这些论述均说明了报刊的观点属性。在俄国无产阶级的斗争中，列宁指出，我们应该同整个资产阶级作斗争，并且首先要求有尽量多的自由和尽量广阔的场所来进行这种斗争。1905年列宁在《党的组织和党的出版物》中明确提出了报纸的党性原则。在社会主义社会，马克思主义者们认识到报刊的“第三种因素”和“第三种权力”，认为报刊中存在着政治因素。在社会主义新闻自由中，党内民主离不开党内新闻自由，在承认普遍自由的同时，发挥新闻媒介的社会舆论功能。

无论是资本主义思潮下的新闻自由还是社会主义思潮下的新闻自由，都要求对公民、媒体的权利予以保障。作为社会主义国家，只有给予人民发表观点、媒体阐释意见的权利，才能够更好地监督政府及其工作人员，以促进政治文明的建设和民主社会的发展。

二、观点新闻促进言论自由、新闻自由和政治文明建设

在观点新闻中，一方面如读者信箱等言论版给予了公众表达意见的机

① [英]萨莉·斯皮尔伯利：《媒体法》，周文译，武汉大学出版社2004年版，第13页。

② 郑超然、程曼丽、王泰玄：《外国新闻传播史》，中国人民大学出版社2000年版，第124页。

③ 《马克思恩格斯全集（第1卷）》，人民出版社1995年版，第201页。

会，公众可以将自己的观点、看法以读者来信的方式送达媒体，在意见表达中实现政治参与。另一方面媒体可以根据时事和公众关注的社会问题发表自己的观点，刊发包括新闻评论在内的各种观点新闻，实现媒介的社会功能。在报道新闻时，可以针对社会现象呈现观点事实、回应社会关切，推动社会矛盾的合理解决。

（一）形成观点的“自由公开市场”，使观点和意见不断接近真理

1919年，美国联邦法院大法官奥利弗·霍姆斯（Oliver Wendell Holmes）对“艾布拉姆斯诉合众国案”的判决发表了一份意见书，其中说道：“吾人所欲求的至高之善唯有经由思想的自由交流，才比较容易获得，亦即要想测试某种思想是否为真理的最佳方法，就是将之置于自由竞争的市场上，看它有无能力获得许可。”①马克思1843年在《摩塞尔记者的辩护》中指出：“只要报刊有机地运动着，全部事实就会完整地被揭示出来。最初，这个完整的事实只是以同时发展着的各种观点的形式出现在我们面前，这些观点有时有意地、有时无意地揭示现象的某一方面。”②在观点的自由市场中，任何观点从信息传播意义上均无是非对错之分，只是从不同侧面、不同角度对事物本质的反映而已。观点新闻本质上就是对各方观点、意见的传递，通过各种媒体平台将观点、意见的效用放大，在实践中得以验证，并最终为公众所检验，或接受或排斥。

美国文学家拉尔夫·沃尔多·爱默生（Ralph Waldo Emerson）指出，如果一个人把注意力集中在真理的某一个侧面，并且长期地只关心这个侧面，那么这个真理就会被歪曲而失去本来面目，从而变为谬误。如果只在单一观点方面进行不断地深入研究，即使它是真理，但是也是在人们的绝对肯定意识下所造成的绝对偏见，长此以往，缺乏怀疑意识的公众最终会丧失理性的光辉，而为少数精英群体所控制。真理是具有无限性的，人是具有主观能动性的主体，可以在不断接近真理中完善自我，但是相对于真理的无限性，人对于真理的认知又是有限的，只有让持有不同观点者不断地进

① 艾布拉姆斯诉合众国案[EB/OL].http://en.wikipedia.org/wiki/Marketplace_of_ideas，2012年09月19日。

②《马克思恩格斯全集(第1卷)》，人民出版社1995年版，第358页。

行交锋辩驳，经过“否定—肯定—否定之否定”的过程，才能逐步认知自我，认知世界。

观点新闻旨在传播观点，不仅仅是官方的、权威的和媒体的主张，也包括普通公众的意见。公众意见最有代表性的便是读者来信。列宁将读者来信称为“最好的政治晴雨表”，读者专栏反映了人民的呼声，是从基层角度展开的自发性观点新闻，可以很好地发挥报纸下情上达的功能。我国报刊发表读者来信的信箱栏目始于民国初年的《民立报》，该报用一个整版刊登读者“投函”，而后《青年杂志》《大众生活》等报刊均创办了读者信箱的栏目，给读者发表自身意见的机会。人民网观点频道设有“观点1+1”栏目，其开栏语便表明栏目的定位和意图：“国事，家事，天下事，天天都有新鲜事。你评，我评，众人评，百花齐放任君看。观点各有不同，角度各有侧重，只要我们尊重客观、理性公正。”新闻媒体只有让大家从自身立场角度去发表对事件的看法，才能够从宏观视野下把握各个社会阶层的利益纠葛和社会结构的逻辑关系，从而更加接近问题的本质。

《工人日报》《北京青年报》《南方周末》等媒体也开设言论版，发表各方观点。同时媒体在进行事件调查采访时，往往要采访相关的利益群体，寻找其根本诉求。从新华社2020年4月15日的报道《院墙被“强拆”、小区不安全、业委会难产——北京部分小区治理难题调查》可见，记者走访多个小区，对业主黄女士、李女士等进行采访，发现目前小区的普遍问题，反映背后的社会矛盾问题，使公众的需求和切实利益得到维护。

（二）发挥舆论监督的作用，避免或减少公权力滥用造成的社会危害

从公众的民主权利的角度来看，发表观点是一种政治性权利，只有让公众在言论自由的前提下自由发表观点，才能够使公共事务在有效沟通下顺应民意，得到有效解决。观点新闻可通过民声的及时报道监督政府等公共权力主体，实现“决策民主、施政高效、官员廉洁、政治开明、法制健全、社会稳定”[①]。

---

①郑保卫:《“力度·效度·制度:对当前搞好新闻舆论监督的思考”》,载展江主编:《舆论监督紫皮书》,南方日报出版社2004年版,第66页。

1902年，梁启超在《敬告我同业诸君》中指出："政府者，受公众之委托而办理团体之事业者也。非授以主权，则事因不可得举；然权力既如此重且大，苟复无所以限制之，则虽有圣治，其不免于滥用其权。"[①]同时他也强调为了避免政府过度地滥用权力，针对媒体指出"报馆者，非政府之所属，而与政府立于平等之地位者也。不宁惟是，非政府受国民之委托，是国民之雇佣也；而报馆责代表国民发公意以为公言也"[②]。梁启超的论述虽然是资产阶级舆论学家的观点，但其论述的报刊可以监督政府是媒体的当然功能。观点新闻针对政府等公共权力主体的不作为、乱作为等现象，依据于社会现象的新闻事实来发表各方看法或媒体观点，可以起到应有的舆论监督的作用。媒体往往对损害人民和社会利益的现象和问题进行深度调查，发现问题，然后通过观点新闻的报道和引导，将矛盾与问题公之于众，形成舆论监督，督促其改进工作，纠正错误。

（三）弘扬主流意识，稳定社会，缓解社会矛盾

观点新闻中包含的观点不仅仅是采访对象的观点和意见，更是经过记者的价值选择之后再在报道中进行呈现的，其在消除受众对信息的不确定性的同时，也在观点的报道中利用媒体本身的影响力改变受众的认知方式、思想倾向，使公众接受新观点，产生认同感，以此潜移默化地发挥观点新闻的作用。其中存在的对某种现象的褒扬或对某种行为的谴责在共识中也形成了社会规范的培养教化功能。当多数人持有一种观点时，往往会使少数人在群体压力下被迫接受该观点，并逐渐向群体规范靠拢，观点新闻在其中发挥了教化功能。2020新冠肺炎疫情期间，众多医护人员冒着被感染的风险奋斗在一线，新京报网报道了"OK"哥张昌盛在感染治愈后又重新返回一线事迹。该新闻并没有停留在对新闻事实的还原上，而是加入了张昌盛的观点"他希望调整好身体状态，早日再回一线。在朋友圈中，他写道，每一个冬天都会过去，期待春暖花开，愿你们都好好的"[③]的传递，将

① 梁启超：《敬告我同业诸君》，《新民丛报》1902年10月2日。

② 梁启超：《敬告我同业诸君》，《新民丛报》1902年10月2日。

③ 新京报网：《"OK哥"治愈之后：想献血、健身、重返一线》，2011年3月1日，http://www.bjnews.com.cn/inside/2020/03/01/697523.html，2020年5月6日。

医护人员的希望和坚强传递给公众，在树立医护人员形象的同时，也向公众传递了艰难时刻总会过去的价值理念，凝聚了公众抗击疫情的信心和信念，在风险传播的大环境下稳定社会情绪。

三、观点新闻的政策和制度保障

1945年3月31日《新华日报》刊登题为《新闻自由——民主的基础》的评论，评论指出："言论出版自由是民主政治的基本"，"是民主还是独裁就看有无言论自由"；该报还刊登了《出版业的危机》一文，指出以出版自由繁荣出版业是解除精神匮乏的不二法门[①]。新闻自由成为社会的一个关键词，并在整个新闻业发展中起着重要的作用。1945年在中共七大政治报告中，毛泽东说："人民的言论、出版、集会、结社、思想、信仰和身体这几项自由，是最重要的自由。"他要求"取消一切镇压人民言论、出版、集会、结社、思想、信仰和身体等项自由的反动法令，使人民获得充分的自由权利"[②]。可以看出，在新中国成立前，中国共产党就极其重视人民的言论自由和党报的新闻自由，只有让人民拥有表达观点的权利，才能够从根本上实现民主社会的目标。

新中国成立之初，我党便明确指出要保障公民的基本权利。1950年4月，中共中央做出了《关于在报刊上展开批评和自我批评的决定》。该《决定》指出"吸引人民群众在报纸刊物上公开地批评我们工作中的缺点和错误，并教育党员，特别是党的干部在报纸和刊物上作关于这些缺点和错误的自我批评，在今天是更加突出地重要起来了"。1954年中华人民共和国制定的首部《宪法》第87条指出"中华人民共和国公民有言论、出版、集会、结社、游行、示威的自由。国家供给必需的物质上的便利，以保证公民享受这些自由"[③]。1954年7月，中共中央政治局又通过《关于改进报纸工作的决议》继续强调在报纸开展批评和自我批评。可见，从新中国成立以来，

①《出版业的危机》，《新华日报》，1945年6月26日。

② 毛泽东：《论联合政府》，人民出版社1975年版，第46—47页。

③ 中国人大网：《中华人民共和国宪法（1954年）》，http://www.npc.gov.cn/wxzl/wxzl/2000-12-26/content_4264.htm，2020年4月5日。

就已从政治上保障了公民和媒体观点的自由表达的权力。

1978年党的十一届三中全会后的拨乱反正，确立了解放思想、实事求是的方针，再次使言论自由、新闻自由、观点新闻回归正轨。1987年党的十三大报告指出，“重大情况让人民知道，重大问题经人民讨论”，“要通过各种现代化的新闻和宣传工具，增加对政务和党务活动的报道，发挥舆论监督的作用”①。这既强调了人民的言论自由权，也强调了新闻自由。1990年，新闻出版署颁布了《报纸管理暂行规定》，它尽管对报刊的创办、内容等提出了制度和政治等方面的要求，但本质仍然是“使报纸更好地为社会主义服务，为人民服务”，其同时也对报纸中观点的表明和主流价值观的弘扬持肯定态度。后来全国报刊时评栏目如雨后春笋般兴起，各种电视观点类节目爆发式增长，如央视的《焦点访谈》《新闻调查》等节目的相继播出，更显示出我国观点新闻的增长之势和媒体与社会对观点新闻的重视程度。

如今网络时代，舆论格局发生较大变化，公众的观点、意见愈发得到重视，自网络时代兴起的网络舆论监督更使观点新闻的发展到达一个更高的层面。网民虽然无法对社会问题和事件进行调查，但网络中出现的矛盾问题能够经过“公民记者”的随时随地传播和媒体进行进一步的挖掘，得以舒缓并引导舆论正向发展。某省安监局局长拥有5块名表而引发媒体关注，《新京报》发表《“微笑局长”的名表仍待“公家”说明》《“微笑局长”：一不留神，表情有些放松》等观点新闻，起到了舆论监督的作用，产生了积极的社会效果。

① 人民网：《一文读懂我党舆论监督95年》，2016年12月20日，http://media.people.com.cn/n1/2016/1220/c404465-28964223.html，2020年5月6日。

第二节　新闻学视野下的观点新闻

一、观点新闻是新闻家族的重要成员

观点新闻具有新闻的各种要素。有新闻价值的观点是客观存在的事实，具有新闻的共性特征和观点新闻学的独特特征。它是采访对象、媒体、政府机构等主体新近表达的具有新闻价值的意见性、观点性事实信息，它大多是一种价值判断和理念，不排除某人说某事件是谁导致的或其发生的原因等事实判断。它不同于理论学术的观点和意见，它是无形的，看不见摸不着，是观点表达主体通过说或写的表达。

我们认为，新闻是新近发生、受众欲知、媒体即时获知的信息，观点新闻是也必须是新近发生的各类表达主体所表达的观点、意见和看法等信息。观点新闻最为重要的特性是其观点的新闻性，是其为公众所感兴趣的新闻性。

观点新闻的新闻性体现在涉及观点新闻的所有信息元素是否具有新闻价值上，由此可见，判断其是否具有新闻价值，是记者、编辑通过与其他信息价值要素的比较中确立的，这是一个比较的过程。我们认为观点新闻的新闻性具体体现在以下几个方面。

一是观点新闻具有时新性。观点新闻的时新性主要是所表达的观点具有新颖、新鲜、独特等特点；同时观点新闻的刊发及时、迅速，时效性强。观点新闻的时新性判断的重要前提是取决于观点采集的时效性和观点报道的及时性。从观点采集的时效性而言，其基于与新闻事件发生之间的时间差。当新闻事件发生后，其中涉及的主体、现象以及问题均需要进行进一步的挖掘和探讨，记者需具有问题意识，在涉事者观点采集的过程中及时发现事件涉及的焦点领域和阶层矛盾，立足现实，反思现实。并以最短的时间发现社会问题和事件的焦点，通过对社会问题和事件的探讨，及时对专业人士进行意见、观点的采集。同时在新闻人物发表观点的时间节点，第一时间进行及时的采访、写作、编辑、刊登，使得其观点能够以最小的时间差进行传播，以有效引导人们的心理与行为。2020年1月25日，“人民网”记者针对网友对武汉火神山医院的相关问题及时寻找相关人物进行了解，并及时进行报道。

人民网记者探访武汉火神山医院施工现场 污染水源系谣言

人民网武汉1月25日电（记者 崔东、王欲然）针对网友对武汉火神山医院选址是否存在问题？是否离武汉的水源地特别近？本网记者实地探访武汉火神山医院施工现场，通过从施工现场的负责人处了解到，上述消息系谣言，施工方仍在昼夜赶工。

据该负责人透露，武汉火神山医院位于知音湖畔，知音湖并非武汉水源地。此外施工方也会严格执行排污标准施工，该医院污水、雨水、医疗垃圾均单独收集处理，不会排湖，武汉市民不用担心污染问题。

（人民网2020年1月25日）

在这篇观点新闻报道中，记者针对传播的谣言进行及时求证，采访相关负责人，为网友提供专业性观点，并及时有效地遏制网络谣言的进一步扩散，防止公众陷入恐慌情绪。

二是观点新闻具有重要性。所谓“重要性”是其报道的观点对于公众和社会具有重要意义，具体表现在一方面关注的受众面宽广、人数众多，另一方面对公众的影响力度大、程度深。观点新闻受众面宽、影响力大，其新闻价值相应就大。

三是观点新闻具有显著性。发表观点的人物、政府机构等主体具有一定的地位和影响力，或普通人在重要的、特殊的、有新闻显著性的场合和针对重大、特殊的事件、问题等新闻要素情况下发表的具有新闻价值的观点。显著性要素是观点新闻的新闻价值的要素之一。

四是观点新闻具有接近性。发表观点的主体和发表的观点、媒体平台在地理、心理、利益、职业、性别等方面有认同和聚合的接近性。比如《浙江日报》所刊发的观点新闻对于浙江省的受众来说显然就比其他省的受众接近性要强。

五是观点新闻具有趣味性。所表达的观点具有人情味和趣味性因素，也就具有了观点新闻的价值要素。这比较容易理解，这里不展开论述。

六是观点新闻具有观点的变动性。变动起于观点的改变。社会处于不断的发展变化中，人作为具有主体性的思维动物，会针对社会现实提出或完善自身的看法和建议。媒体和政府机构主体的观点的变动也具有多样性和复杂性。观点新闻往往针对涉及公众利益的社会焦点事件。事件的热度也决定了参与人的多与少。在焦点事件中，权威人士出于自身对专业知识的掌握和对社会现实的洞察而提出新的观点，对观点的新闻报道便也成为引领舆论走向的旗帜，甚至影响着政府决策。例如在《钟南山、李兰娟、张文宏“同台”指导校园疫情防控 积极支持复课 严防严控是前提》一文中，针对新冠疫情控制良好的大背景，记者及时传递意见领袖的权威观点，支持学校复课：

近日，教育部举行学校疫情防控专家报告视频会，邀请到钟南山、李兰娟、张文宏三位专家“同框”。会上，他们均对现在复课表示赞成。

钟南山：“我是积极支持复课的。”

“我赞成现在要复课了。”视频会中，中国工程院院士、国家呼吸系统疾病临床医学研究中心主任钟南山就能否“复课”给出了肯定建议。

他表示，中国现在疫情控制得很好，但是在一个非常强的干预情况下完成的。目前，国外有的国家处在高峰频段，有的有所缓和，还有其他国家有很多未知数。

（摘自《中国妇女报》2020年4月23日）

观点新闻通常不会同时具有以上“六性”，我们在分析其新闻价值要素做出报道决定前，只要发现其具有一到两个要素，就可以进行报道。如果事件或活动中涉及其他新闻信息，还要将其与其他新闻信息进行上述“六性”的对比，分析其是否具有报道的价值，尤其是在版面或节目时长有限的情况下，更会将其与其他新闻信息进行对比，做出是否报道的决定。

观点新闻还具有特殊的新闻性，具体表现在以下几方面。

其一，在于观点新闻基于普遍意义上的事实，往往围绕着当前的社会焦点事件和公众关注的问题，给受众以明确的认知和指向，发挥特殊的舆论引导作用。有新闻价值的观点的报道对受众具有阐释性或指导性意义。2020年席卷全球的新冠肺炎疫情危及全世界人民的生命安全，而新冠病毒来源一时无法得到确认，西方一些国家散布“中国病毒”的谣言，并以此来诋毁中国。此类谣言信息不仅涉及公众的健康安全，更影响我国国家形象和国际关系，为此，《人民日报》刊发记者从布鲁塞尔发回报道：

世卫组织确定新冠病毒源自自然界

本报布鲁塞尔5月2日电（记者张朋辉）日内瓦消息：当地时间5月1日，世界卫生组织表示，确定新冠病毒源自自然界。

世卫组织卫生紧急项目执行主任迈克尔·瑞安当天在记者会上表示，该组织已经多次听取数位仔细研究过新冠病毒及其基因序列的专家的意见，“我们确定新冠病毒源自自然界”。

瑞安分析，当前一项重要的工作就是确定新冠病毒的自然界宿主，确定自然界宿主的主要目的是确保对病毒有更深入的研究。人们现在已经明确，新冠病毒是由动物传播给人类，但是其中具体的传播路径需要更深入的研究，这有助于了解病毒是如何打破物种界限，传给人类的。

瑞安表示，如此一来，卫生部门就可以有针对性地采取必要的预防措施和公共卫生措施，防止病毒由动物传染给人类。这是我们的努力方向，世卫组织支持相关国家开展研究，为世卫组织出台更科学的技术指引、遏制疫情提供支持。

（《人民日报》2020年05月3日03版）

上述报道是针对当时确实存在的普遍意义上的事实——即公众对于新冠病毒来源的关切以及诸多社会谣言，运用世界卫生组织人士新闻发布会上的权威观点发布而报道的观点新闻，既告知世人新冠病毒来源的信息，同时也对国际社会舆论形成积极引导，指出应采取相应的公共卫生措施，防止新冠病毒由动物传染给人类。

其二，观点新闻独特的新闻性还表现在其报道中的观点虽然是主体思考的、带有主观性的信息，但所提供的观点却是一种客观存在。正如上述报道中关于世界卫生组织卫生紧急项目执行主任迈克尔·瑞安所提出的观点，其发生地点在日内瓦，当事人是迈克尔·瑞安，新闻呈现的内容为其“确定新冠病毒源自自然界”的言论，这些对采访者来说是既定事实，无法为记者主观意识所改变。观点新闻也只有基于其科学性、真实性才能真正为受众提供权威性观点和专业性观点，供人们在工作、生活中作决策时参考，同时在观点市场进行交流和博弈。

观点随着时间变化，其价值和意义也发生变化，个体的观点会因个人身处环境以及与他人交往联系的传播环境的不同而向不同的方向改变。观点的改变反映着观点发出者立场的变化，因此对于相关观点中揭露的事实或者观点人物、观点内容的改变亦成为观点新闻中的重要内容。

观点是各种表达主体认识、论证事物的结论，是表达主体基于对事物的认识和分析论证而做出的价值判断。观点具有鲜明的主观性，体现表达主体的立场、态度、情感和倾向。从个人表达主体层面而言，其观点具有主观性质，是主体以自身的背景、生活环境、价值取向等为依托而做出的具有倾向性的表述，反映了个人价值情感取向和特质。但从客体层面而言，观点新闻所报道的观点亦是他人之思想、他人之态度，是当前意义下已然产生的、无法改变的客观存在，具有客观存在性。如上所述，新闻的存在源于其客观性。观点的客观存在性使其作为事实而存在于新闻报道中，报道传播观点的观点新闻亦成为一种新闻的形态和类别。

二、观点新闻能满足受众多元需求

任何新闻类型都因其拥有受众而存在，观点新闻也不例外。观点新闻最突出之点便在于其观点性。在如今众声喧哗的时代背景下，不断增加的冗余信息中不仅仅包含着虚假信息，还有极具情感化和个人化色彩的言论。单纯的新闻信息仅仅满足了受众的知晓需求，但受众应如何正确做出判断，如何发现目前社会中的问题，如何应对面临的危机等均需要专业或权威人士进行指导，需要新闻媒体有价值的观点新闻的传递。

美国传播学者伊莱休·卡茨（Elihu Katz）等人在1974年将受众的媒介接触行为归纳为“社会因素+心理因素→媒介期待→需求满足”的过程，提出“使用与满足”理论，该理论从受众的需求出发来认识媒介。尽管观点新闻仅仅是媒介传播的内容——观点性新闻信息，但是新闻媒体对观点的报道也是因受众有着相应需求而为之存在。如股民在进行炒股时，不仅仅需要得知当日股票价格与前一日收盘价格相比的百分比幅度，确定所买股票的涨跌，还需要从理性科学发展的眼光来看待公司运营的趋势和股票行情。而对于散户来说，无法深入了解公司的内部运营状况和管理结构情形，多数情况下只能跟从行情来确定，此时就需要专门的金融人士进行观点意见的指点。新闻从来不是独立的，任何反映世界变动的事实信息均可称之为新闻，这也导致新闻信息系统与其他信息系统是相互联系的。观点新闻可以从不同层面满足受众的多样需求，从受众的认知、态度、行为三个层面来说大概可以分为以下几种需求。

（一）受众需要获知相关的观点信息，以便深入了解分析事件

信息的传播和报道是新闻的基本功能，本质上说是对受众信息需求的满足。观点新闻的存在意义即，观点的传达是基于对事件进行深度地梳理和调查性的报道的。全民皆记者的时代拉近了受众与世界的距离，但也构建了碎片化的新闻场域，尽管新闻媒体和网络中的新闻均为受众提供了看待问题的不同维度，但对于事件背后的运行逻辑和前因后果仍然很难做到全面准确客观的梳理。观点新闻中观点的生成主要是基于对事实的全面了解和深度分析后，从思想、政策、理论高度提出问题、分析问题、解决问题的。记者或写稿者的观点突破了单一事件的表现特征和就事论事的圈层，以宏观视野把握事件，并融入自身的独到见解和深入思考。其观点中的倾向性同样可以从不同层面满足受众的获知需求，社会信息系统的交叉性在如今的风险社会中体现更为明显，使得一个事件的产生不会单一地仅仅影响一个系统，而是会涉及其他利益相关体。此时则需要相关专业领域人士进行分析并提出观点。如2020年的新冠肺炎疫情涉及公众的人身生命安全，但却可以从不同的维度、层面分析其影响，新华社的报道《财经观察：疫情重挫世界经济 前景充满不确定性》（2020年4月17日）从经济层面看疫情，其中指出：“日本机构和经济学家普遍认为，日本经济陷入衰退已成定局。大和综研经济调查部日前发布报告说，如果日本疫情在6月得到抑制，

2020年日本实际国内生产总值（GDP）或下降4.5%；若疫情拖到年底，今年日本经济降幅则可能扩大至7.6%，日本经济遭受的打击也将超过2008年国际金融危机时期。”[①]。在这一观点新闻报道中，不同领域专业人士的观点传播满足了受众不同维度的知晓需求，以行业的相互连通性与观点的多角度呈现增强新闻的深刻性和全面性。

（二）受众存在安全的不确定性，需要认清时局，缓解焦虑

信息传播进入到移动传播时代，信息生产的主导权已经不再仅仅由政府和新闻媒体掌控，每个人依靠着移动终端均能够将自己的言论发至网络中。“人人都是麦克风”的现实在改变信息丰富度的同时，也将接受者与信息的距离拉近。在信息的生产与扩散中，人们的恐慌情绪在信息的病毒式传播中继而再次呈螺旋式上升，提升社会风险程度。此时的社会风险已然不再仅仅是人身安全的健康问题，更多的是精神心理层面的恐慌。面对现实世界的不确定性风险，以及网络中的不确定性信息，受众在焦虑中无法做出正确有效的事实判断。风险是一种社会建构，在对风险的极度不确定的条件之下，大众传媒依托其社会地位和信息的扩散影响力，在预警风险和提示应对风险下具有了特殊的地位。尽管郭小平等也指出风险传播中存在悖论问题，媒体的报道本身是出于解决风险不确定性的立场，但其建构的拟态环境以及受众对风险程度理解差异的不同使得媒体的报道行为也成为建构社会风险（认知与沟通）的一部分，大众传媒在揭示风险的同时再次提升了人们的不安全感，并加大了社会风险程度。[②]新闻传播者在进行事实性信息的报道中无法进行调和，但在观点新闻的呈现中却可以通过报道权威人士的观点和意见给予受众以希冀，寻求解决方案，明确问题和事件发展趋势，从而达到缓解受众焦虑的目的。

① 许嘉桐：《财经观察：疫情重挫世界经济　前景充满不确定性》，新华网2020年04月17日，http://www.xinhuanet.com/fortune/2020-04/17/c_1125871891.htm，2021年3月31日。

② 郭小平、秦志希：《风险传播的悖论——论“风险社会”视阈下的新闻报道》，《江淮论坛》2006年第2期，第129—133页。

（三）受众需要协调和交往，以缓和疏解阶层矛盾

新闻媒体本身作为一个公共话语平台，是公众思想交汇、辩论的场所。新的技术环境下公众表达不当也更加剧了社会冲突。2012年教育部人文社科青年项目“中美医患新闻报道比较研究：实务、效果与评价”中，学者庞慧敏曾采集2009年至2011年中国媒体报道医院医疗纠纷89例进行分析研究。医患纠纷中的孰是孰非本是一个十分复杂的问题，需要中立的、权威的机构进行鉴定。而此89例医疗纠纷中，在权威专家鉴定意见之前就开始指责医生、同情患者的报道达62起，占69%[①]。可见，在社会矛盾事件中，由于涉及公众利益，公众往往会基于对同类者或者弱势群体受害者持有同情态度，从而进行集体的声援和讨伐，在这个过程中，社会矛盾不断被激化。此时，观点新闻便成为调和公众矛盾的重要手段，新闻媒体通过采访专业权威人士，将理性、科学的事实判断展现在公众面前，为弥合社会阶层中的隔阂而做出努力。在《公共沟通制度：解决医患问题的有效途径》一文中，媒体通过发表自观点新闻指出了解决医患关系冲突的最根本途径，为现实生活中的医患矛盾提供了指导性的建议：

公共沟通制度：解决医患问题的有效途径（节选）

为什么老百姓面对医患问题总有些杯弓蛇影的心理阴影？究其根本，是缘于大家对不可预期的风险形成了持续的集体焦虑。大家担忧的，本质上是医疗相关系列风险。

著名社会学者贝克提出，现代社会已经进入所谓“风险社会”。在风险社会中，公众心中的风险，不但包括“实存风险”，还包括“被构建起来的风险”。现代社会的风险和过去传统社会中无法避免的自然灾害这类风险不同，因为它还包括“可能发生的风险”。在这种语境下，风险是一种“感知”；构建这些感知的主体，不仅包括医护人员、患者，还包含医疗机构、政府有关部门、新闻媒体及医疗企业这类市场主体。现代社会的风险还是有时间维度的：它与过去、现在和未来都有关联，是可以用来预测和避免

① 庞慧敏：《论媒体在平衡社会身份与社会公正中的作用——以“医患报道”为视角》，《现代传播》（中国传媒大学学报）2012年第4期，第151—152页。

“非预期未来事件”的一种“暂时性概念”。换言之，人们心中的风险总是不断在变化的。

（摘自《光明日报》2019年6月16日）

（四）受众需要自我确认，在观点共鸣中寻求价值观认同

自我确认是通过媒体中所展现的信息，为受众提供一个自我评价的标准，可以借此使公众对自身进行重新审视，并调整自我言行。观点新闻的传播往往涉及当前的热点、焦点事件，受众在对事件的发展进程有适当了解之后满足了好奇心，同时具有能动性和自我意识强的受众会对事件产生相应的观点和看法。霍顿（Horton）和沃尔（Wall）在1956年提出了“伪社会互动”，在缺乏社会关系的环境中，受众和媒体形成了一种虚拟的社会互动关系①。在观点新闻中，核心要义在于主观性，表达的是某个主体对事件的观点，而受众则在观点新闻的获取中实现与观点持有者在精神意义层面上的交流，在观点的共鸣或辩驳中形成一种“伪社会互动”关系。选择性接触理论还揭示了受众在接收信息时往往更倾向于选择那些和自己观点相近的信息，通过寻找观点新闻呈现的文字符号背后所揭示的本真意义和价值取向而实现自我满足，构建“拟态”人际关系。受众与媒体观点的一致性也使受众在信息传播中寻找到价值认同以及自我评价的参考框架，甚至形成对身份认同的塑造。观点新闻的呈现往往会从某一个阶层的利益价值点出发，而符合该阶层社会身份的人群亦会在其中寻找到意义的共同空间，继而肯定自身身份，达成价值观的深度认同。

（五）受众需要政治参与，行使舆论监督的权利

社会转型时期，市场经济条件下的矛盾激化使社会关系超越了单纯的人与人的交际活动，而更多地体现为社会结构和社会阶层中的冲突。“受众”在大众传播中是“公众”的概念，而公众作为国家政府服务的主体，享有知情权、表达权、监督权等权利，公众有权对权力行使过程、管理政策制定流程、实施措施落实层面进行监督。随着民主社会的到来以及新媒

① [美]乔纳森·弗里德曼：《文化认同与全球性过程》，郭建如译，商务印书馆2003年版，第45页。

体的赋权，受众的“主人翁”意识觉醒，进入到公共事务的决策过程中，政治意识也逐步增强。同时，民主社会也强调了在政治参与中观点意见的多样性。迈克尔·麦昆（Michael McQueen）认为，只有意见不同的交流“才允许真正的辩论和思想的交换”。这种交流使得参与者有机会“从更大的菜单中做出选择”，从而导致一种社会意识而不是个人私益[①]。观点新闻属于观点的呈现，亦属于观点的交流，在多种角度的事实呈现和意见表达中交汇出真理和谬误。而受众在多方意见的自由表达下自由选取并为之声援，实现政治参与，甚至在公共话语平台中发表自身的言论，针对现实社会中不合规范行为进行合力监督，推动事件和问题的解决和处理。

除了上述需求满足之外，不可忽视的是自媒体环境中对普通公众发表观点意见权利的赋予。因为其不具有新闻的特性，更多的观点忽略专业领域的诉求，出于自身的主观性做出的判断，此类观点尽管不能称之为新闻，但是，我们仍然不能忽视这类观点所形成的舆论声势以及对其自身需求的满足。新媒体环境能够被称为“舆论场”，其原因不仅在于其公开性，也在于其较高的信息覆盖率与较低的信息扩散门槛。不少政府部门利用新媒体的传播特性开设了“新闻发布厅”，建立了大量具有公信力的“公媒体”，维护政府形象并以此来提升执政能力，扩大舆论话语权。而在重大事件发生后，由网民集体参与的舆论场日趋强势，甚至对传统媒体进行了内容上的反哺。传统媒体在进行事件报道时，也越来越倾向于参考网友的意见与观点。这类自发的观点，对于公众来说，本质上是观点的工具性抒发，其一方面源于对平台的使用性功能需求，另一方面是社会化过程中对社会产生的互动需求。现代人生活在风险社会之中，尽管“宏观”的个人力量逐渐增强，但“微观”的个人却愈渐弱小。现代社会人之间的隔离决定了其对“被关注”的渴望，现实的人际关系因社会控制与群组关系而无法正常使用。新媒体中构建的虚拟关系成为情感纾解的寄托，陌生人因地域的区隔和生活经历的不同而建立起信任关系，并且满足用户的心理排解需求。用户的态度和看法在互联网世界中前倾，观点的表达对于受众来说也满足了其实现自我的心理和情感宣泄的需求。

① 胡泳：《网络开展政治慎议的障碍因素》，《国际新闻界》2008年第5期，第66页。

三、观点新闻的被重视和有效经营将成为新闻事业发展的助推器

Web2.0时代最突出的特点在于新闻发布的掌控权逐步脱离于传统媒体，受众已从完全被动的角色转变为了主动的用户主体角色。用户可以利用自媒体等多种形式发布所见所闻和所感所思。每个散落在各处的节点被网络进行自动整合，自媒体成为用户传播信息、发布观点的重要平台，信息量无限扩大。任何一个新闻事件，在利益相关者、目击者、讨论者的共同参与下构建成为完整的新闻事实。在第47次中国互联网发展状况统计报告中显示，截至2020年12月，我国即时通信用户规模达9.81亿。诸多社交媒体在发挥用户自我确认功能和情绪疏导功能的同时，也成为公民新闻发布的重要平台。新媒体时代，新闻已经不再仅仅为专业新闻传播者所专属，主流媒体传播的新闻受众面缩小，影响力受到一定的削弱。

尽管不少学界和业界人士认为，信息爆炸时代仍需要传统媒体进行信息筛选，传统媒体既是内容的提供者，亦是优质内容的筛选者，但是媒介技术发展对传统媒体带来巨大的冲击，网络媒体平台的优势不仅仅在于用户，更在于算法的运用。每个用户都是独立的个体，因身处社会环境和传播环境的差异而形成了对新闻信息的需求的不同。算法技术无论是常见的单因子推荐、内容推荐还是协同过滤推荐，都满足了人的个性需求。即使主体并未进行主动寻找阅读，也会在推送下被动获知新闻信息。新闻信息的价值标准在网络时代被个体用户重塑，而观点新闻在信息的洪流中被推上了信息市场的新的制高点。

在这一信息背景下，媒体越发需要观点新闻的加持。在新闻信息于网络空间中出现冗余甚至侵扰用户时，具有思想性、逻辑力和深入分析的观点新闻便成为促进新闻事业发展的重要助推力量。观点新闻是一种具有独特价值判断的新闻形态和新闻类别。观点新闻的发布是主体或客体基于对事件背景的挖掘、对事件原因的分析、对事件影响的剖析后，寻找出新闻事实的真实意义并传递主客体观点、意见、建议的过程。它既对受众工作、学习和生活提供参考、指导和舆论引导，同时体现着新闻媒体对事件和问

题的态度，彰显新闻媒体个性和价值取向。具有新闻媒体价值取向的自观点新闻（不包括媒体的各种意见性评论），基于新闻的深度报道而不同于一般的报道，是对多样性观点的筛选和自发性观点的呈现。观点新闻的审视需要记者对于专业性、权威性观点进行准确的判断和决断，而受众仅凭自身素养和能力是无法实现的。此时专业领域中的权威见解和指导意见便成为受众需要的观点新闻。请看以下报道：

东京奥组委主席：当2月公主邮轮暴发疫情，就知道奥运要延期（节选）

2月上旬，新冠疫情暴发之初，东京奥组委主席森喜朗就与部分属下提出了奥运会延期的问题，尽管所有的公开讲话仍坚称奥运将如期举行。

在对《日刊体育》解密整个奥运会延期的内幕时，森喜朗说，2月4日钻石公主号邮轮停泊横滨港，船上疫情危机不断扩大，由于当年任首相时有应对冲绳疫情的经验，他敏锐地感觉到，奥运会已经不可能如期举行了。

他于是告诉奥组委部分干部，奥运会可能会延期半年或者一年举行，大家必须做好延期的预案，但公开表态时依然不能松口。

“如果日本不表达如期举办的姿态，先绷不住的话，国际奥委会主席巴赫很有可能选择直接取消这届奥运会。”森喜朗说。

“奥运会当然不可能取消。运动员们已经盼了很久，如果取消经济上的损失也是巨大的。”

为了确保奥运会延期而不是被取消，森喜朗希望尽快将奥运圣火运到日本，这就要求不管发生什么，3月12日在希腊举行的引火仪式必须举行，圣火在3月20日必须如期运抵日本。

日本首相安倍晋三性子比较着急，希望尽快与巴赫举行会谈，商讨推迟的问题，但森喜朗告诉他，与巴赫会谈是次要的，应该首先得到七国首脑的支持，巴赫那一关自然就过了。

3月19日，七国首脑举行电视会议，虽然安倍第二天在国会说，所有领导人都在会议上对如期举办奥运会表示了支持，并重申东京奥运会将如期举办。但特朗普后来在白宫记者会上透露，大家的确谈到了推迟奥运会的问题。

森喜朗说，他认为安倍在会议上的确得到了其他六国领导人的支持。

3月20日，历经磨难的奥运圣火乘专机抵达日本，森喜朗松了一口气。

“圣火到了日本，对延期是个利好消息。”他说，“否则奥运会被取消也是可能的。”

那个时候，很多国家的国际奥委会委员每天都发表奥运延期甚至取消的言论，很多国际组织的言论也对东京奥组委非常不利，巴赫面临巨大的压力，但始终与东京站在一起。这个时候日本方面必须站出来，率先提出延期的想法。

3月22日，森喜朗与巴赫进行了视频会议，双方达成一致：奥运会可以推迟，但绝对不能取消。可见，圣火的抵达起了非常重要的作用。森喜朗在会后透露：“我们将仔细研究延期的问题，希望在4周内完成相关细节。”

此后，日本方面提出了两个方案：延期一年和两年。森喜朗也知道两年是最稳妥的办法，因为谁都无法保证疫情能在一年后结束。但推迟两年现实是做不到的，首先很多运动员等不了两年，其次2022年本身就有北京冬奥会，第三，从运营的角度来说，推迟两年也完全不可行。

《摘自（《澎湃新闻》2020年4月30日）

在上述报道中，针对公众对于2020年东京奥运会是否能如期召开的疑问，《澎湃新闻》采访东京奥组委主席森喜朗，其观点为公众提供了决策意义上的信息参考。

同时，观点新闻亦是记者对于社会现象和新闻事件的思考，是新闻媒体编辑方针和政治立场的体现，在观点的审视、筛选、生成过程中也体现了记者的思维和报纸的风格。观点新闻在信息冗余时代成为信息汪洋大海中的航标，引导公众对事态和问题做出正确的判断。针对同一新闻事件，寻找相关人物发表观点，发现寻常事实中有新闻价值的情感色彩和专业见解。以相同中求不同，提供并阐释有价值的观点，是观点新闻的主要发展方向，亦是媒体差异化发展的重要立足点。

除却观点的传递，媒体在发展中也逐渐成为观点发布的平台。网络中用户主体性的体现也成为新闻媒体经营增长点中的一个重要影响因素。新闻媒体作为“观点的自由公开市场”，利用网络平台的互动性开启用户观点表达的窗口。人民网设有“观点”频道，以评论员文章为专业性吸引点，以用户参与评论为黏性吸收点，两者相结合。从用户角度而言，集合散落的观看者成为事件看法见解的发布者，用户由被动性接收变为主动性参与，成为新闻事件的点评员，提升用户黏性，建立稳定的粉丝群体，实现媒体与用户的双向共赢。新闻媒体从时间维度和空间维度对用户观点进行整合梳理，使观点资源成为观点信息并进行新闻发布，从公众的角度分析评论新闻事件。如人民网的《网友说话》《网友拍案》《网上民意》等栏目，是反映民间舆论、传达社情民意的窗口，在传达民意的同时实现新闻事业经营的利益增长。用户自发性观点的表达亦是新闻事实的补充式呈现。新闻真实是一个动态的过程，是一个以接近真相为目标的持续过程。新闻真实在不同视角下通过对新闻事件不断阐释而获得，观点亦在不断交流交锋中得以接近科学和真理，且有利于事件朝正向发展。新闻在观点的不断补足中得以展现，亦在观点新闻的呈现中引导舆论，发挥其决策指导作用，从而推动新闻业务的发展。

对于地方媒体来说，其无论面对中央媒体或是新媒体，都面临着新闻同质化的问题，并成为其进一步发展的难题。在梳理地方报纸或新闻客户端的新闻中发现，除本地新闻外，其余内容多是与其他媒体具有较大相似性的国内新闻报道和其他新闻。本地新闻中的重大事件则会被央级媒体密集大量报道，一般事件却很少吸引公众的注意力。最终导致地方媒体在内容贫乏和同质化的危机中只能依靠于政府支持而生存。总而言之，对于地方媒体来说，与新媒体相比，其与新媒体信息的海量性和互动性是无法比拟的；而与央级媒体相比，其权威性、影响力与人才资源、技术资源等都成为差距扩大的重要影响因素。面临种种困境与挑战，地方媒体更要以观点新闻为主要发力点，做好观点新闻的地域“接近性”的“本土化”文章。其新闻的地域接近性和“本土化”不仅仅在于事实性新闻的“本土化”，还要实现立场、观点、角度的“本土化”，发掘“本土化”观点新闻。地方媒体在对国内新闻的采访之时，可立足于本地的经济发展、风土人情、社会文化等“本土化”视角进行探究，因地制宜，发现其和本地的关系与影响，对本地的权威人士、专业人士进行采访。因为其身处本地环境，能够将眼光着眼于本地，实事求是地分析在本地的问题，提出解决问题的有效方法。在地方媒体区域外新闻的“本土化”过程中，观点新闻一是可以发挥记者或权威人士、专业人士的主观能动性，寻找其与本地具有相关性的事件与问题，请其发表观点，进行报道；二是可以在观点传播中寻找与本地受众情感的共鸣，将观点与本地人或事相结合，实现其新闻的“本地化”，接本地的“地气”。

第三节 经济学视野下的观点新闻

新闻起源于劳动，是人类在劳动中因交换关系的需要而导致了新闻的出现。尽管新闻是一种精神生产劳动，最终的产品是精神产品，但是这类产品为受众提供了关于世界变化的信息，是经过记者的人力、财力、资源、技术等多方面的投入采集而成的，之后按照一定的思维方式将其组合编排起来，再通过媒介传播给公众的产品，是一种劳动产品。同时新闻亦是因要满足公众对信息的需求而存在的，因此，在商品经济条件下新闻的商品属性被逐渐地开发出来。“新闻，作为具有意识形态属性的精神产品，它的生产制作无疑要受到意识形态规律的影响和制约，人们不能不经常考虑政治斗争和意识形态的需要。但是，既然它是一种劳动产品，归根结底总要受到经济活动规律的支配”。①因此会存在新闻生产与新闻消费之间的互动规律，是否能够满足消费者确切的需求成为衡量新闻产品价值的重要标准。

在媒体的市场竞争中，只有重视受众（消费者）的需求才能够获得消费者的支持，占据更大的市场份额。但是新闻视野下的“瓦釜效应”也需要我们去重视。“瓦釜效应”即新闻学视野下的‘劣币驱逐良币’（bad money drives out good）的现象。“传媒与其新闻社群之间，在一定的媒介生态环境下，能够形成鼓励低文化价值的新闻市场机制，并通过彼此循环影响，逐渐产生‘劣币驱逐良币’式的文化后果，导致高价值新闻只能得到传媒资源与注意力资源的低配置，而低价值新闻却可以得到传媒资源与注意力资源的高配置。”②新闻产品作为一种精神生产产品，我们必须注意到其中的指导性作用，重视其社会效益，在满足公众合理需求、提升收视率、发

① 张允若:《关于新闻产品的几个经济学问题》,《中国广播电视学刊》1995年第2期,第59页。

② 杜骏飞:《“瓦釜效应”:一个关于媒介生态的假说》,《现代传播》2018年第10期,第31页。

行量或浏览量的同时也以高质量、高品位的产品来引导社会。

观点新闻作为新闻家族中的重要新闻形态和类别，它包含新闻媒体对有新闻价值他观点的观点新闻（包括刊发自由撰稿人的时评）以及新闻媒体发声的各类新闻评论和深度报道等自观点的观点新闻。观点新闻是意向、意见鲜明的高品质的新闻，它在新闻信息市场具有思想、观念的引导和航标、路灯的作用，能够直接、充分地实现新闻的舆论引导功能。同时观点新闻在新闻经营效益的拓展中也产生重要作用，有着广泛的受众和经营空间。当下新闻媒体遭遇新媒体的巨大冲击，经营好观点新闻也是新闻媒体的利润增长点所在。当下积极经营发展观点新闻，做大做强观点新闻具有特殊的意义和现实针对性。

一、传统媒体面临的生存危机

20世纪，一批学者曾预言过报纸的灭亡，最为著名的要数美国北卡莱罗纳州立大学教授菲利普·迈尔（Philip Mayer）在《正在消失的报纸：在信息时代拯救记者》一书中提出的报纸消亡时间，“到2044年，确切地说是2044年10月，最后一位日报读者将结账走人”①。《远东经济评论》于2004年12月由周刊改为月刊，美国《落基山新闻》在出版150年之后于2009年2月27日停刊，同年，《基督教科学箴言报》不再出版纸质版印刷日报，而将主要目光转向了网络版；英国《观察家报》亦在走向末路，被认为很可能难逃被关闭的命运。国内报纸在新媒体的冲击下也面临着危机。《中华新闻报》于2009年8月28日正式停刊，《上海商报》在2015年10月1日停刊。2016年12月，上海报业集团决定，从2017年1月1日起《东方早报》休刊。《东方早报》原有的新闻报道、舆论引导功能，将全部转移到澎湃新闻网②。21世纪以来，报纸停刊上千家，探究其原因却并非报纸优胜劣汰中的竞争。新生报纸屈指可数，但报纸阅读率的下降却使得“纸媒消亡论”甚嚣尘上。

① 徐楠：《纸媒遭数字出版冲击 纸质图书打响生存保卫战》，腾讯网2010年04月26日 https://tech.qq.com/a/20100426/000013.htm，2021年3月31日。

② 澎湃讯：《东方早报整体转型，澎湃新闻引进6.1亿国有战略投资》，澎湃新闻2016年12月28日 http://m.thepaper.cn/newsDetail_forward_1588957，2020年4月29日。

当然，纸媒的消亡并非意味着媒体的灭亡，传统媒体以组织结构为主要建构形式，依然可以借助新媒体平台进行新闻报道。消亡的只是报纸的形态，而非报纸的本质。但传统媒体的危机却并非仅仅是媒介形态的变化，而是新闻报道方式的根本变革。

（一）社交媒体冲击传统媒体居高临下的单向传播方式

2020年新冠肺炎疫情事件暴发初期，在官媒进行信息核查、公布相关新闻的同时，微博博文和微信公众号文章也吸引受众的注意。对传统媒体不无启发的是，传统媒体自上而下的传播方式则更偏向于灌输，正面的事情在权威的赋予和高度的影响力下借助单向灌输的作用效果极有可能会形成一定的逆反心理，使得受众在面对单向信息传播过程中出现反叛的心理和拒绝的行为。

（二）信息过载，告知性新闻价值被稀释

受众需求的转变不仅仅在于其接收信息的方式的转变，更在于其发布信息的方式的转变。面对新闻事件的报道，传统媒体可以借助其背后丰富的信息来源系统和经验历练，第一时间派出驻地记者进行采访报道，但事件发生过程以及记者抵达现场中的时间差问题，除了提前谋划的新闻策划可以进行及时报道外，一般情况下是无法及时传播相关信息的。而自媒体的传播赋权使新闻事件现场的公众可以自主使用社交平台进行信息发布。2013年4月20日8点02分，四川省雅安市芦山县发生里氏7级地震。8点02分53秒，成都高新减灾研究所发出了四川雅安芦山发生地震的第一条微博，而在随后的将近一小时内，有1300余条微博发出了雅安发生较为剧烈地震的信息，其中既有身在灾区的居民，也有企业、名人对地震消息的转播。雅安地震发生后，微信、微博等再次成为灾区对外联络的重要“生命线”①。且在新闻报道中，传统媒体大多因体制问题而会先行对事件影响力进行评估后再予以发布，其更显保守。在网络技术环境下，“信息发布”已然成为自媒体公共平台的主要优势之一。

① 孙雨：《雅安地震从发生到首条微博发布仅53秒》，央视网2013年04月21日 http://news.cntv.cn/2013/04/21/ARTI1366488265176662.shtml，2021年3月31日。

同时，中国新闻出版研究院于2020年4月20日对外发布的第17次全国国民阅读调查报告显示，2019年手机和互联网成为我国成年国民每天接触媒介的主体，纸质书报刊的阅读时长均有所减少①。公众在接收信息选择媒介时，会更优先选择使用互联网。互联网的主要角色是普通的网民，亦即普通公众在线上的化身，在其拥有传播权利后，普通网民在互联网中不断生产制造的信息，以及互联网本身空间的无限性，使得互联网成为信息泛滥的区域。而手机的使用又使得移动传播兴起，无须再费力订阅/购买，可随时随地从手机任何App上获取相关信息。因此，互联网成为受众接收信息（包括新闻报道）的主要平台。如上所述，互联网信息的传播者多为普通网民，也导致传统媒体在信息泛滥中成为信息的一种传播渠道，其既是权威的祛魅，亦是公众需求的转变。所以在信息过载背景下，获取新闻对受众来说已是轻而易举，而其中的深度解读和观点看法等观点新闻却成为受众对新闻的新的需求。

（三）信息迅速转发，独家报道成为“城南旧事”

独家新闻报道依托的是在一定的时间限度中发现事件的不同角度并进行独特的报道，使其与其他媒体的报道相比表现出鲜明的特色。而独家报道也成为很多媒体获取经济效益的利益增长点，媒体通过独一无二的新闻来源在新闻事件发生之时抢先发出，或者凭借极具特色的呈现角度、观点表达等在新闻市场中一枝独秀。在过去，传统媒体可以依靠时间差进行独家报道，但如今新闻发布速度与过往已然不能同日而语，即使抢到了独家新闻的第一发出时机，媒体之间的关注和竞争机制也可使其迅速闻风而动，进行采访报道。诸多网民因自己的行动便捷和无把关审核环节，也在独家报道中抢占先机。而新媒体中的及时转发却也让媒体的独家报道往往成为“城南旧事”。新媒体的优势更多在于其信息的传播扩散程度，其媒体平台的性质使得运用它的用户可以迅速对网络上的新闻进行二次售卖。即使在知识产权的保护下，转发/转载中仍然保留原作者或原媒体的名字，但却消解了独家报道的首发和原创价值，其持有者成为纯粹的内容提供者，转载

① 刘彬:《全国国民阅读调查报告显示:有声阅读成为国民阅读新增长点》,中国经济网2020年04月22日,http://www.ce.cn/xwzx/kj/202004/22/t20200422_34750032.shtml,2021年3月31日。

者却利用其与用户的黏性获得利益。

（四）意见领袖左右网络新闻生产

如今的网络世界可谓是众声喧哗，人人均可将周边发生的事件传播至网络中，亦可将自身的观点以匿名方式任意发在社交平台之上，其带来的直接结果是网络信息的丰富化。公众拒绝自身成为“信息孤岛”的所在，更以生存在“5G”而非“2G”时代、信息获取便利而自豪，甚至成为信息的“囚徒”。众多数字化的网络原住民在网络围观中通过分享、表态、宣泄实现参与，甚至在网络的聚集中形成线上与线下的联动。而网络中的平等性视角也带来了网络意见领袖这一群体的崛起，他们在各个社交平台上维持着自身的活跃度，这些网络意见领袖的文章融入了极强的个性化色彩，形成了网络新闻生产的景观。

2020年新冠肺炎疫情期间，网红李佳琦通过直播为疫情募捐7000万元，便足以从中窥见其影响力和引导力。他们不仅仅通过自身的专业能力素养，更是通过社会资源和网络资源的双重转化，在粉丝经济中发挥着自身的引导力。在社交平台中，传统媒体官方的色彩代表着权威，而意见领袖之类的自媒体代表着兴趣选择的偏好性。网络意见领袖利用社交平台将自身的角色转变，从完全的普通用户，借以专业信息加持，契合受众兴趣与体验式心理，实现角色转变，达成“表演者”（网络意见领袖）与“围观者”（粉丝）的相互作用，在从深度上和广度上扩散自身影响力的同时，也不断地提升着自身在公共事件中的引导力。而粉丝与意见领袖之间的闭环效应进一步强化彼此意见并相互成就，形成对主流意识与传统媒体引导力的抵冲。网络意见领袖的影响力在现实世界与虚拟世界的重叠中实现了延伸，进而演化成为引导舆论偏向的重要因子，而具有主观性和情感性的偏向性因子会导致舆情的正方向发展或负方向演变。传统媒体如何在众多网络意见领袖的媒体作用中立足亦成为一大难题。

二、观点新闻可以提升传统媒体的竞争力

习近平在十九届中共中央政治局第十二次集体学习时发表重要讲话指出："我们要因势而谋、应势而动、顺势而为，加快推动媒体融合发展，使主流媒体具有强大传播力、引导力、影响力、公信力，形成网上网下同心圆，使全体人民在理想信念、价值理念、道德观念上紧紧团结在一起，让正能量更强劲、主旋律更高昂。"①在媒体的竞争中，其绝对因素在于两方面，一是在于信息的持有量，即依靠信息的多和广，二是在于信息的深度挖掘和引导力发挥，即依靠观点的呈现。传统媒体在面对信息数量和广度时无以与变身为平台的新媒体相比，转而从新闻事实的深度报道与观点的专业凝练上发挥一技之长。观点新闻则以公共话语平台为出发点，越过网络的情绪宣泄和谣言滋生，建立观点汇聚平台，在借助官方主流意见的同时提供价值判断的观察角度。公众借以传统媒体接收到主流的、权威的、专业的、客观的声音，传统媒体借以观点新闻提升自身的传播力、引导力、影响力、公信力，强化权威性和凝聚力。

（一）官方声音以影响力为核心，诠释主流意识

官方声音即党和政府的主张，特别是领导人的讲话和相关政策信息。公众无论是在新媒体的信息冗余，还是在突发事件的迷茫中，均需要接收和了解来自党和政府以及各级官员的声音，以此来监视社会环境，并及时做出社会协调行为。

观点新闻如果只是对官方声音单纯的复制，则仅仅只能满足公众的知情权，媒体人还需要依靠其自身的政治素养、专业素养等做出判断，以发现官方声音中的有价值的观点，在为受众提供主流声音和权威观点的同时，通过自身的媒体嗅觉对官方的观点进行深度解读，发现其本质奥义，从而发挥媒体的传播功能。

观点新闻在报道、传递官方观点的同时亦是在为公众消除疑虑，建立公众对政府的信任，避免塔西佗陷阱的出现。官方声音的传播解读同时也是舆论引导的过程，发现能够动员公众的观点，扩大主流意识的影响力，从"观点"角度建立"想象的共同体"，实现凝聚力的构建。而传统媒体亦

① 文松辉：《习近平谈融合发展"金句"：建成新型主流媒体 扩大主流价值影响力版图》，人民网 2019年01月25日，http://politics.people.com.cn/n1/2019/0125/c1024-30591043.html，2021年3月31日。

因其长时间的权威性和强有力的公信力，在官方声音的传递过程中有着无可替代的作用。在面对新媒体冲击之际，传统媒体也应将自身由“信息媒体”转变为“意义媒体”，在主流意识的凝聚过程中借由官方色彩的维护强化自身的影响力。

（二）权威观点以引导力为支撑，建立信任关系

观点新闻的报道是基于观点持有者对既定事实的分析能力和事实判断能力所做出的，其观点来源于专业问题的了解与研究，因此专业人士的权威观点亦是在面临风险传播之时，能够服务于公众的有价值的意见。风险有别于危机，如果说危机是一个物体或是某一状态下具有潜在性的危险，风险则是一个人会被某一种特定危害所伤害的概率，是指事物具有的不确定性对人造成的影响。

事件的不确定性走向自然构建了社会风险，而社会风险也已经不再仅仅局限于传者的主动扩散“风险预言”与受者的差异化“风险想象”，也是社交媒体环境下集体关注式视野中信息冗余和虚假信息带来的“信息风险”。就2020年新冠肺炎疫情而言，分散在各个社交圈的个体在疫情来临之时进行快速聚集，并在集体关注的注目礼下实现对公共事件的加冕。由于缺乏足够的媒介素养，以致出现不实信息的再次传播，在媒体融合时代，信息的杂糅激发公众的敏感度，使得在共情与共振中的公众更容易增添恐慌情绪。此时专业人士在澄清事件真相的同时亦提供自己的分析和意见，给公众以参考。观点新闻在提供指导性意见和建议的同时防止谣言的进一步扩散。传统媒体发挥其服务功能，以观点新闻为支撑，让权威声音深入人心，引导公众正确处理自然风险，理性对待社会风险，从此与公众建立良好的互信关系。

（三）媒体的主张以公信力为标尺，以服务于公众和社会

公信力是指主流媒体在自身长期的新闻传播实践过程中形成并获得人民群众普遍信任和认可的程度或能力[①]。媒体的主张代表的是媒体的立场、判断、态度、意见等，其最直接的体现便在于社论、本报评论员文章、编

① 武楠:《新时代主流媒体的“四力”构建》,《青年记者》2018年第9期,第9页。

者按等，针对当下众所周知的新闻事件，在进行事实判断和价值判断的过程中表明媒体的鲜明立场。节点式传播已经使事实信息价值有所损耗，受众对媒体的信任也在一定范围内转化至媒体的观点新闻上，谁能真正从公众角度思考，为公众利益发声，做时代的召唤者已成为衡量媒体公信力的重要标准。事实信息通过多角度呈现和立场鲜明的观点得以提升附加值。媒体具有的议程设置功能不仅仅影响着公众对于重要性事件的认知程度，也在观点新闻的呈现中影响着公众对于事件的态度取向，而其中切合公众需求、为公共利益服务、能够提出有价值的观点和意见的媒体，才能够与公众建立绝对的信任关系，继而培养稳定的客户群。在给予公众以导向的同时提升自身的公信力，借由观点新闻强化自身的立场态度。

（四）公众的看法以传播力为基点，正面宣传与舆论监督有机结合

媒体作为上情下达和下情上达的舆论工具，在传达官方意见和引导公众的同时，亦应重视公众的看法，实现其媒介接近权。媒体通过对社会中意见领袖的关注，发现公众声音中具有代表性和建设性的看法，引入新闻报道中，消弭官方和民间两个意见场之间的隔阂，将媒体真正打造成为“意见的自由市场”。媒体亦可在借助公众观点的同时以公众意见为主，研究舆论态势，提升媒体的传播效果。

习近平曾指出：“舆论监督和正面宣传是统一的。”其统一在于“目的效果的统一”“本质属性的统一”“认识规律的统一”①。无论是官方声音、权威观点或是主张都是主流价值观的体现，应通过报道引导舆论。而公众看法则是舆论监督，倾听民众的声音，通过媒体将公众有价值的观点进行报道，或者与公众中的意见领袖探讨对于当下事件和问题的看法，形成媒体与公众的观点交融，从而形成内容共融。在公众的观点、看法形成的观点新闻报道中回应其迫切诉求，真正做到为民服务，实现正面宣传与舆论监督的共存与统一。

在如今社交媒体快速发展的背景下，传统媒体面临着巨大的生存危机，

---

① 崔海教：《人民日报：深刻把握正面引导与舆论监督的辩证统一》，2016年04月19日，人民网 http://opinion.people.com.cn/n1/2016/0419/c1003-28285439.html，2021年3月31日。

为此传统媒体更应对自身所处环境审时度势，寻找社会转型期的发展机遇。在新闻报道中寻找观点中的亮点，做官方声音的传播者、权威观点的扩散者、媒体主张的发布者、公众看法的守望者，以提升媒体自身的影响力、引导力、公信力和传播力。

三、观点新闻的采编与经营

观点新闻具有广泛的受众市场，是新闻经营的一个效益和利润增长点。德国《每日镜报》便是依靠观点新闻扩大了市场发行量和经济效益，在激烈的新闻竞争中立于不败之地。《新京报》能在新媒体的冲击下成为纸媒的翘楚，与它的独树一帜的时评类观点新闻和引领舆论、影响巨大的诸多深度报道有着直接的关系。如今传统媒体所报道的新闻与新媒体相比已然不具有足够的竞争力，公众可以随时随地地在新媒体上获知最新消息，因此，过多的事实性、告知性新闻也在重复性的报道中沦为“旧闻”，在此种情况下，观点新闻便成为突破同质化和新媒体冲击的有效的新闻类别和内容。我国媒体兼具政治属性和事业属性。从政治属性而言，我国媒体承担着更多的社会责任，不仅仅具有公共服务职能，为公众提供基本的消息服务，更需要在舆论市场成为主流意识形态和舆论的塑造者。观点新闻由于涵盖着看法、态度等具有倾向性的信息，因此更需要坚持正确的舆论导向，在马克思主义新闻观和政治家办报思想的指引下，承担相应的社会责任，顺应时代潮流。而从事业属性上来说，公众是媒体新闻产品的消费者，媒体需要以公众的需求为先，在公众需要的信息面前能够保持清醒的头脑、做出理智的判断，将最有价值的观点传递给公众。

（一）观点新闻的栏目设置和短评的经营

栏目设置往往要根据新闻的不同特点进行分类，通过对受众需求的细致划分了解来对新闻进行分类，方便其寻找自己所感兴趣的新闻内容。新闻的栏目设置多样，但均反映了该栏目的定位和设想。栏目设置往往具有稳定的结构分类，从作者来稿情况、新闻的特点和读者的需求三方面来设置新闻栏目。观点新闻是具有思想性、观点性、时效性和引导性的新闻，它往往是根据公众关注的社会中的热点焦点问题而报道的，不仅能够履行环境监视的职能，而且由于热点问题的集体关注和权威观点的引导性能够引起公众的阅读兴趣，同时公众也在集体参与讨论过程中进一步促进观点的传播，使社会问题引起社会的关注，甚至得以解决。因此，观点新闻成为如今新闻媒体经营的重点之一。观点新闻既可以是篇幅短小的观点报道，亦可以是篇幅较长的对新闻事实的分析；既可以使用消息体裁，也可以使用通讯体裁和时评等评论体裁。观点新闻是传播自观点和他观点的新闻报道，因此可以按照观点新闻的类型、观点来源来对观点新闻进行分类，设置栏目。同时从读者的需求来看，往往需要通过媒体栏目来了解当前国内外热点事件和问题，对重大问题和焦点问题进行选择性阅读，因此，媒体也可根据观点新闻所涉及的热点焦点事件进行栏目设置。

1. 按照观点新闻的类型设置栏目

根据观点的性质和观点在报道中所含的比例可将观点新闻分为直接报道型观点新闻、夹叙夹议型观点新闻、直接评论型观点新闻。由于直接报道型观点新闻属于对既有观点事实的转述，因此通常用于会议的报道或者专访报道中。夹叙夹议型观点新闻以“新闻+观点”的形式出现，是对新闻事实做出分析和解读，发表观点和意见，往往以解释性观点新闻、预测性观点新闻等深度报道式观点新闻的形式出现。直接评论型观点新闻则代表媒体或记者的观点，因此往往又可称为言论。不同类型的观点新闻中涵盖的新闻量和观点看法不同，媒体在经营中可以依据三种观点新闻侧重点的不同设置栏目，如《新京报》设置有“快讯”“深度”“评论”等栏目。

2. 按照观点新闻中观点的来源设置栏目

根据观点来源可将观点新闻分为官方（公共权力主体）观点新闻、专家观点新闻、媒体（记者）观点新闻、公众投寄给媒体的时评、读者来信等。根据观点持有者的属性能够判定该观点的性质，公众亦能根据观点持有者的属性来判断是否接受该类观点。官方（公共权力主体）观点新闻往往代表着当前社会的发展方向和政策趋向与要求；专家观点新闻则成为公众工作、学习和生活的重要参考，可以从专业领域给出指导性的意见；媒体观点新闻则以社论、编辑部文章等较为郑重、权威的形式呈现，是代表编辑部就当前重大问题所发表的评论，表明媒体的立场和态度；公众投寄给媒体的时评、读者来信等观点新闻则通常以时评、读者来信等形式呈现。需要指出的是，有时官方（公共权力主体）观点新闻、专家观点新闻、媒体（记者）观点新闻这三种观点新闻是融合在一篇新闻报道中的，记者在对采访或搜集得到的官方（公共权力主体）观点新闻和专家观点新闻与新闻事实进行选择时，已经一定程度地隐含了记者和媒体的价值取向和舆论导向。

3. 按照观点新闻所涉及的热点焦点事件类别设置栏目

观点新闻栏目设置有时并不明晰地进行分类，而是根据当时发生的重大事件类别进行专题分类，即根据观点新闻中新闻事实的所属类别进行分类。由于能够引起媒体报道观点的事件往往都对社会产生重大影响或直接涉及公众利益，所以不仅仅以观点新闻的形式进行报道，还有纯消息类新闻以及调查性报道等多种形式，围绕同一热点、焦点事件进行栏目设置。正如“人民网”在2020年5月设置有“习近平的战‘疫’方略系列解读”“全球抗疫进行时 奋斗 青春的逆行”“国家安全教育日 安全生产整治三年行动”等专题栏目。

（二）观点新闻的策划与开发

当前，社交媒体数量的增加使媒体之间的竞争异常激烈，在信息冗余且公众注意力有限的情况下，观点新闻成为媒体新的角力对象，如何寻求、发掘新闻观点，如何生成报道观点新闻，已成为媒体之间竞争的重要业务内容，因此，观点新闻的策划和开发就成为需要着力思考的问题。观点新闻的策划，一在于观点围绕的事实，二在于观点的产生和发掘。从观点围绕的事实来说，其核心便在于对于事实叙述的角度，不仅仅需要寻求值得讨论的新闻事实，更需要在既定新闻事实的基础上发现值得深入探讨的话题，从宏大的事件结构中寻找到合适的切入点，以宏观思维将横向和纵向的新闻联系在一起提炼主题，揭示事实本质，进而进行观点新闻的报道。从观点的产生来说，观点产生于不同的主体，如何从这些主体中发现有价值、有意义的观点，同样需要媒体进行提前思考和采集。如何把握时代脉搏，发掘有价值的时代先声和群众的意见、呼声，使观点新闻成为媒体鲜活有力的竞争砝码，亦是观点新闻角度开发的重点和难点。

1. 根据事件主题寻找有价值的争论点、新观点

记者是犀利的社会观察家，问题无处不在，在对社会事件进行报道时，同样需要发现其所涉及的新问题、新观点。如今传播方式发生转变，媒体改变了原有自上而下的传播模式，受众在新媒体环境中地位不断被提升。在观点新闻的策划与开发中更需要考虑受众的需求。观点为受众所需要，与受众产生心理共鸣，能满足受众切实利益需求，给予受众解决当前棘手问题的思路或思想启发，这是观点新闻经营的主要出发点。新闻媒体需结合当前社会存在的矛盾和问题，依据事件主题，捕捉公众所关注的问题和话题，提供官方和专家意见，满足公众的观点需要，有效引导舆论。

《经济日报》记者在脱贫攻坚战中，准确地把握医疗问题解决的困难程度，以小见大，从小处出发，关注重庆市南川区，通过报道淦村贫困户胡正友的医疗困难以及解决措施，突出“南川家医签约服务团队”在其中发挥的重要作用。基于这一事实，记者发现对于困难群众医疗问题的解决，要聚焦于两个社会焦点问题，即“脱贫”和“医疗”，因此做出相关采访报道。报道如下：

重庆南川破解贫困群众就医难（节选）

4月14日，南川东城街道卫生院医生李命淑又来到了黄淦村贫困户胡正友家里，为他检查腿脚。前年，胡正友在打工时摔断了腿脚，丧失了劳动能力，被纳入建档立卡贫困户。一年多来，在家庭签约医生帮助下，胡正友的伤势恢复良好，已能在附近做些零工。

在南川，每一位贫困群众，都像胡正友这样享受到了家庭签约医生的定期上门服务，提供医疗建议并做好防病指导。

近年来，南川先后成立家医签约服务团队220个，通过集中义诊、上门服务等方法，优先为贫困人口提供家医签约服务，实现贫困户家医签约全覆盖。

为了将家庭医生签约服务做实做细，南川依托智慧医疗健康平台，通过启动人脸识别系统、GPS定位系统，对辖区居民信息录入和人脸采集，统一服务标准和服务内容，完善老年人及高血压、糖尿病人等健康档案，实现了辖区居民就诊信息自动推送到健康档案，提高了健康档案的完整性、

准确性。

“家庭医生获得授权后，可以调阅居民电子健康档案和所有就诊病历，能更加精准了解居民健康情况和过往诊疗记录，提供更有针对性的服务，其随访和指导用药情况也一并录入健康档案，为居民后续诊疗提供准确有用信息。”南川区卫健委信息中心主任何江说。

（摘自《经济日报》2020年5月5日04版）

2. 针对事件和问题访问嘉宾，生成观点新闻

互联网时代，由于新闻采集和转发的成本大大降低，独家报道很难为之，导致无论新闻还是评论都面临着同质化的问题。新媒体参与舆论市场的博弈，也使媒体和新媒体的观点新闻增多。新闻对时效性的追求越来越高，观点新闻同样也需要比较强的时效性。但是无论观点的传播还是观点的生成，都需要通过对事件前因后果的了解与分析。因此，记者应善于发现与思考问题，在时间长河中探索事件发展的规律和潜在趋势，透过现象看到本质，探究事件不同走向的可能性，提出多元观点。在此基础上，邀请来自不同领域的嘉宾进行探讨，使嘉宾在不同观点的争论与驳论中激发出独特的观点。媒体也可以建立专门的网络观点频道传播观点新闻，进一步提升观点新闻的附加价值。作为思想理论文化领域的重要媒体，光明网的时评频道拥有“观点会客厅”“光明观察·原创”“地评线”“大家谈”等一批极具特色的时评栏目，其评论员队伍汇聚了诸多专家学者，如刘巽达、朱昌俊、邓海建、陈海荣、佘宗明等[①]。媒体可采用付费制等方式为自身培养一批专门的评论员，以焦点事件为话题核心，吸引社会诸多领域的专业人士进行客观分析，在借助其社会影响力和权威地位扩散观点的同时，也构建了一定意义上的公共领域，形成观点的百家争鸣，提升媒体的影响力。

3. 贴近群众，在百姓关切的问题中寻找观点新闻

新闻应贴近实际、贴近生活、贴近群众，因此，媒体应成为“千里眼”和“顺风耳”，深入基层，在发掘新闻素材的同时，倾听群众的需求，对其进行整理归纳，去伪存真。在不同采访对象的声音转换中寻求百姓观点，发现百姓关注的问题，进行观点新闻的报道。亦可以专业的精神，寻求问

① 高婷：《问题意识在〈光明日报〉时评中的构筑与呈现》，《传媒》2019年第4期，第34页。

题根源和解决路径，对专业部门和权威人士的观点进行采集或评论，使得观点新闻既源于群众，又服务于群众，坚守媒体的人民性原则。

第四节　不同传播主体与观点新闻

2020年10月19日，在2020V影响力峰会上，微博高级副总裁曹增辉介绍，微博月活跃用户达5.23亿，同比增长3700万。每天活跃用户2.29亿，同比增长1800万。月活跃用户中，30岁以上用户占比23%，30岁以下的占比77%[①]。在移动传播的视域下，自媒体加上针对有影响力的新闻发表的评论、观点，每年生产的新闻信息都远远超过了传统媒体生产的新闻量。人们进入了信息过剩及观点撞击的时代。传统媒体的评论记者、学者型记者、评论员、编辑也都加入了利用新媒体及时生产观点新闻的行列。

一、评论型记者与观点新闻

所谓评论型记者，既能深入采访完成对新闻事实的报道，也能在采访的基础上，撰写观点新闻，发表观点。

新闻评论就是对新闻事实或社会现象及时发表见解、观点，表明态度。新闻评论是基于新闻事实的观点表达，是对新闻事实所隐含的价值进行再发掘与再讨论。传统媒体传播语境中，新闻事实的采访、新闻评论的撰写通常是由记者和编辑（评论员）分别完成的。新闻评论撰写者由于通常是在总结新闻事实的基础上形成主题与观点，存在占有事实不够充分或对事实缺乏切身的接触与理解等现象，所写评论与事实“两张皮”，抑或切合度低的情况，“千版一面，众议同声”的同质化现象较为普遍。新媒体传播语境中，新闻消费者不再满足被动地接收“一种声音”的灌输，而需要有温度、有深度、有力度的新闻观点。

评论型记者能在完成事实报道的同时及时撰写观点新闻，从而提高了

① 艾媒咨询:《微博月活跃用户达5.23亿,2020中国移动社交行业用户画像及行为分析》,新浪网2020年10月21日,https://www.iimedia.cn/c1020/74841.html,2021年3月31日。

评论的时效性，这与自媒体用户快捷的消费需求相适应。文化和价值观多元化背景下，评论型记者在评论视野上更加开阔，无论是选题、视角、观点、写作手法等都更加多元。新媒体为评论型记者创设了便捷、平等的公共话语平台，不同身份、职业、社会背景的人，都可以在法律框架内自由发表观点，推出多元的观点，形成有利于社会及个人发展的公共舆论。

二、学者型记者与观点新闻

学者是在学术上有一定成就的人。广义上的学者，是指具备着某个领域的专业才能、学识水平、创造能力，能在相关领域表达思想、提出观点、深耕于专业知识而走在时代前列的人。狭义的学者，是指专门从事某种学术体系研究而通达智慧的人，包括思想家、哲学家、法学家、文学家、史学家、科学家和各类文化的理论或学术专家。

学者型记者，即兼备学者与新闻记者的身份，能够将专业研究与新闻业务实践相结合的记者。艾丰认为学者型记者有两种："一种，注意新闻实践和新闻理论的结合，着力于新闻学的研究，记者兼新闻学者；一种，注意研究自己报道领域的问题，着力于某个专业的研究，记者兼专业学者。"换言之，学者型记者通常会以学者的研究方式完成新闻调查；以学者的严谨态度撰写新闻作品；以学者的精神追求新闻理想。"学者型记者"身上具备着传统知识分子的先进思想、社会责任、时代精神，最主要的是不囿于现实生活环境的束缚，而在一定社会历史背景之下在新闻写作中能够做出"创造性转换"[①]。在针对李佳琦就"OMG买它"申请商标事件中，星娱乐法创始人、娱乐法律师李振武从自身的学术素养出发发表观点。

李佳琦为"OMG买它"申请声音商标：可行吗（节选）

原声注册成声音商标并不容易

① 孙藜、张志安：《"学者型记者"：中国语境下的解释性报道与新闻专业主义———以〈三联生活周刊〉的工作理论为例》，《中国地质大学学报（社会科学版）》2011年第4期，第108页。

回到李佳琦“oh my god，买它买它！”这个原声上，是否真的可以如愿注册成声音商标？我认为并不容易。

从商标注册的考量因素来看，一般我们理解的声音商标，可以由一段音乐声音构成，如一段曲调；也可以由非音乐的声音构成，例如人或动物的声音；也可以由音乐与非音乐兼有的声音构成。

通常情况下，声音商标只有经过长期使用，才能取得显著特征。也就是说，只有消费者在某种声音与商品或服务提供者之间建立起特定联系时，声音才可能获得核准注册为商标。

李佳琦的这一句“oh my god，买它买它！”属于人的声音，而目前注册通过的声音商标以音乐类声音商标为主，目前比较典型的人的声音商标，如“Hello，酷狗”声音商标经过多年复审也最终注册成功。

虽然李佳琦的这一句“oh my god，买它买它！”是一句常规用语，但因为李佳琦的表达、语音、语调，而使得这一句话跟李佳琦提供的服务本身挂钩，也可能使得这句话具有了区别于其他声音的标志，经过长期的使用和循环，大多数普通受众听到这句话的确很容易联想到李佳琦提供的服务，可以说一定程度上的确具备了区分商品来源的作用。

但正如前所述，连腾讯“嘀嘀嘀嘀嘀嘀”、酷我的“Hello，酷狗”这些我们认为已经具有非常高显著性的声音都在注册声音商标的路途上挣扎良久，李佳琦这一句带有“普通广告语”性质的“oh my god，买它买它！”可能还会遇到更多障碍。

当然也有人心存疑惑，如果这句“oh my god，买它买它！”真的注册成功了，以后再有人效仿他说这句话，属于侵权吗？

我认为，“oh my god，买它买它！”如果只是作为一句简单的广告语使用，并不存在侵权的问题，毕竟它不是文字商标，声音商标是对这句话的曲调、节奏甚至是感觉的一种保护。换言之，如果再有人效仿李佳琦的语调作为商业用途使用，那就有可能构成侵权。

李佳琦的这句原声到底能否注册成功，我们将拭目以待。但不管如何，商标作为商家最为重要的无形资产，为其付出了较多的心血，在普遍重视知识产权的今天，我们也期待有更多的新类型商标注册成功。（李振武 星娱乐法创始人，娱乐法律师）

（摘自新京报网 2020年05月13日）

三、评论员与观点新闻

传统媒体环境中，评论员是在报刊、电台、网站等媒体针对某些事实、现象、问题发表意见、见解、观点的专业媒体人。传统媒体的编辑，包括评论部的编辑，都可以视作“评论员”。新媒体将发表意见、表达观点的权利惠及了所有的媒介使用者，只要不触碰法律法规、社会公序良俗等底线，人人都有发表观点新闻的权利。因不同媒体的主要传播符号各异，其评论的种类也各不相同。

纸质媒体主要借助于文字，能够深入、透彻分析某一事实或问题。因此，纸质媒体的评论形式较丰富，有社论、本报评论员文章、短评、编后、编者按、思想评论、专栏评论、新闻述评、时评、漫谈、专论、杂感等。广播、电视媒体主要借助于声音或画面语言，其评论讲究“短、平、快”，有短评等形式。网络新媒体则充分运用多种符号，包括文字、声音、视频、图片、图形、表情等传播符号，观点传播更及时，意见表达更多元，评论形式更丰富。网络新媒体评论大到专业的评论网站发表的网评、评论员文章，小到博客、微博客、微信、论坛、贴吧、跟帖等评论，形成了网络用户在网上发表观点看法、表明立场、沟通交流、监督不规范行为的重要平台。

无论是专业的评论员，还是普通的新媒体用户，活跃的评论者是个体与社会互动不可或缺的组成部分。一方面民智的激发，社会的进步需要活跃而有思想的言论；另一方面维护相对统一的思想认识，也需要将人们的言论纳入一个有利于社会运行的框架内。把握好管控言论的度，是权力运行的艺术之一。随着网络媒体影响力的日渐增大，政府对网络的治理趋于完善。我国从2000年到2018年相继出台了一系列网络治理的法规和办法（见附录），以规范网络传播。

四、编辑与观点新闻

编辑作为一种职业，是指担任媒体生产最后一道内容和形式把关环节的新闻工作者。编辑作为一种工作，是指对语言文字、声音影像等素材资料或现成的作品进行整理加工、选择组合。编辑的基本能力包括观察分析、文字表达、声画组接、综合判断、把握大局、策划组织等。编辑新闻的过程也是甄别事实，突出事实，亮明观点的过程。高明的编辑能够将有价值的观点透过事实呈现给受众。

传统媒体传播环境中，"单向度媒体"①的新闻编辑拥有新闻信息控制权，哪些信息能够成为新闻，什么时候，以什么形式发布等一系列的把关过程由编辑把控。而新媒体搭建了"聚合+互动传播"平台，形成了有别于传统媒体的"多向度互动"传播新模式。

新闻传播不再是专业媒体人的专利，新媒体用户可以自由介入新闻传播活动之中，用户即编辑，编辑即出版者。人人可以主动地生产、搜索，或评论新闻。新媒体为构建"多向度媒体"生态环境提供了技术支持，新媒体能否发展为"多向度媒体"和政府的管控、传播者的媒介素养等诸多因素密切相关。

手机等移动终端等已成为新闻传播的新渠道。新媒体传播语境中，新闻编辑工作需要从幕后转向前台，加入互动式自媒体传播平台成为公共论坛的主持人，具备采、编、播、控等多种业务能力，尤其是对基于自媒体平台的公共论坛的控制能力，以及通过公共论坛收集数据分析受众需求的能力。多向度媒体传播语境中，新闻编辑应尽可能地储备各类知识，包括具备交叉学科、边缘学科知识。

新媒体改变了新闻编辑的原有工作方式和内容，同时也使媒体能够借助新媒体中的丰富资源进行知识管理，即通过新媒体天然的信息储藏能力和知识管理网络，使新闻编辑能够在其中凭借着新闻敏感和长期新闻工作经验而不断更新理念、增长知识，从而提高其职业的生命力。自媒体将新闻生产者与消费者合二为一，新闻编辑应成为新闻信息重组者、新闻观点

① 参照赫伯特·马尔库塞提出的"单向度人"的观点，而提出的概念。单向度有两层含义，一是在横向上只有一个方向；一是在纵向上只有一个深度。即扁平化、无反抗力。单向度的人就是认同现实，没有批判精神，不反思的人。"单向度媒体"是指以单向传播为主，多一种声音、少多元思辨；重附和权利，轻批判现实的媒体。"多向度媒体"是指能形成互动传播，能够容纳多种声音，能够自由讨论新闻事件、社会焦点热点问题，积极引导社会自由健康发展。

的提出者与讨论者。

第二章　观点新闻的特性、功能与类型

观点新闻中的观点具有主观倾向，每个发布观点的个体包括党派、政府机构都会基于自身的所处环境、掌握的专业知识对所看到的、听到的、感知到的现象、事件和问题做出具有主体倾向性的主观判断。而我们报道它，强调被报道的观点的客观和实在，一方面媒体可以有自己的报道倾向，另一方面媒体自己的深度报道和新闻类评论是基于客观事实的具有理性和科学性的。

观点新闻是对观点的报道和对观点的传播，对于媒体来说，需要阐明自身的立场、宣传自己的态度看法和价值取向；而对于受众来说，受众需要在信息海洋中获知具有指导性和价值意义的信息，同时需要通过观点新闻的报道，即时获悉政府政策的变化和领导人的决策以及讲话精神。因此，如何报道传播观点新闻，在采访活动中如何对观点继续进行选取、理解，并运用到写作活动中，都需要进行研究。观点新闻发端于社会的需求而用于指导人们的工作与生活。观点新闻学有着特定的研究对象和研究任务。观点新闻学的研究对象分为理论和应用两个层面。

从理论层面而言，观点新闻学系统地研究观点新闻的形成机制、传播渠道、传播效果，对丰富新闻学理论具有重要的理论价值；从应用层面而言，观点新闻学探寻观点新闻的传播规律和运行机制，拓宽媒体和新闻人的新闻视野，为观点新闻传播活动提供业务指导。目前新媒体传播语境中，社会舆论系统面临形变与重构，研究观点新闻学，对探索新媒体用户的观点新闻诉求，提高观点新闻传播者媒介素养，以公共理性构建新闻传播生态，构建公共话语空间，参与公共舆论，有一定的实践指导意义。

第一节　观点与观点新闻

随着社会制度的变迁、传播技术的革新以及人的认识能力的提高，人们对新闻的认识也在不断发生着改变。新闻的定义从事实说、信息说，到权利构建说，不断发生着变化，学界与业界从不同的角度界定新闻内核，探究新闻的本质。观点新闻需要不断适应社会的发展需求并在新时代和新媒体的大背景下更好地发挥其引导力和影响力，因此也需对其定义和研究对象、范围等问题进行深入的探究。

一、观点及其特征

随着人类社会的不断发展，人的社会性逐渐显现，“观点”一词从日常生活扩展至政治领域，往往指个人、组织、机构等所形成和持有的政治观点。戴桂斌在分析社会分层时指出阶级的存在是一种历史现象，阶级的产生与生产力发展与一定阶段相联系，且阶级的划分是由于人们在特定的生产体系、经济结构中处于不同的地位、结成不同的关系所决定的①。因此，在政治观点中，强调了观点发出者因自身所在的社会阶层、背景关系、传播情景的不同而会对事物观察的角度产生不同，从而形成不同的看法。因此，观点具有主体性，不同的主体会囿于自身的社会群体和身份限制，导致从属于不同类群的主体对同一事物产生的看法不同。现实生活中，每个人都持有自己的观点，且在不同的场景中往往因社会关系的转变和“表演舞台”的变换而使观点发生改变，多元利益群体和主体下产生了多元观点。

（一）何谓观点

“观点”是观察事物的角度或所持的态度，也指对事物或问题的看法②。其由“观”和“点”组成，“观”即看，也即对事物的观察；而“点”则强

① 戴桂斌：《阶级与阶层：社会分层的两种模式》，《宁夏社会科学》2007年第1期，第48页。

②《辞海》（第六版彩图本），上海辞书出版社2009年版，第763页。

调立足于万千世界中的某一点上，观面而得点，强调最终落脚于全局中的某一方面，既强调了原本的广泛性，又强调了最终立足的聚焦性。将这两个字结合起来，则成为通过对事物的观察所获得的对于该事物的看法。但在现实生活中不仅仅只是通过“看”来认识事物，或对“看”的理解不仅仅局限于眼睛，其更属于主体通过视觉、听觉、触觉等多种感官能力而获得的对事物的基本认知后所形成的看法和立场。

需要指出的是，在传统媒体时代，由于传统媒体在“一对多”的单向传播模式下，使得受众在观点单向传递的涵化作用下产生心理认同，以致形成一种合意，人们只能被动等待信息、接受观点并成为观点的“靶的”甚至“附和者”，而自身的观点由于没有强有力的传播渠道被淹没在观点的海洋中。尽管传统媒体也设置了“读者观点”和自由撰稿人发表意见的“来论”“时评”等栏目，但版面的有限性和媒体把关决定了最终呈现出的观点仍然是符合媒体和集团利益的观点，所以有时并不能够代表公众的意见。

而新媒体时代，公众有了抒发观点的渠道，由原先的被动接受者变为了主动参与者，“人人都有麦克风”的现状使舆论场中的多元利益诉求得以展现，每个主体都成为自己利益的发言人，在网络上发声。且随着国民生活水平的不断提高，政治意识也随之加强，要求参与到公共事务的意识愈加增强。此时的社会热点焦点事件已经不再是主流观点弥散传播的垄断场域，而是多元观点相互辩驳争锋的舆论市场。因此，如今的舆论场域亦可以说进入了观点传播的时代。

（二）观点与事实、论点、理论、思想等的区别与联系

观点作为表达主体针对某一事件和问题的真实看法和想法，反映表达主体的认知水平、利益诉求和思想意识，与事实、论点、理论、思想、观念、意见等既有区别也有联系。

1. 观点与事实的区别与联系

事实是客观世界真实存在的事物和现象，具有信息的实在性、真实性。鲁迅在《花边文学·安贫乐道法》中表示，“事实是毫无情面的东西，它能

将空言打得粉碎”[①]。其中也强调了事实的不为人力所改变的特质。在不断运动、变化、发展的现实世界中，任何事物都是处于不断运动变化的过程中的，而具有思维的人身处于社会之中，必然会受到人的主体性的影响，但事实的客观性是排除认知主体外的一种人的对于客观现实世界的认知。亚里士多德（Aristotle）的“符合论”认为事实是辨别真伪的标准。大卫·休谟（David Hume）在《人性论》中认为事实是以人的特定的价值活动为中心。而我国学者金岳霖在《知识论》中则认为，“所谓事实一方面是所予的，而另一方面是我们底意念”[②]。事实以对现实世界的肯定为主，但也包含了人类的认知。事实一定意义上是主体对客观事物的描述，也存在一定的主体性。

观点与事实的不同在于更强调了人（以及其他表达观点的主体）的主体性，且超越了对现实世界的认知，而抵达了判断的层面。在观点中，现实生活中发生的客观事实成为人的判断对象，事实仅仅是一个由头，一个依据，作为对象而存在，主体的最终目的是表达自己的态度、看法和意见。

事实的客观性是唯一的，而观点的主体性是多样的。但同时观点的存在本身就是一种事实。事实不仅包括自然事实，更包括社会事实。当某一主体的观点成为另一个主体的认知对象之时，观点便成为了事实，一种精神和思想层面的事实。

2. 观点与论点的区别与联系

论点是主体在评论某一事件或问题之时所提出的观点，以表明自身的立场和主张，但这类观点一般是需要加以深入论证的见解或主张，存在于评论文章或者议论文章之中。对论点的基本要求是，论点要正确、精炼而又深刻，要有论据作为其支持，论点必须接受实践的检验。论点是具有系统性、前瞻性、建设性的，是能够指导实践的。论点又可根据论证关系分为总论点和分论点。总论点是整个文章或讲话的分论点的灵魂所在，通过总论点来提挈全篇、统率全文，而分论点则为总论点服务，是用来论证和支持总论点，成为总论点的依据。分论点并不一定总会存在于论述之中，但如果说明的论点较为复杂，则会以分论点作为辅助。总论点和分论点之

① 鲁迅：《鲁迅文集》，甘肃文化出版社2018年版，第238页。

② 金岳霖：《知识论》，商务印书馆1983年版，第468页。

间存在多种关系，即主从关系、平行关系、递进关系、因果关系等。

观点是针对某一事件、现象或问题发表的看法、见解或主张。既可以是即兴的评价，也可以是深思熟虑的评论，也可以是对现实生活中的点滴小事、现象或问题的看法，往往并不需要按照政论文、新闻评论等写作要求而加以充分论证，只是阐明自己的立场和价值判断而已。但评论性观点新闻则是需要进行理性科学论证的。

论点和观点之间既有联系又有区别。它们的联系在于两者都是对于事实、现象或问题的认识或判断。观点相对于论点是一个更大的范畴，观点包含论点，论点包含于观点之中。论点在本质上属于一种观点，是具有理性的、科学的观点。区别在于论点具有一定的权威性、科学性、可实践性，更多用于思辨性文章的写作之中，而观点大多是代表个人的意见和看法，没有论点所具有的科学性、思辨性，有的也缺乏一定的说服力。

3. 观点与理论的区别与联系

理论在古代更多用作动词，表示主体之间对待某个事物或者某件事情产生争论而互相辩驳的过程。如今更多作为名词使用，即指人们基于对事物的理解和探讨最终得出的具有一定系统性和逻辑性的知识、结论体系。也可以说理论是一种基于主体对事实的认知而通过逻辑架构、模式构建后形成的知识体系，为大多数人所认同和接受的，用以解释事物运行一般规律的体系性的知识信息。如医学理论、新闻传播学理论等。理论既是知识体系，为大多数人所认可，同时也需要在实践中接受检验，只有符合社会运动规律的概念或原理，并具有一定错综性和复杂性的知识的汇总才能称之为理论。理论是一定时空中的阶段性定论，随着时空的变化也会按照理论进化发展的规律发展升华，无限接近于真理。理论意义上的思想也是同样的道理。

理论具有一定的稳定性和普适性，而观点则是个性化的甚至是碎片化的表达。观点采择与生成强调和凸显个体观点和他人观点的不同，现实中事实和问题是一个，观点却是因人而异，千差万别，恰如文学阅读现象中的“一千个读者就有一千个汉姆雷特”。“观点采择是指个体从他人或他人所处情境出发，想象或推测他人观点与态度的心理过程。”[①]观点采择存在两种作用，一是为别人着想促使合作正常进行，二是会更加认同自身观点产生对他人的猜忌，导致群体合作难以正常进行。

4. 观点与思想的区别与联系

作动词解，思想以思考和联想为核心，但无论是哪一种，都反映了人的潜意识的活动，是人脑对基于现实存在的客观世界产生思维活动的过程。人作为有意识的生命体，思想是一种与生俱来的意识活动。当现实世界中出现了新的事物或者原有事物形态发生改变之后就会引起意识的活动。同时，人的主体性也在其中发挥作用，通过“想”，对新事物达成新认知或改变原有认知，进而从事具有目的性的意识活动。

作名词解，思想可以分为直观的认识即人的关于事物与问题的想法以及具有理论性、逻辑性的知识体系。它是人的一切认知、判断、行为的基础，往往相对零散，但也是真知灼见，并具有真理性的认识，如毛泽东思想。而观点作为主体基于自己立场所表示的看法，需要通过思想（认知现实事物，与自身的既有认知发生作用，并融合为自身看法）形成。

5. 观点与观念的区别与联系

《辞海》（2019版）中对“观念”一词的解释有两条，一是“思维活动的结果。属于理性认识。”，二是“译自希腊语希腊文idea。通常指思想、主意、见解。亦指表象或客观事物在人脑中留下的概括的形象”。观念是主体在一定时间跨度和一定空间背景下所形成的对事物总体性的、综合性的认识，是一种概括、一种总结、一种立场。

观点则更加具象化，是通过对某一事物的认识而表达的具体的态度和看法，往往会因社会环境或自我立场的改变而发生变化。观念用于宏观表述之中，是存在于某一代人脑海之中的抽象的认识。如中华人民共和国成立初期民众集体主义观念与如今个性化时代的个人主义观念。而观点则会具体到某一类人或某一人，针对某一事物或某一事件呈现的价值判断。

6. 观点与意见的区别与联系

观点和意见具有很强的相似性，但意见往往是带有批评性、指正性的

① 赵显、刘力、张笑笑等：《观点采择：概念、操纵及其对群际关系的影响》，《心理科学进展》2012年第12期，第2079页。

看法，且大都是对已经发生的事实或问题的看法，有希望对方改正的意愿，具有指导性。意见有时用于上级领导机关对下级工作中，是根据现实需要，针对某一问题所做出的处理建议，强调对存在问题的积极作用，如《中共中央、国务院关于进一步加强社会治安综合治理的意见》。观点则更加注重平等性，观点持有者双方是基于同等地位下的不同立场而存在的。

（三）观点的特征

1. 观点具有主体性

就个人而言，观点是主体经过有意识的感知和判断形成的对事物的看法和理念，它会对客观事实进行个性化再现，从而表明自身所持的立场。符号学家莫里斯（Morris）指出，符号具有评价性的特征，“符号的评价性特征把阐释者指向所指物体的具体特质，这使得人们对该物体做出评价或判定”[①]。因此，观点中亦含有人主动地对现存事物的评价。主体性建立在主体和客体的分离之上，主体出于自我的主观能动性而认识客体。观点具有主体性但并不脱离客体，它是主体在实践过程中所形成的价值判断，强调观点持有者的主动性、目的性以及价值观。

2. 观点具有个人差异性

卡尔·霍夫兰（Carl Hovland）在1946年提出了个人差异论，之后德弗勒进行了修正，认为主体会具有心理和认知结构上的差异，而影响到对媒介的注意力和选择性接触。在观点的表达中，主体也会由于心理结构、先天条件、后天习得、生存环境的不同而产生不同的看法、态度和信念。且由于每个主体都处于不同的社会关系和社会群体之中，在观点表达之时会受到群体规范和社会集体价值观的影响，对事物做出不同的反映和判断，因此观点具有个人差异性。同时，观点的表达亦反映了该主体的个体特征，如生存环境、政治立场、文化水平等多种因素。

3. 观点具有直接表达性

观点往往会被主体直接表达出来，它是主体在公共场合表达的判断、看法，需要通过某种媒介进行传播。它只有在公开表达并被他人所知悉的

① [美]斯蒂文·小约翰：《传播理论》，陈德民、叶晓辉译，中国社会科学出版社1999年版，第115页。

情况下才能称为观点。因为观点本身就具有社会性，其存在来源于不同的人以不同维度对事物做出的判断。观点因不同而存在，它如果是存在于潜意识中的一种思想感情或观念，则往往不为人所知，也难以和他人形成辩驳关系。同时也为了能够更强有力地说明自己的立场和态度，需要主体将自身的观点在一定场合进行陈述。当然，部分观点也会通过间接表达的形式出现，这类观点同样也包含着主体的价值观和判断，但是往往需要凭借某类外部信息来阐释，对于受传者来说也不易理解，对受传者的素质要求也会更高，或者只有在受传者与传者具有共同的意义空间和价值认同基础之时，才能实现观点的交流。

4. 观点具有鲜明的思想性

思想性不仅指主体思维活动的有意识性，更指其作品或语言中所含有的思想意义和社会意义。而观点存在的重要前提便在于其是基于自身立场的思考而表达出来的，与纯客观事实信息相比，其具有对受传者强有力的影响力和引导力。观点的思想性强弱取决于观点持有者的表达能力、传播能力和引导能力。具有强烈思想性的观点往往能够通过一定传播技巧提升说服效果。

5. 观点具有变动性

人们在不同时代、不同社会生活环境中所形成的观点是各不相同的。一个人的价值观从孩童开始，是在家庭和社会的影响下逐步形成的。一个人所拥有的社会交往方式及其所处的社会地位，对其价值观的形成有决定性的影响。当然，报刊、电视和广播等传播的观点以及父母、老师、朋友和名人的观点与行为，对一个人的价值观的形成也有不可忽视的影响。一个人工作、生活环境、地位或自身立场的转变均会使观点发生变化。同时随着对事物认知程度的逐渐深入也会导致观点的改变，舆论反转实质上是事实真相逐渐揭露过程中的观点的变化。

二、何谓观点新闻

新闻传播活动随着人类的产生已然出现。自然人要求人能够提前掌握气候变化和地理环境来适应生活，社会人的诞生则对人与周围社会关系变化的感知提出了更高的要求。因此，在世界中的每一个人都必须通过了解最新的世界变化，并以此为条件来做出行为适应与行为改变。观点新闻则是人们根据社会和自身发展对观点、意见等的需要应运而生的新闻类别。

根据研究对象的不同新闻学可以分为理论新闻学、应用新闻学、历史新闻学和管理新闻学，亦可根据新闻报道内容领域的不同而分为政治新闻学、经济新闻学、文艺新闻学等。而观点新闻中观点作为具有主体性的意见事实，往往由于其发出者的身份重要、场合重要而具有新闻价值，能够经记者采访后在新闻报道中进行阐释，所以观点属于主体对客观事物的一种认识和价值判断。因此，观点新闻是根据新闻报道和观点新闻作品中信息的属性而进行分类的一种新闻形态和类别。与观点新闻并列的还有纯客观新闻，不包含记者主观思想的、反映自然关系和社会关系变动的新闻。观点新闻既包含于理论新闻学，亦包含于应用新闻学。在理论新闻学中，针对观点新闻中观点发出者、观点价值取向、观点引导意义等，探究观点新闻中观点的传播模式和运行机制。在应用新闻学中，观点新闻存在于任何新闻类别之中，它针对不同领域的新闻事实寻找有价值的观点进行传播，同时亦可在观点的使用上形成各种新闻报道和各类观点新闻，通过观点可以实现对新闻事实的解释、预测、策划、评论等。

传统媒体时代，新闻的生产与传播由专业媒体人把控，广大受众是被传播的对象。新媒体让广大用户的新闻生产与消费活动合二为一。新媒体将新闻生产的权利还给了在场者或当事人，将新闻传播的权利交给了在场的用户，将新闻自由真正赋予了愿意传播的个体。换言之，人人成了事实的见证者或亲历者，事实不再是稀缺资源，而有新闻价值的观点成了人们竞相追逐的信息资源，观点新闻成为新闻类别中的当然成员事所必然。

关于新闻的定义，我们看到有如下代表性的表达：陆定一认为新闻是新近发生事实的报道；王中认为新闻是新近的事实的传播；W.兰斯·班尼特（W. Lance Bennett）认为新闻常常是由记者、政治以及公众通过不完善的信息交流，不断寻求各自目的的过程，不断变换和调整位置形成的。新闻是政治信息体系的核心。

如上关于新闻的定义实际上有些是狭义上的概念，或描述事实、事件的显在性新闻信息，如陆定一的定义似乎只是在描述媒体所报道出来的信息状态（可能也包括有价值的观点的报道）。或是一种宏观的哲学意义上的描述，如W.兰斯·班尼特等人的定义。如果王中的“新闻是新近的事实的传播”的“事实”包含事件性事实和观点性事实，倒是具有一定的科学性。新闻实际上是一个大的概念范畴，有广义与狭义之分，广义的新闻包括能给受众消除信息不确定性的一切信息，主要包含事实性、事件性事实信息和观点、意见、主张性信息（包括政府机构的政策主张等）。有新闻价值的“事实”与有新闻价值的“观点”都是新闻，都是受众感兴趣的和记者追逐报道的内容。观点新闻是新闻家族中不可或缺的重要成员。世界新闻业务史也表明，千百年来媒体对待“观点新闻”都是像对待“事实新闻”一样进行报道的，只是理论上、思想上、认识上未充分认识“观点新闻”作为新闻的特殊现象和特殊的传播规律，未予以足够的重视和进行深入系统的研究，在新闻业务上还没有形成一种新闻的自觉。

当然观点性新闻与事实性新闻有本质的不同。从哲学角度来分类，世界由物质与精神组成，物质是一种存在，相对于物质的是精神。在此层面上，新闻可以分为反映客观世界可视的物质性新闻和不可视的精神世界的观点新闻，后者是人们头脑中的思想意识，反映人们的价值观，当然也是人们头脑中的一种客观存在，它需要通过人们以及其他表达主体的表达才能呈现于世。西方新闻传播理念强调观点与事实要分开，而观点新闻中的述评性报道和综述性报道，特别是深度报道、调查性报道，实际上直接或间接地流露出媒体对事件和问题的观点。

有学者认为，从一般的实践意义上理解，观点新闻就是以传播新闻观点为主要目的的新闻报道[①]，观点新闻指的是某人表达观点的新闻，就是某人对事物发表的看法、评论、意见、建议，或者表达的态度、倾向、主张等的新闻[②]。这两个定义都指出了观点新闻是以传播观点为核心的，观点中包含着个体的思想和观点。但是并未指出观点的存在意义与观点新闻的本质属性，且强调的是观点新闻报道而非外延更广的观点新闻。观点新闻报道以新闻报道为观察对象，观点只是辅助性的理解，观点呈现也是为了帮

① 赵佳：《观点新闻：报纸竞争的关节点》，《中国记者》2006年第6期，第61页。

② 彭世松：《用观点新闻赢得更多关注——以两篇获奖新闻作品为例》，《新闻世界》2015年第2期，第93页。

助受众更好地梳理新闻事实，最终呈现的形态为“观点新闻化”。而笔者所谓的观点新闻针对的是未经报道的原生态的观点信息。

新闻是新近发生事实的报道，其中的事实指的是事物的真实情况，而“新闻事实是客观事实的一部分。但由于新闻报道过的、正在报道的事实，都是被一定主体经验到的事实，因此，一些人认为新闻事实不是客观事实，而是认识论意义上的经验事实。”①狭义的新闻定义应是裸体新闻，是未经记者采写、编辑加工过的客观事物信息，它不同于在传播中主体对客观事物的反映物——新闻信息作品②。而新闻本质上是为了减少受众对于信息的不确定性，是对错误信息的更正，是对简略信息的补充，是对未来信息的预测和受众情绪的强化。因此，狭义的新闻定义是“即时获悉受众欲知的信息”③。所以从狭义新闻定义衍生的观点新闻是还没有经过报道的原生态观点信息。因此我们认为，观点新闻是即时获悉、生成且受众欲知的观点、意见、看法、态度、倾向等信息。其中“获悉”，强调记者获悉观点信息后的采集、制作、传播、反馈等过程，并不追究已经发生的事实（事件）是否还具有新闻价值。用“获悉”二字来限定记者的新闻行为，既强调自在观点的客观性，又强调它与人的联系。“受知欲知”，揭示了新闻的本质属性——是广大受众欲知，而不是少数人欲知。而“生成”的意义在于，记者和编辑及公众也会随时产生具有新闻价值（所谓受众欲知）的观点，将其生产成观点新闻。根据这个定义，不具有这一本质属性的任何观点信息，都不能成为记者将着手采写的观点新闻。

从本体论而言，事实是第一性的，因此新闻事实是客观事实。他观点在新闻报道中便成为客观事实中的一部分，相对于记者和编辑而言，是客观存在的，并不以其意志为转移的客观事实。因此，他观点是事实新闻的一部分。但他观点的传递本身便依托大众传播的属性而成为具有价值观念的导向性的观点，代表媒体的立场，因此媒体在筛选观点和呈现观点时具有一定的目的性。而自观点的传播则多以直接表达观点和意见的新闻评论

① 杨保军：《新闻事实论》，新华出版社2001年版，第10页。

② 靖鸣：《新闻是即时获悉受众欲知的信息——依据新闻定义模式分析探讨新闻的定义》，《广西大学学报（哲学社会科学版）》2003年第4期，第93页。

③ 靖鸣：《新闻是即时获悉受众欲知的信息——依据新闻定义模式分析探讨新闻的定义》，《广西大学学报（哲学社会科学版）》2003年第4期，第94页。

形式呈现，直接对受众的思想观念进行引导。无论是自观点还是他观点，观点新闻都是为了能够通过提供事实以外的观点来阐明道理、表明态度，以引导思想并凝聚共识。从这个层面上来讲，观点新闻即在新闻作品中表达和传播自观点或他观点，为受众提供深度阐释和决策参考的新闻信息形态。

正如图1所示，观点从宏观上来讲，可以分为官方声音、权威观点、公众看法、媒体主张、各种评论，而前三者属于他观点，属于媒体对观点的报道，而媒体主张则属于自观点，是媒体自有观点的表达。媒体之外自由撰稿人、专家学者和公众自然来稿，作为各种来论，亦是他者的观点表达，观点报道和观点表达共同构成了观点新闻。从信息论的角度看，新闻是对事物不确定性的减少，或确定性的强化。对某一事实、问题、现象的观点和认识的不确定性的减少或确定性的加强也是新闻。观点中由于存在着主体对现实情况的判断，因此观点新闻是对某一事实、现象或问题的看法、评价、意见、建议或态度、倾向、主张的不确定性的减少，或其确定性的增加。但确定性变化的程度会根据观点的发出者、表达技巧、逻辑结构等的不同发生变化。

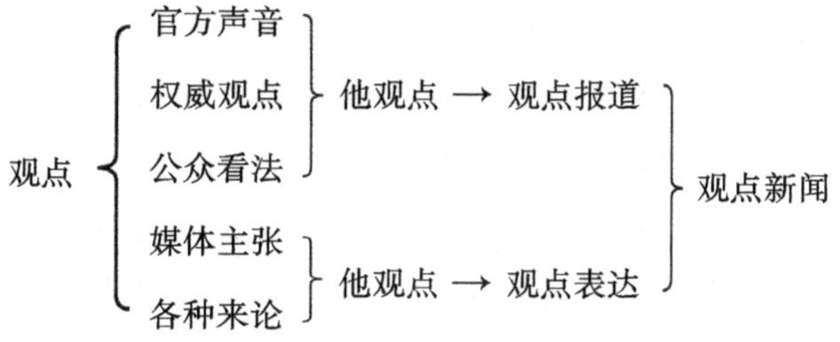

图1　观点新闻的构成

从观点新闻来源及生成主体角度看，观点新闻的生成一是个人所为，二是媒体所为，包括媒体自身生产的观点新闻和媒体外观点新闻。西方国家媒体以美国《纽约时报》为例，本社的评论叫社论，社外的评论叫来论。媒体上来论和社论由两个不同版面来安排。实际上大多是对时政发表意见的观点新闻。我国的全党办报和全民办报，媒体外提供的新闻除了事实性新闻，也有许多观点新闻。三是政府、集团、机构等所为。内容主要是针对社会经济发展、突发事件和各种社会关切以及公众感兴趣的热点问题提供信息，发表观点，预测走向等，包括政府等公共权力主体提供的政策信息及其解读。

三、新闻报道与观点新闻的关系

观点新闻信息与事实性新闻信息最大的不同在于，事实性新闻信息只能通过记者报道呈现，而观点性新闻信息，媒体工作者和媒体外的人与机构都可以写作和生成。由于观点新闻是价值判断，所以媒体内的记者、编辑包括一切表达主体也可以有自己的主观表达，生成观点新闻。

如图2所示，原生态事实性新闻信息的主体只有信源，是不以人的意志为转移的客观信息，经由记者、编辑、撰稿人报道后形成新闻报道，但由于其中存在记者、编辑等主观性地对何事、何人、何时、何地、何因、怎么办等新闻六要素选择安排的可能性，本身就是一种观点新闻的呈现。而又因原生态新闻事实信息存在认知与被认知的关系，原生态新闻事实信息在经由信息表达主体（采访对象、记者、编辑、机构等）加以理解表达后，出现事实性信息和观点性信息的不同。事实性信息即可视的、具有新闻六要素的事实信息，而原生态观点新闻信息的表达主体是一切愿意发表观点意见的社会主体，经其表达后形成观点性信息。这类观点性信息是主观世界中不可视的、主观性极强的价值判断。插图2对于这些观点性信息的报道便成为观点新闻的主要报道形态。其中报道方式分为两种。一种是专门针对观点的阐述，如2020年12月13日《人民日报》发表的《习近平在气候雄心峰会上发表重要讲话》，便以习近平的讲话为核心，进行观点传递：

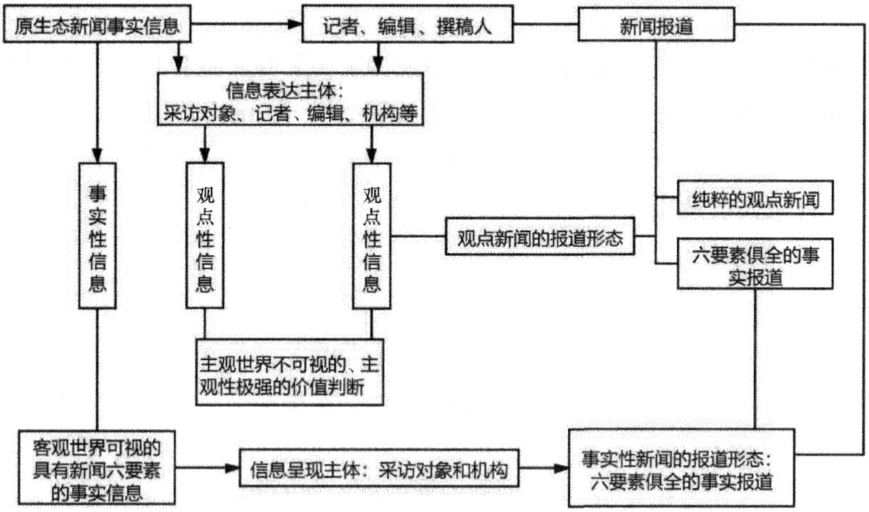

图2　观点新闻的形成机制

习近平在气候雄心峰会上发表重要讲话（节选）

新华社北京12月12日电　国家主席习近平12日在气候雄心峰会上通过视频发表题为《继往开来，开启全球应对气候变化新征程》的重要讲话，宣布中国国家自主贡献一系列新举措。

习近平强调，5年前，各国领导人以最大的政治决心和智慧推动达成应对气候变化《巴黎协定》。5年来，《巴黎协定》进入实施阶段，得到国际社会广泛支持和参与。当前，国际格局加速演变，新冠肺炎疫情触发对人与自然关系的深刻反思，全球气候治理的未来更受关注。

习近平提出3点倡议。

第一，团结一心，开创合作共赢的气候治理新局面。在气候变化挑战面前，人类命运与共。中方欢迎各国支持《巴黎协定》、为应对气候变化作出更大贡献。

第二，提振雄心，形成各尽所能的气候治理新体系。各国应该遵循共同但有区别的责任原则，根据国情和能力，最大程度强化行动。发达国家要切实加大向发展中国家提供资金、技术、能力建设支持。

第三，增强信心，坚持绿色复苏的气候治理新思路。大力倡导绿色低碳的生产生活方式，从绿色发展中寻找发展的机遇和动力。

（摘自2020年12月13日《人民日报》01版）

另一种则是为事实服务的六要素俱全的事实报道，以事实消息为核心，观点服务于事实，为了更好地阐明事件的前后逻辑，而对相关人员进行采访，获取其观点看法，以说明事件的前因后果和影响等。如在《输入法会“背叛”我们吗?》一文中，记者为了阐述相关信息，对普通用户、专业人士等进行采访，运用其观点回答公众疑问：

输入法会“背叛”我们吗？（节选）

2020年1月19日，“微信之父”张小龙现身微信之夜，陈述了微信未来的发展路径，准备推出自己的输入法，“至少在安全性方面，我们可以做得足够好”。

他说经常会收到投诉，在微信里聊到什么，在其他App里就看到这个东西的广告。但他说微信从不会分析用户的聊天记录，即便因此损失了很多广告收入。

此言一出，把输入法推向风口浪尖。输入法是信息泄露的“元凶”吗？

一位受访者对南方周末记者描述，几天前朋友家要换马桶，她微信回信息说了自家用的牌子，下次打开手机WPS时，开屏广告就成了京东马桶。“这种N年不提的话题，不可能这么巧吧?”她怀疑是输入法泄密。

根据Mob研究院数据，2020年搜狗、讯飞和百度三家输入法占据了国内市场九成的活跃用户，其中搜狗占有率最高，54%。2020年9月，腾讯全资收购了搜狗。

易观一组数据表明，中国第三方输入法的活跃用户在2019年达到7.71亿。输入法已成网民刚需。

输入法会获取哪些信息

谢渊今年26岁，在上海一家房企工作，工作中经常需要处理文字。他曾用过三款输入法，最后选择了搜狗，因为它能记录用户的语言习惯，关联词库与需求更贴合。

使用输入法软件需同意隐私政策，南方周末记者比照了三家软件的隐私政策，都长达万字，搜狗输入法的隐私协议最长，有18791字。隐私协议过长，术语繁琐，谢渊虽然同意了该隐私政策，但从未阅读过。

登录搜狗输入法App的初始界面，提示用户开启设备（通话状态及移动网络信息）、存储（访问照片、媒体内容及文件）、位置、通讯录权限。拒绝同意这四项授权，也不会影响基本功能使用。

谢渊说，“只要不是特别冒犯，不会在意软件要求开通什么权限”。但看到自己开放了相册和位置信息时，他依然诧异，并迅速将位置信息改为关闭状态。

很多时候，大多用户不了解开放某项权限将带来何种影响。一位讯飞输入法的用户告诉南方周末记者，“不同意就不能用，我屈服了”。

梳理三份隐私政策，输入法软件可能收集的用户信息有11类，涉及调用的手机权限有12项。

（摘自《南方周末》2021年1月31日）

所以观点新闻（报道）和一般事实性新闻报道是有所不同的。前者都是主观的态度和观点鲜明的表达，后者则是记者和媒体千方百计让受众确认的事实报道，即便不可避免存在主观性。

第二节　观点新闻的特性

新闻需要观点，观点新闻与新闻观点具有本质的区别，但也存在着一定的联系。在观点新闻中，仍然是以新闻为核心，以新闻事实为依据，只是在报道新闻时选取具有观点表达性质的新闻事实而已，即具有新闻性质的、聚焦于现实社会中某一热点问题的、重要人物的、重要会议中的观点报道。这类观点需具备新闻价值，即新鲜性、重要性、接近性、显著性和趣味性等新闻价值。没有新闻价值的观点，对现实生活就失去了指导意义，只能成为针对某一问题的讨论，而失去了新闻特质。而新闻观点则强调新闻消息、通讯等新闻报道中所传达出的思想情感等，即以新闻来表达观点，通过新闻事实的阐述来体现编辑、记者的看法和立场。毛泽东指出，“报纸的作用和力量，就在它能使党的纲领路线、方针政策、工作任务和工作方法，最迅速最广泛地同群众见面”[①]。因此，新闻需要观点，需要以观点表

① 毛泽东：《毛泽东选集》，人民出版社1991年版，第1318页。

达来提升新闻的思想性。观点新闻作为新闻中的一种类别，同样也具有新闻观点，只是除了新闻事实的表达之外，更增添了对某个人或某些人观点的阐述，以此来共同说明或强化新闻观点。观点新闻作为新闻的一种类别，也具有自身的独特性。

（一）具有新闻性

观点新闻的新闻性首先取决于其真实性。一方面既是对客体表述观点的既存事实的报道，另一方面也存在于多元化的观点，都是针对真实的事实、现象或问题的判断或评价等。其次还体现在时效性上，即最大限度地满足广大新闻使用者追寻真相的迫切心理，围绕新闻事实发生的核心问题，以最快的速度将观点传播给受众，为其决策行为提供参考。新闻性是观点新闻的本质特性，依托于新闻事实进行观点的探讨，此时的“观点”是记者从各类碎片化信息和情绪式观点中筛选出来的具备引领性、典型性、指导性的观点，是能够满足受众需求、发现事件演变趋势和特点、引导社会舆论的价值判断。如何确认其新闻性就看它对广大受众而不是对小众是否具有影响其思想和观念的价值。

（二）是理性科学的价值判断

价值判断是指某一特定的主体对特定的客体有无价值、有什么价值、有多大价值的判断。人们认识社会的过程也是价值判断的过程，通常情况下人们对各种事实、社会现象或问题，往往会做出好与坏或应该与否等价值判断。由于这种判断与人们的价值观直接发生关系，所以被称为价值判断。事件新闻选择的过程伴随价值判断，观点新闻是更直接的价值判断。

（三）具有评议性

评议基本含义有两层，一是经议论而评议、评定，二是商讨、商议。观点新闻的评议性体现在两个方面，一方面，狭义上的评议性是观点新闻生产者就某一新闻事实或问题以表达自己的观点、看法，来对其做出评价。另一方面，我们可以把针对某一事实、现象或问题的多元化的评定看作是一种广义上的商讨、商议，目的是为更好地解决相关问题。

（四）旨在“说理”

观点新闻不同于事件新闻，事件新闻重在新闻要素中的“What”，以记录客观事件为主，而观点新闻则注重从一般的事实中发现事实的本质和普遍运行内在的规律，注重于“Why”和“How”，在概括和抽象中为受众提供辨别是非、价值判断的指导性意见。在叙事方法上事件新闻主要按照叙述和描写来展开，而观点新闻则需要通过记者和编辑的逻辑思辨能力，以说理的方式和手段呈现出来。就新闻选题而言，事件新闻可以通过短消息等形式迅速报道，因此新闻选题只要具有新闻价值即可，同时由于采写观点新闻需要耗费较多人力、物力，因此观点新闻往往用于重大事件或热点话题的报道。

（五）是主体的意见表达

意见是人们对事物所持有的看法或观点。观点新闻是传播者对新闻事实、现象形成看法或认识的公开化表达。观点新闻生产传播者是新媒体语境中意见领袖存在的另一种方式，经常为他人提供认识事实或问题的新角度，同时能对他人认识事物产生影响。观点新闻生产传播者能在真相发掘中，将认识的角度和意见传播给其他真相追求者，使人们对事实和问题形成新的认知。

（六）主动参与舆论监督

舆论监督是公众通过意见观点的一致性形成舆论，在涉及公权力和公共事务的事件中对政府或不规范行为形成舆论逼势，并促使其按照符合社会生活规范的方向运作的过程。由于在舆论监督中，媒体往往担任着重要的角色，可以通过事件的曝光和事件的评析来唤起公共意识。因此，观点新闻可以以其多元互动的观点而形成强大的影响力，聚焦热点、难点问题，促进事物朝着有利于公众利益的方向发展。

观点新闻以观点为核心，通过对采访对象的选择和对采访所得观点的选择性报道而呈现出观点新闻的价值，因此，相对于背景新闻和纯客观新闻来说，更能够依托其中的观点、意见，并引导舆论。在纯客观新闻之中，往往更要求新闻的真实性和客观性。观点新闻尽管同样对客观性和科学性做出要求，但是观点本身对于观点发出者的主观判断性无法避免，因此观点新闻可以通过反映社情民意来体现出当前公众生活的百般样貌，从社会样貌的生活细节之中、采访对象的观点表明之中发现社会问题，实现舆论监督。

第三节　观点新闻的价值取向与功能

观点新闻的价值判断、评议性、说理性、意见表达性以及舆论监督的效用决定了观点新闻在新闻类别中的重要性。记者不仅需要在重要人物在重要场合发出观点时及时到场，进行深入访问，更需要在众多观点中进行甄别，通过专业知识、职业素养以及新闻敏感性发掘独到观点，依靠自身的逻辑思维将观点进行组合安排，采写出具有整合性、指导性，能够给受众提供切实帮助和指导的观点新闻来。这不包括媒体和记者主动运筹策划的各类他观点新闻。观点新闻要求记者在看似平常的新闻事件、事实中发现其中的意义或矛盾之所在，寻求专业权威的学者或从业者进行观点评议，提供指导性意见。因此，观点新闻需要记者既是“杂家”也是“专家”，可以就热点事件从不同角度发现问题，同时还需要就事件的关键问题进行深入分析，依靠专业知识来寻找直击事件本质的观点进行报道。

观点新闻的关键在于观点的报道和传播，观点中包含着鲜明的思想性和指导性。习近平总书记指出：“在全面对外开放的条件下做宣传思想工作，一项重要任务是引导人们更加全面客观地认识当代中国，看待外部世界。对世界形势发展变化，对世界上出现的新事物新情况，对各国出现的新思想新观点新知识，我们要加强宣传报道，以利于积极借鉴人类文明创造的有益成果。要精心做好对外宣传工作，创新对外宣传方式，着力打造融通中外的新概念新范畴新表述，讲好中国故事，传播好中国声音。”[①]因此，直接的观点新闻和在新闻报道中观点的呈现既是新闻事实进一步阐释解读的必要，也是现实和社会发展的必然选择。

①《学习习近平总书记8·19重要讲话》，人民出版社，2013年，第5页。

一、观点新闻的价值取向

价值取向（value orientation）是指行为主体在面对和处理外界的各种问题、矛盾和冲突之时，基于自身原有的价值观而对现实情况做出判断，并表明自己的基本立场、态度、观点的人生观念。价值取向从实践中产生，而又重新作用于实践。价值观源于行为主体在成长过程和生活、工作经验中所形成的既有观念，在社会生活中遇到关系之间的抉择时，凭借形成的既有观念对判断对象、主体间关系以及行为主体做出基本的价值判断。资本主义世界中的新闻常常以“客观公正”而自称，但在其背后却是为各方利益集团和政治势力所操纵，成为他们的代言人。在阶级社会里，大众传播媒介无不具有阶级性。它传播什么，如何传播，取决于传播者所属阶级的需要，传媒从来都是由统治阶级掌握和控制，作为维护现存制度、实行社会控制的手段①。可见，无论是以新闻自由而标榜的新闻界，还是作为党的喉舌的新闻界，新闻的价值取向是客观存在的，同样观点新闻的价值取向也是客观存在的。

（一）具备新闻价值要素，符合新闻的基本特性

观点新闻的价值取向首先是新闻价值要素，应符合新闻的基本特性。观点新闻的价值取向依靠两个主体，一个主体源于采访对象基于自身立场和价值观对社会现象、事件、问题等做出的价值判断，另一个主体便是记者经过自身多年的采访经验，在采访现场发现新闻素材和观点之后，凭借自身的思维感官和所在媒体的立场，对观点事实做出价值判断。新闻记者在进行观点新闻的价值判断时，往往会受到身处的传播环境影响，根据已发生的新闻事实判断观点的真伪以及价值。这取决于采访对象的观点本身具有新闻价值，一是采访对象的观点是否能引起受众关注，足以揭示新闻事实的真相或本质；二是针对新闻人的主体把关而言，新闻并非有闻必录，观点的选择亦不是。新闻人会根据观点与新闻事实的相关程度、对受众的影响力程度来对观点的价值做出判断。这便是观点新闻价值的主体把关依

① 邱艳:《探析西方新闻传媒标榜的客观公正》,《真理的追求》2000年第10期,第26页。

据。尽管观点的新闻价值是客观存在的，但是采访对象的人生观、价值观、世界观的不同决定了其观点新闻价值观的不同。

新闻价值的考量贯穿于整个新闻采访和新闻写作过程之中，是新闻人对事实、观点做出是否具有新闻价值的重要判断。在不同的新闻传播价值观念之下，新闻人也会受到一定的制约而对事实和观点做出不同的择取，但最终目的都是为了反映事物发展的本质规律，以求能够通过自己的事实报道和观点报道来吸引和影响受众，实现观点效益向经济效益的转化。良好的新闻敏感和科学的新闻观是生产传播观点新闻的基础。

观点新闻需要熟知国内外社会政治经济环境。新闻是社会发展进程的反映，观点新闻也不例外。新闻传播要把握时代的脉搏，务必要熟知国内外社会政治经济发展的方针、政策及环境。只有这样，新闻生产传播者才能把握当前需要和应该传播什么。新闻敏感也可以说是一种新闻直觉或者新闻灵感，是一种独特的创造性的新闻思维。这一创造性思维获得的基础是善于发现、分析、联想、预见等思维活动。观点新闻生产传播的过程也就是发现、分析、联想、预见等思维活动的过程。数字媒体每天将海量的数据推送到用户终端，如何发现有价值的观点信息，如何分析数据的价值，如何发现和生成有价值的观点新闻，是每位新闻生产传播者必须掌握的技能。

（二）围绕社会热点，直击社会矛盾和弊害

观点新闻价值取向的一个重要方面是紧紧围绕社会热点，直击社会矛盾和弊害。观点新闻中的观点不能仅限于从领导人的讲话和会议报道中发现有价值的、有待深入阐释的观点，还需要在社会热点、焦点和矛盾问题中寻找和发现有价值的观点。记者需要深入基层，深入实际，深入群众，在实际工作和群众身边发现为他们所关注的社会矛盾和问题乃至弊害。因此在现实生活中记者需要通过捕捉细节、发现普遍规律中的典型事件，在观察生活和体验生活之中，发现有价值的新闻和观点，并围绕其进行采访。如互联网时代，记者同样需要学会在媒体上获得新闻资源，网络中各种微观点的呈现也是对社会矛盾最直接的反映。网络空间作为各种社会阶层思想观念交锋的场所，同时也成为社会矛盾滋生的频发地，使现代社会在高

强度的压力下风险程度愈来愈高，并对社会发展和稳定产生影响。记者通过网络议程设置进行深度报道，可以一定程度化解社会矛盾和危机。如2020年4月30日起，丰巢快递推出了会员制，之前免费的快递柜开始收费，围绕这一问题，网民们展开了积极的讨论，几度被推上微博“热搜”，《新京报》记者围绕这一问题，发现了这一事件中存在的丰巢公司人员、快递小哥、小区业委会、快递买主几方之间的矛盾问题，对此热点问题展开了观点新闻的报道，采访涉及利益主体观点，同时访问专业法律人士，直击社会矛盾，在事实报道的同时，针对公众疑问“‘超时收费’，‘12小时’合理吗”进行探讨，可以说《新京报》的议程设置和观点策划报道是成功的，一定程度上起到了化解社会矛盾的作用。

在热点新闻的观点报道中，往往记者的主动性更强，需要记者深入调查研究，在进行调查的同时发现事实真相，对接下来的新闻采访活动做出安排策划，对采访对象进行前置安排和预设，注重观点新闻的发现和及时传播，实现观点新闻传播效用的最大化。在自媒体中，受众反馈的前置也带来了观点新闻新的价值取向判断，即围绕网民们讨论的热点问题、提出的疑问进行事实调查和各方意见、观点采访，以满足公众对事实真相的知晓需求，同时通过观点新闻的传播，将真正权威、能够在现实生活中发生作用效力的观点通过媒体传播给公众，为其工作、生活的决策提供指导性意见，对其所关切的问题提供理性科学的主流性意见，引导或平复舆论。

二、观点新闻的特殊功能

习近平在党的十九大报告中将新闻舆论工作视为意识形态的一部分，这与毛泽东20世纪50年代对报纸或新闻事业的认识是一致的。习近平说：“意识形态决定文化前进的方向和发展道路。必须推进马克思主义中国化时代化大众化，建设具有强大凝聚力和引领力的社会主义意识形态。”[①]媒体作为新闻舆论工作的主要主体，需要在现实生活中抨击社会的丑恶现象，规范不当和违法行为，弘扬主流价值观。而观点新闻中观点作为其中的精

① 习近平：《决胜全面建成小康社会 夺取新时代中国特色社会主义伟大胜利——在中国共产党第十九次全国代表大会上的讲话》，人民出版社，2017年，第41页。

髓，既包含了专家学者或官方的声音，又有记者的深度分析和独到见解，真正的“寓观点于无形”。我国媒体奉行党性原则，在保证新闻客观公正的基础上，通过对新闻事实的全面调查和对权威观点的采访，用令人信服的观点帮助读者更清楚地认识世界、明辨是非，以做出科学、理性的行为。

（一）观点新闻具有传递观点与信息的功能

拉斯韦尔在1948年发表的《传播在社会中的结构与功能》一文中对传播的社会功能进行阐述，其中提到大众传播有环境监视的功能，可以为人们提供周围环境信息的变动情况，做出社会预警，具有为人们提供决策的参考意义。新闻传播发挥大众传播的社会功能，其以传递事实信息为最基本的社会功能。观点新闻作为新闻的一种类别，向公众提供看待事物或事件的视角，提供专业人士的观点，使公众能够正确看待、处理事件，作出科学的行为决策，以应对社会的发展变化。请看以下观点新闻：

弘扬劳动精神 克服艰难险阻 在平凡岗位上续写不平凡的故事

新华社北京4月30日电 在“五一”国际劳动节来临之际，中共中央总书记、国家主席、中央军委主席习近平4月30日给郑州圆方集团全体职工回信，向他们并向全国各族劳动群众致以节日的问候。

习近平在回信中表示，新冠肺炎疫情发生后，你们在集团党委带领下，一直坚守保洁、物业等岗位，不少同志主动请战驰援武汉等地的医院，以实际行动为抗击疫情作出了贡献。大家辛苦了！

习近平指出，伟大出自平凡，英雄来自人民。面对这次突如其来的疫情，从一线医务人员到各个方面参与防控的人员，从环卫工人、快递小哥到生产防疫物资的工人，千千万万劳动群众在各自岗位上埋头苦干、默默奉献，汇聚起了战胜疫情的强大力量。希望广大劳动群众坚定信心、保持干劲，弘扬劳动精神，克服艰难险阻，在平凡岗位上续写不平凡的故事，用自己的辛勤劳动为疫情防控和经济社会发展贡献更多力量。

圆方集团是河南省郑州市一家综合服务型民营企业，现有员工6万人，其中党员500多名。近日，党的十九大代表、圆方集团党委书记薛荣给习近平总书记写信，代表全体职工汇报了坚守本职岗位、积极参与抗疫的情况，表达了共担责任、共克时艰的决心。

（摘自《人民日报》2020年5月1日 01版）

在《弘扬劳动精神 克服艰难险阻 在平凡岗位上续写不平凡的故事》一文中，记者引用习近平信中内容，表明习近平对于郑州圆方集团全体职工的问候态度，以表示国家主席对于疫情中抗疫勇士的慰问和嘉奖，既是事实信息的传递，亦是通过传递主流信源和权威观点，来设置主流议程的过程。

而突发事件中观点新闻的报道也通过专业角度解析和权威发布为突发事件的危机应对和公众行为提供了新的支撑。突发事件的产生在于政府、媒体以及公众均未做出及时的应对举措，对于突发事件客体信息的报道仅能够满足受众的知晓需求，而对于其价值判断需求甚至生存需求却无法满足。观点既是新闻事实中的观点，也是某个个体的看法和判断结论。观点新闻报道通过报道官方观点解释事件、预告应对策略、警示公众、消除与受众的信息不对称；通过报道专家观点提升观点的服务能力，及时制止谣言、提供应对意见、建立公众信心。在《专家提醒绥芬河市民：居家不必过度消毒 以清洁卫生为主》一文中，针对全民抗疫、全民消毒的背景，记者采访专家团队，给出科学建议：

专家提醒绥芬河市民：居家不必过度消毒 以清洁卫生为主（节选）

“针对境外输入疫情的防控形势，绥芬河市对入境人员采取了严格闭环的点对点集中隔离管理。从入境、检测、转运、隔离等各环节采取一系列措施做到无缝衔接，实施科学严格的人员管理和环境消毒措施，以阻断交叉污染的风险。”4月18日，中国疾控中心环境所研究员应波在接受记者采访时对绥芬河市如何做好防控消毒工作进行了解答。

应波表示，在社区消毒工作中，物业公司要负责对楼内公共区域地面、电梯、步梯扶手、公共门把手、垃圾消毒及外环境垃圾桶和垃圾箱进行消毒。一旦居家隔离观察人员出现核酸检测呈阳性，则会有密闭的负压转运车辆进行转运，房间及转运车辆的消毒由专业公司严格按照技术流程及规范进行终末消毒。

"社区防控最主要的还是人员控制，要做好体温检测、查验健康码、出入证和人员查问等工作。病毒或感染人员不进社区，就降低了病毒传播风险。"应波说。

居民日常如何做好消毒工作？应波表示，目前，在居家环境下还是以清洁为主，预防性消毒为辅。没有接触高危人群或未到过风险较高的场所，大多数情况下是安全的，没有必要进行大量的消毒处理。如需使用消毒剂时，要注意消毒剂的居家保存和正确使用。比如对常用化学消毒剂的保存条件及注意事项要做到了解、掌握，避免因不正确使用造成的意外伤害。

应波提醒，消毒只是阻断病毒传播的手段之一，还须配合其他有效的防护措施，才能避免和降低病毒感染和传播的风险。

（摘自人民网 2020年4月20日）

（二）观点新闻具有对事件、事实深度阐述的功能

观点新闻是传播主体对新闻事件的看法，是对事件的评价和表明的态度，它来源于主体对新闻事件发生前后因果关系的掌握程度和不同视角的独特的分析判断。观点新闻并非客观事实的陈述，而是涵盖了观点持有者对于事件的认知和判断的，是有厚度、有质量的新闻报道，需要在报道中加入有价值的信息和有价值的观点。有价值的观点需要观点持有者对所论述新闻事件拥有翔实的事件相关的素材，善于思考，进行深入、理性、细致的分析，通过对事件进行多侧面的推演后方能生成有价值的观点或思想。观点新闻中观点其意义在于提供意见支持，它离不开对观点的论证。所以，观点新闻往往能够在提供观点时以逻辑判断、决策分析、问题思考为起点，紧扣时代脉搏，直面社会中的热点、焦点问题，以提供事件背景、分析原因、解释性质、提供意见，与受众形成情感共鸣与良性互动，从而引导价值判断与社会舆论。观点新闻基于对新闻事实的深度解读，最终体现为深度报道的意义挖掘。同时，从社会结构的宏大布局中发现新闻事实发生与其他社会系统之间的关系，深刻剖析其在社会层面上影响的广泛程度，为其他行业的应对提供关联性指导，利用其阐发职能从深度和广度上为受众提供多层面的新闻事实。

（三）观点新闻具有论战功能

19世纪末叶，欧洲自由主义民主化思潮的兴起使得个人主义的原则受到挑战，个性的追求以及对自由的呼吁成为新的时代主题。约翰·斯图亚特·密尔（John Stuart Mill）宣称："凡认为异端者方面这种缄默不算一种灾害的人，首先应当思量一下，这样缄默的结果是使异端意见永远得不到公平透彻的讨论；而一些经不起这样讨论的异端意见，虽然会被遏止不得散布，却不会就此消失。"真理与谬误的同等权利则在观点新闻的报道中得以体现。观点新闻的特殊性就在于其观点的新颖、专业、独到与立场鲜明，并非人云亦云，有强有力的事实依据和价值依据。在新闻事件中，从不同利益相关者到不同的管理部门，都面临不同的问题，拥有着看待问题不同的视角。新闻媒体通过报道不同侧面的观点，在深入挖掘事件真相的同时，提供意见辩驳的平台，以平衡的观点引领思想交锋。《中国日报》设置"天下专栏"为专家学者提供发表观点的平台，观点新闻在不同观点的传播展示中提高公众的理性思考能力，在多维度观察的基础上得出结论，在观点辩驳中接近真理。

我国《宪法》第三十五条规定公民享有言论自由和出版自由。言论自由是公民对政治和社会生活中的各种问题通过语言方式表达其思想和见解的自由，这一自由在公民的各项自由权利中居于首要地位[①]。现代社会中公民政治意识的增强，使公众开始要求参与到公共事务之中，也使观点新闻在新时代凸显光芒。观点新闻本身就包含着观点的呈现，记者在进行事件调查之时，往往会亲临事件发生地点进行相关采访，将各方意见以观点新闻的形式呈现出来。记者通过不同阶层观点的呈现给予了观点表达的平等性和全面性，从而使每个利益群体或个人都可以在新闻事实的呈现中表达观点。

如今自媒体时代公众通过社交媒体与政府共同承担社会治理的责任成为可能。在不断提高公众意识和增强受众对社会事件和问题的注意力的过程中，社会主体与政府的互动增多，在彼此理解的基础上形成共识的可能性提高，社会信任关系模式由此建立。互联网在重构时空关系，重组社会

① 周叶中:《宪法》,高等教育出版社、北京大学出版社2000年版,第263页。

结构的同时，也改变着人们社会关系的建立和社会事务的参与模式。移动化趋势持续增强，用户互动热情高。网民们超越时间和空间实现交流，创造出多种符号语态下的媒介交流表达形式，并形成各种社会力量交织的舆论磁场，在磁场中，“沉默的螺旋”机制被不断冲击，劣势意见的拥有者在网络中汇聚并形成与优势意见相抗衡的力量，最终表现为多方话语权的交融。在网络中观点的自由表达亦成为观点新闻呈现的一种形式，为公众表达观点提供了绝佳的空间，发挥了社会“安全阀门”的作用。

（四）观点新闻具有舆论引导的航标功能

列宁在苏联社会主义建设时期就指出，要将报纸作为公开报道的工具，通过公开报道和设置“黑榜”来实现舆论监督。舆论监督指的是公众采取各种形式和手段对社会中存在的不符合社会规范的行为表示观点和看法，以实现对现实社会运行中的一种偏差行为的矫正和制约。舆论监督的效用便在于其依托于舆论的监督，而舆论的形成需要新闻媒体对某一社会问题和事件的报道，通过揭露社会中的腐败现象或者失范问题，以引起公众注意而形成众人的观点意向，从而形成舆论整合和强大的社会压力，以规范其行为。在他观点新闻中，记者可以通过对涉及监督主体和监督对象的观点呈现来引导舆论，亦可以就相关政策法规采访专业人士为公众提供解读。在自观点新闻中，记者则针对公众关心的问题进行充分论证，阐明观点，利用新闻媒体受众的广泛性、权威性和公信力进行强势引导。

2018年8月22日，一段“女乘客在G334次列车上遇座霸”的视频在网络上盛传，当事人被网民谴责讨伐。《新京报》记者及时对事件进行调查，在《高铁“霸座”男子回应：当时自己态度不太好现在很后悔》（2020年8月22日）一文中以他（新闻当事人）观点进行报道：

8月21日，一段“女乘客在G334次列车上遇座霸”视频热传。据媒体报道，男子在女乘客上车前，先坐在了属于女乘客的座位上，乘务人员与男子沟通，但男子拒绝起身，并称“站不起来，到站帮我找个轮椅”。22日，当事男子孙先生回应称，当时态度不太好，现在对自己的行为很后悔，并向女乘客表示道歉。

针对这类违反社会规范的行为，媒体迅速报道他观点新闻，声明观点或立场，通过观点新闻在引导公众舆论的同时规范社会行为。

在上述事件的进一步发展和媒体的深度调查中，中国新闻网记者采访济南铁路局以及北京德恒（济南）律师事务所合伙人张琥，提供专业角度的观点：

“乘客‘霸座’不但损害其他乘客的利益，同时也扰乱列车运行秩序。”北京德恒（济南）律师事务所合伙人张琥在接受记者采访时表示，作为提供运行服务一方，高铁列车的乘务人员应提供符合合同约定的运行服务，有制止不文明乘车行为的义务，但并没有行政处罚权。而乘警作为列车执行公务人员，有权对违反治安管理的行为采取合理处置措施或直接当场进行处罚。

张琥认为，如果乘警对明显扰乱社会秩序的行为没有做出处理，一方面是纵容了不道德、不文明的行为，弱化了公安机关执法形象，同时不利于社会公德的维护。张琥称，根据中国铁路总公司制定的《铁路旅客信用记录管理办法（试行）》，强行占座属于扰乱铁路站车运输秩序的行为。“铁路部门可根据相关规定，对不文明乘车行为进行处罚。”（赵晓、沙见龙）

（摘自中国新闻网 2018年8月23日）

自媒体环境下“人人都是麦克风”的变革不仅仅带来了新闻生产的变化，亦有新闻呈现的质变。在信息爆炸的时代，受众缺乏的早已不是新闻信息，新闻价值的中枢价值取向迁移至受众的注意力上来。热点事件热度一般在3—7天，在黄金报道时期，众说纷纭，网民成为诸多观点的代言人。而观点的冗余也使得新闻场域需要提供决策指导、逻辑自洽、论证合理的“好观点”。观点新闻报道关键在于记者的“问题意识”，记者在复杂的舆论场中应能迅速准确捕捉到哪些问题为公众议论探讨之热点，哪些问题为涉及公众利益之焦点，哪些观点和意见能积极推动相关问题的解决。在价值多元化、阶层多样化的社交媒体时代，网民的分散性以及信息的泛滥都使得信息的思想性和专业性有所缺失。观点新闻作为媒体强有力的竞争手段和新闻类别，成为媒体最有潜力的发力点，在社会转型和矛盾多发的时期，通过对事件的准确分析、专业评论，寻找积极观点，传递理性意见，成为舆论引导的有生力量。且无论是对观点的选取或是对观点的表达，观点新闻都体现媒体的专业性、思想性，为弥合不同人群的利益纷争而助力，在舆论话语中成为“社会的守望者”，为媒体建立话语权威，从而提升其社会公信力和权威性。

第四节　观点新闻的类型

对新闻进行分类有不同的角度，不同的分类角度，就会形成不同的新闻类型。观点新闻如果从观点来源、新闻体裁、新闻类型等角度进行分类，有以下几种类型。

一、按照观点来源的分类

（一）他观点新闻

观点新闻是新闻当事人、目击者、新闻采访者或新闻使用者（受众）对新闻事实所表达的态度、观点或立场。他观点新闻是除新闻当事人之外的主体对新闻事实所表达的观点或看法。新闻当事人所发表的言论或看法是本观点新闻，而非新闻当事人所发表的言论都可以归结为广义上的他观点新闻。新闻目击者、新闻采访者及新闻使用者都是他观点新闻的生产者，读者和自由撰稿人对某一新闻事实、社会现象、问题或他观点新闻产生了看法，进而收集资料、调查研究撰写的观点新闻，也是他观点新闻。读者来信和自由撰稿人的时评等“来论”就是这样的他观点新闻。

狭义上的他观点新闻主要是指观点新闻使用者对他人的新闻观点感同身受，产生共鸣，进行简要的点评后再转发，或直接转发，形成多圈层传播。

自媒体有利于观点新闻信息形成多圈层传播[①]，观点新闻尤甚。具体来说，一圈层观点是新闻当事人所发表的观点，二圈层观点是新闻目击者发表的观点，三圈层观点是新闻采编制作者的观点，四圈层以上的观点是新闻使用者对新闻的看法或观点。请看以下观点新闻：

丰巢快递柜争议：网民主要吐槽这三点（节选）

5月11日，“有快递员一周自掏50元丰巢寄存费”话题出现在微博热搜话题榜单中，并一度占据榜首位置。

对于丰巢快递柜收费，不只针对收货人，事实上更多的可能是快递员寄存费。一名快递小哥表示：“自己每周至少给丰巢50元的快递寄存费，从0.2元到0.4元不等，大件就贵一些。”

既然大家都清楚了丰巢直接的受益方，那么对于丰巢快递柜收费，就反映出了当前收发快递过程中存在的多个问题。这导致了大部分网民的态度趋于消极，纷纷吐槽“不合理”。从微博呈现出的舆论来看，主要集中在三点：

一、丰巢双向收费

无论是为了提高派送效率，还是帮助收货人争取存放条件，丰巢快递柜向快递或收货人单方面收费本身可以理解。但如今双向收费便是矛盾所在，大部分言论都认为不合理。丰巢这种双向收费损害了快递员和收货人双方的利益。

微博认证大V@鸿水（粉丝量384万）认为：“快递员寄存当然要收费了，这并没有什么不妥，因为快递员寄存丰巢快递柜，大大提高了快递员的投放效率，缩短了投放时间成本，只需要给消费者发一条短信就行了。何况，人家建设这些存放箱也是有成本的。现在的问题，一是收消费者超时费，两边收费，吃相难看，其次是快递员未经用户同意，直接放丰巢，还让消费者付超时费，不妥。”

二、快递未经允许存放进丰巢快递柜

不少网友认为，快递的实际目的地应是到家入户，但快递员为了加快

① 新媒体传播是建立在连接关系上认可度较高的套圈层型传播。所谓圈层传播是指首发新闻的新媒体使用者在自己的传播圈形成第一圈层传播，依次类推会形成多圈层传播。

效率，未经客户同意便私自将快件放入丰巢快递柜是违约行为，若最终导致超时便是将本应该属于快递公司的成本转嫁给了收货人。

有媒体于5月10日在微博发起了关于“你觉得快递该不该送货上门?”的投票，其中超过半数的网友认为快递员在派送时有义务跟客户电联确认再放快递柜，并告之尽快取件。

三、丰巢快递柜免费时长不足

5月8日，上海普陀区中环花苑小区业委会发出告示，宣布将于5月11日起停用小区内丰巢快递柜。该决定由小区业委会投票通过，其中83%的业主要求撤销或停用快递柜，抵制丰巢收费。10日，上海市普陀区中环花苑业主委员会向丰巢公司发布了公开信，信中重点提出了“快递员必须先行联系客户同意下方可投入丰巢柜”和“免费时长延长到24小时”两大诉求。

目前，不少媒体跟进关注并发表评论：

新华社发布《三问“快递柜收费”：该不该收？怎么收？向谁收?》：快递柜看似方便了用户、方便了快递员，同时为小区物业提供了增值服务，但始终没有得到社会的认可与理解。那么关于快递柜该收费吗？怎么收？向谁收才合理呢？业内人士指出：智能快递柜与小区物业尚未完全建立好利润分配机制，无益于产品的市场推广。也有专家表示，从近期出台的政策来看，全国在末端配送环节，其基础设施、资源配套等方面将会得到进一步推进。

新京报评论在《小区停用丰巢快递柜：超时收费规则不能单方拍板》中指出：不管是个别小区业主委员会的停用“抗议”，还是舆论层面的争议，相关企业都有必要耐心倾听。眼下，既有疫情常态化下的非接触投递刚需，又有政策利好，正是推广智能快件箱的好时机，切莫让粗暴的收费方式，破坏了消费者对智能快件箱的认同度及与此有关的“新基建”的推广速度。

在舆论围绕快递柜该不该收费而争论时，企业的关注点更多应该是落在如何协同创新，为用户提供更多增值服务。正如新京报所言：“丰巢快递柜收取超时费，是一场自然而然的博弈，没必要给各方贴标签，结局未必皆大欢喜，但也将有助于建立一种新秩序。”（张靖天）

（摘自新京报网 2020年5月11日）

在《丰巢快递柜争议：网民主要吐槽这三点》一文中有来自快递小哥、微博“大V”鸿水、网友、丰巢官方、浙江杭州东新园小区业委会和物业中心等人员的观点。存在一圈层观点（丰巢官方、快递小哥），二圈层观点（微博“大V”、网友、浙江杭州东新园小区业委会和物业中心），三圈层观点（作者对微博舆论三点焦点问题的探讨），同时还引用了其他媒体对该事件的评论的观点阐述，以及新闻发布之后对于受传者来说的四圈层观点。

（二）自观点新闻

自观点新闻也叫媒体观点新闻，是媒体根据已有的新闻事件或热门话题、观点新闻生产的新闻评论和深度报道。请看以下观点新闻：

从疫苗到转基因，为何民众不信科学？（节选）

（作者Atul Gawande是一名外科医生、公共健康研究人员和作家，1998年起成为《纽约客》的撰稿人。他兼任哈佛大学公共卫生学院和医学院教授，并担任医疗系统创新公司Ariadne Labs的负责人。他还创办了非营利机构Lifebox，旨在提升全球外科手术的安全性。）

如果这所大学已经完成它的工作（我是这样认为的）——你们现在都成了科学家。抱歉，英文系和历史系的毕业生们，你们也一样。科学并不是一个专业或者一项职业，而是一种系统的思维方式，一种对于通过实验和对事实的观察构建知识和解释宇宙的信仰。问题在于，科学并不是惯常的思考方式，它是不自然且反直觉的。它是需要习得的。科学的解释通常是与神学智慧或经验常识相反。常识会告诉我们太阳在天上移动，冬天户外挨冻会导致感冒。但科学的思维认为这些直觉只是假说而已，它们需要被验证。

当我从我的家乡俄亥俄州来到大学时，我发现最令我不安的事情是我对这个世界是如何运转的看法有多么错误——无论是自然的世界还是人为的世界。从我的大学教授和同学们那里，我更新了自己的很多观念。我带着这些观念回到故乡，然后告诉我的父母所有他们搞错的事情（他们也乐此不疲）。但即使在那时，我也只是用一套我接收到的观念替代了原有的一套。我花了很久才意识到科学家拥有的那种特殊的思维方式。

1938年伟大的物理学家爱德文·哈勃（Edwin Hubble）在加州理工学院的演讲中说道，一个科学家应具有“健康的怀疑、谨慎的判断以及合理的想象”——不仅是对其他人的思想，也包括他或她本人的思想。科学家有实验的思想，而不是争论式的。

作为一名学生，这对我来说远不止一种思维方式。实际上，这是一种生活方式——一种很奇怪的生活方式。你应当具有怀疑和想象的能力，但却在一定限度之内。你不会轻易做出判断，但会锻炼做出判断的能力。最终，你希望通过开放的思想来观察这个世界，通过收集事实来检测你的预测和期望。然后你再做出决定是接受还是拒绝你自己的想法。但你也可以接受没有什么是已经被彻底解决的事实，所有的知识都只是可能的知识。与现有知识相反的证据随时可能出现。哈勃对此有最好的表述：“科学家通过连续逼近真理的方式来解释这个世界。”

（“知识分子”公众号2016年7月26日，译者：王承志）

在《从疫苗到转基因，为何民众不信科学?》这一自观点新闻中，作者依据他观点来阐明自身的观点、看法，为民众不相信科学做出观点阐释。

二、按照新闻体裁的分类

从新闻体裁来看，观点新闻可分为新闻报道类观点新闻（如消息、通讯、特写、专访、调查报告、新闻公报等）、新闻评论类观点新闻（如社论、评论员文章、述评、思想评论等）和新闻附属类观点新闻（如散文、杂文、诗歌、回忆录、报告文学等）。

（一）新闻报道类观点新闻

新闻报道类观点新闻有消息、通讯、特写、专访、调查报告、新闻公报等多种形式，它们多是对他观点的转述，通过对采访对象观点的报道传播媒体自身倾向和观点，以向公众传播更多的事实型信息，用观点性事实“说话”，以观点性事实来影响和引导公众的思想和理念甚至行为。请看以下新闻报道类观点新闻：

教育部回应贵州大方县拖欠教师工资：今年加大督办力度

新京报快讯（记者 许雯）近期，贵州省大方县拖欠教师工资一事引发社会关注。今天（9月23日），教育部副部长郑富芝在国新办发布会上回应说，今年将加大督办的力度，保证教师工资落实到位。

9月4日，中国政府网发布通报称，国办督查室据群众反映的问题线索发现贵州省毕节市大方县自2015年起存在拖欠教师绩效工资、生活补贴、五险一金费用，挪用教育专项经费，变相强制教师存款入股，截留困难学生生活补助等问题。

“大方县的情况，大家在媒体上已经看到了，有的地方现在保教师工资不大平衡，有的地方保得很好，有的地方特别是一些省市和县差距还是比较大的。”郑富芝说。

他表示，在义务教育阶段，保证教师的工资不低于甚至高于公务员的工资，这是教育法规定的，是法定要求。对于保障教师待遇的问题，中央、国务院领导指示有关部门在2020年年底之前必须把法定要求、中央的精神落实到位。这是一件非常重要的民生工程，涉及将近上千万的教师队伍。

如何防止此类事件再次发生，如何保障尤其贫困地区教师的工资待遇，保障教师工资按时发放，教育经费不被挪用？郑富芝表示，今年将加大督办的力度，今年年初已经让国务院教育督导委员会办公室在制定年度计划时，把督促落实教师工资作为第一号任务、第一号重点工作开始督办，最近已分组在薄弱地方、差距比较大的省份现场进行督查。

郑富芝认为，从长远来看，必须要把长远保证教师工资落实到位的财政制度和机制建立起来，这是最重要的。首先，把所有的教师工资要纳入预算，按预算进行执行。其次，做预算时，一定要保证教师和公务员同等待遇，同时监督预算的执行情况，后续加大公示、曝光、监督检查力度。

郑富芝透露，此次督查主要关注两个方面，一是拖欠教师工资的问题，必须补回来。二是基本工资并没有欠，但拖欠奖金，就是公务员有，老师没有，“在做预算的时候，公务员发多少，老师也发多少，严格按照法律要求，不低于，要相当”。

（摘自2020年9月23日《新京报》）

（二）新闻评论类观点新闻

新闻评论类观点新闻主要传播新闻媒体的自观点。此类观点新闻根据其重要性分为社论（或称社评、台论）、评论员文章、短评、时评等。新闻媒体中最重要的评论就是社论，它代表新闻媒体的办报方针和办报理念，代表编辑部（甚至媒体的同级党委）发言，本身就是观点、主张或党和政府的决策、政策、法规等的呈现。社论往往针对当下的重要事件和迫切需要解决、回应的问题发言，阐释新闻媒体的观点和意见。评论员文章是仅次于社论的重要评论，是类似社论的重头评论，具有鲜明的导向性和思想性。评论员文章分为本报评论员文章、本报特约评论员文章以及观察家评论等。本报评论员文章代表的是新闻媒体自身的立场和观点，往往是结合当下新闻事件所写的评论；本报特约评论员文章则由社外人士所写，用来阐明其观点，也可署名刊发。相对于本报评论员文章，本报特约评论员文章有一定的客观性。而观察家评论则更多通过观察家的身份在转述事件发生的同时阐明自身观点，彰显客观性。三种评论员文章中都涵盖有对某一方观点的阐述，意在面向大众，引导舆论。

（三）新闻附属类观点新闻

新闻附属类观点新闻包含杂文或报告文学等多种文体，这类观点新闻往往并不聚焦于当下的新闻事件，而是通过对某人、某事、某地的介绍来达成深层次的观点呈现。2020年9月16日《光明日报》的《夏衍：朴实、清芬的人格和文风》一文对夏衍的文章进行讲解，但仍以弘扬夏衍本身的文风和特性为主，形成对文艺从业者的文风引导。

三、按照新闻表现形式的分类

观点新闻按照观点的表现形式和表达方式的不同分为三种主要类型。

（一）客观呈现型观点新闻

客观呈现型观点新闻以转述他人观点为主要报道内容，记者围绕主要的新闻事实，采访相关人员以采集其所发表的观点进行直接报道。此类观点新闻根据观点产生情况的不同又可分为直叙式观点新闻、专题式观点新闻。直叙式观点新闻是报道对象在一定场合直接发表观点，表达自己看法，记者直接对其观点进行报道。此类观点新闻又分为专访、对话式报道、观点摘发汇编、以呈现与会者讲话要点的会议报道、政府公告、政策解读、特约专家以及自由撰稿人的言论和时评等。如2019年12月1日《经济日报》记者欧阳优的报道——《习近平新时代中国特色社会主义经济思想研讨会在深圳举行》，报道中以传达中共广东省委书记李希和中宣部副部长、国务院新闻办主任徐麟以及经济日报社社长兼总编辑张小影在会议中的致辞为主，以此来向公众传达此次会议的主要研讨内容和会议最终达成的一致看法。

专题式观点新闻则以某一事件为核心议题，采访收集专业领域人员观点进行报道的观点新闻。在“人民网”《专家解读“血浆治疗”：用于新冠肺炎重症患者 不影响捐献者健康》（2020年3月20日）的观点新闻中，记者针对“血浆治疗”这一议题，采访了北京协和医学院免疫学系教授黄波、北京地坛医院感染中心主任医师蒋荣猛，就其解读和观点进行报道。

（二）夹叙夹议型观点新闻

夹叙夹议型观点新闻是以报道新闻事实为主，辅以记者自发性观点或对他人表述观点做出说明或解读。此类观点新闻以新闻述评和新闻综述为主，往往能够帮助受众了解事实的重点和核心，并通过观点表述对受众进行引导。夹叙夹议型观点新闻中的观点呈现一般是需要记者搜集大量资料或从多角度进行采访的，由此可见此类新闻的评议性和重要性。《人民日报》记者连锦添采访参加暴动的香港青年所写的《“我会告诉他们不应诉诸暴力”》（2020年5月8日），将视角集中于21岁的冼嘉豪、24岁的A先生（化名）、25岁青年阿B（化名）等群体中的单一人物形象，报道他们在煽惑手法之下参加暴动的过程以及如今的后悔心情。在报道的结尾部分，记者首先借助香港警务处处长邓炳强的观点：“年轻人其实都是受害者！”表示对年轻人的惋惜，同时也发表记者自身的观点：“事实让这些青少年清醒，亲情呼唤他们回归，全社会都有责任促使他们远离‘违法之路’。希望岁月能让他们成熟理性，重新出发。”记者在报道中通过夹叙夹议的手法，从事实出发，晓之以理，以影响受众的态度和看法。

（三）直接评论型观点新闻

直接评论型观点新闻往往以新闻事件为由头，直接发表媒体的观点，一般以短评、特约评论员文章、社论（台论）等形式呈现。从另外一个角度说也可以视作客观呈现型观点新闻。直接评论型观点新闻可以直接表达新闻媒体的观点和看法，直接对公众进行舆论引导。2020年新冠肺炎疫情中，《北京日报》针对“一线医护缺少医疗物资，而总统特朗普却表示自己每天接受病毒检测的情形”质疑，并发表评论《一线医护没口罩、总统天天测病毒，美式抗疫里还有多少不公》（2020年5月8日），文中对美国的体制问题和文化问题均进行了抨击，指出“贫富、肤色、年龄、地位，这些平日里跨越不了的坚硬屏障，在特殊时期都变成了一道道残忍的‘催命符’。”“资源向权贵倾斜，体制为少数人服务，疫情戳破了某些人苦心经营的谎言。‘民主’‘人权’等美国人引以为傲的理念，如今看来更像是笑话，金钱至上恐怕才是‘美国梦’的核心。”[①]这些问题存在于美国现实生活中，尖锐的社会矛盾在疫情这一大的全球背景下被触发，这一观点新闻让受众认清美国的真实面目。

（四）深度报道型观点新闻

新闻媒体的重要职责不仅仅在于说明事实和亮明观点，更在于通过对事实的挖掘和对观点的辨析来为受众呈现出事件和问题的全貌，挖掘出事件的本真，甚而直接表明记者或媒体的观点和态度。这主要体现在调查性报道、解释性报道和预测性报道等深度报道之中。在《新京报》的《河北成安租8700亩耕地建新区：每亩地每年千元，大量耕地撂荒》（2020年9月22日）一文，记者通过对成安县城新区租地、征地的具体情况的调查，分别采访了成安镇镇长、史庄村村民等，发现大片基本农田被撂荒、种树。这是一则典型的调查性观点报道。而解释性观点新闻则如新华社的《“一

① 关末：《一线医护没口罩、总统天天测病毒，美式抗疫里还有多少不公》，京报网2020年05月08日，http://www.bjd.com.cn/a/202005/08/WS5eb50430e4b00aba04d1b55c.html，2020年5月8日。

支药70万元”“国外便宜国内贵”？——聚焦“天价”罕见病药》一文，针对网络流传“治疗罕见病‘脊髓性肌萎缩症’特效药物需‘70万元一支’天价，且国内价格远高于国外”的问题进行调查，关注于“‘脊髓性肌萎缩症’是什么病？诺西那生钠注射液是什么药？为何药价如此昂贵？该药在国内外市场真的售价悬殊吗？国内患者用药价格是否有望下降？”[①]等问题，做出观点采集，访问该领域专家、咨询相关部门负责人、查阅相关管理法规，通过全方位观点的展现来向受众报道事实真相，回应公众关注的问题。相较于调查性观点新闻和解释性观点新闻，预测性观点新闻则聚焦于事物的发展变化或事件的未来走势与影响。在《期货日报》的《中储粮停收大豆（5369，107.00，2.03%），豆价突然跳水，未来走势如何?》（2020年11月20日）一文中，针对中储粮停收大豆的事件进行分析，采访多方人士，并通过对多方观点的阐释进行预测，指出停收也许对市场是没有多大实际影响的。

四、社交媒体的观点新闻

伴随着互联网的诞生和社交媒体的发展，公民的表达权和传播权被无限放大。与此同时，参与用户的媒介素养也不断提高，由参与式用户转变为知识型用户，并基于理性思考发表言论。社交媒体具有的以内容为依托的单向关注关系容易导致信息的大量转发，形成病毒式传播的巨大舆论声势。也正因如此，信息发布者的影响力至关重要。拥有众多粉丝、月阅读量较高的头部用户发布信息，就会影响自身的粉丝对所发信息或事件进行关注，并扩大传播范围，从而形成公众议题，在时间和空间上扩大事件的影响力和覆盖范围，助推事件发展。社交媒体也凭借用户极强的参与性而成为汇聚各方消息的平台，不仅为用户提供获取信息的渠道，更因交互的性能而为人们提供交流场所，满足用户环境监视和社会协调的需求。其提供的自由交流平台，也使观点新闻进一步发展和普及。其类型根据观点主体的不同分为网络意见领袖的观点表达、普通网民的自媒体评论以及官方

① 帅才、屈婷：《“一支药70万元”“国外便宜国内贵”？——聚焦“天价”罕见病药》，新华网2020年08月07日，http://www.xinhuanet.com/2020-08/07/c_1126335528.htm，2021年3月31日。

机构的观点表达等三种类型。

（一）网络意见领袖的观点表达

网络意见领袖话语权的构成要素中最重要且使用最为广泛的是舆论引导。其舆论引导主要是指意见领袖经常为其他用户提供信息、观点或建议并对他人施加个人影响的行为。这一行为一般通过意见领袖发布原创性微博、评论或转发微博等方式实现。因网络意见领袖在社交平台上具有足够规模的粉丝量，往往能够在舆论场中成为传播信息的关键节点，而其意见的表明和观点的传达亦能成为左右舆论场的重要因素。

（二）普通网民的自媒体评论

尽管普通网民的影响力不及加“V”认证的网络意见领袖，但是仍能够围绕社会热点、焦点事件进行讨论。且由于其来自社会阶层的广泛性，往往代表着多重利益，能够借助网络平台表达自身的利益诉求，在民意的聚合下形成舆论声势甚至倒逼公共权力部门做出政策调整。媒体和政府亦可通过自媒体评论来观测民意，体察民情，了解民意。

（三）官方和其他社会主体机构的观点表达

传统媒体时代，政府和媒体掌握着绝对的媒介话语权，通过报纸、广播、电视等大众媒介单方面传输信息。而在网络社交媒体时代的互动机制下，官方机构也进行了话语方式的变革，创办政府网站和政务微博、政务微信等，用以发布相关的政令、政策、公告通知等，甚至以多种形式参与到公众的话题讨论中，这既是官方话语对民间话语的适应，同时也可以在互动沟通中形成“社会安全阀”，更好地保障公众利益、为民服务。同时其他社会主体机构也有了自己的发声平台，发布新闻，表达自己的观点和主张等。

第三章 观点新闻的事实性本质与采写

观点新闻中相当多的新闻是通过对采访对象进行采访从而获得其观点。这类观点新闻既可以是围绕新闻事件采访新闻观点，亦可以是围绕新闻人物采访新闻观点，形成专题报道或专访报道。在专题报道之中，观点事实成为与其他事件性事实、数据事实、历史事实等相并列的新闻材料，用以对新闻事实进行补充说明，也可通过多方观点的采集在新闻中补充不同视角，揭露事实真貌。在专访报道中，采访对象往往是新闻事件的当事人或是对社会具有影响力的重要人物，这就需要记者凭借新闻敏感在谈话交流中发现有价值的观点，迅速判断与该观点相关的新闻事实或者社会现象的关系与价值，预见观点新闻报道之后产生的政治意义和社会意义以及受众的关注度、兴趣如何，以此来决定是否围绕观点展开专访报道。

第一节 观点与新闻事实的关系

新闻事实就是即时获悉的具有新闻价值的事实。观点新闻是在采访过程中就新闻当事人对新闻事实发表的言论或观点，或者采访者借采访对象之口，在选择事实的同时表达自己的新闻观点。新闻当事人、专家学者、官员等发表的具有新闻价值的观点是本观点新闻，是新闻观点中的第一层次观点①，是事实性新闻的一部分，具有言论证据的特性。新闻事实是客观存在的，新闻观点包含新闻当事人等的主观价值因素，也是一种客观存在，

① 我们认为，新闻观点有多层次性，第一层次观点是新闻当事人所发表的观点，第二层次观点是新闻目击者发表的观点，第三层次观点是新闻采编制者的观点，第四层次以上的观点是新闻使用者对新闻的观点。第二层次以后的新闻观点是对新闻进行反思、分析的价值判断。

其被报道后的观点新闻具有记者主观价值要素，但是也需要尊重采访对象的客观表述。记者的观点和意见只能是通过对采访对象观点的客观的表述，然后在对采访对象的观点表述中间接地呈现出来。这也是一种“用事实说话”的艺术。

一、观点是新闻事实的“渐近线”

就人物新闻而言，当事人是新闻的主体，是新闻发生、发展不可或缺的组成部分。观点新闻是新闻当事人的言论，其观点是新闻事实的一部分(也可以单独形成报道)，但不完全等同于事实。新闻当事人的观点最接近事实本身，是事实的“渐近线”，无限渐近于新闻事实。但其观点与新闻事实总有一定的距离，如果不深入采访，仅凭借当事人的言谈所获得的信息有可能是假象。

1980年3月27日，上海的一家报纸刊发了一条新闻：《昨晚四川北路避免了一次重大事故，公交驾驶员×××临危不惧可钦可佩》。第二天，另一家报纸就同件事发了一篇意思完全相反的新闻：《一辆21路公共汽车闯入绿化地带，公交×场引以为戒开展安全教育》。究竟谁是谁非？原来，3月26日傍晚，上海市的一辆21路公共汽车在四川北路行驶时，左前轮胎爆裂，而驾驶员对此判断失误，错以为是气泵管爆裂、刹车失灵，于是慌忙急转方向盘，闯入绿化地带，撞坏了栏杆、车窗玻璃等，乘客幸无伤亡。当时车上乘客也误以为驾驶员急中生智、化险为夷，都纷纷向司机表示谢意。事后，经技术人员鉴定，气泵完好，刹车也灵，这恰恰证明了驾驶员惊慌失措，乱闯一通。第一家报社记者根据与驾驶员的谈话及乘客的反映，写了一篇表扬司机的新闻，第二家报社记者根据次日公交公司管理部门、技术部门对事故的分析鉴定，写了篇总结教训的新闻。事实证明，前者抓住了表象，且未能反映事件背后的真实情况，后者才揭示了真相。所以只有深入采访，弄清事情的来龙去脉及其原委，才能为准确地写作打下坚实的基础。

二、观点是新闻真相的发掘器

观点新闻是认知现实、窥探事物本质的重要手段。在传播技术高度发达的今天，每天都会有海量的信息产生。新闻采访报道由于受多方利益团体把控和影响，有时难以发现真相，事实真相往往会隐藏在海量信息的深处。观点或态度往往因事件、问题而起，所以需探究事件或问题的真相，自媒体为事实性观点的新闻的生产、传播搭建了良好的信息平台。基于事实的观点新闻能为人们解读新闻事件或事实提供新的思维方式和路径，特别是在危机传播中更有利于新闻真相的发掘和舆论的引导。

2020年3月7日，泉州欣佳酒店（隔离酒店）发生坍塌，两个五口之家无人生还。事件造成71人受困，19人遇难。3月13日，欣佳酒店事故调查组发布初步调查结果：该项目未履行基本建设程序，特别是房屋业主发现房屋基础沉降和承重柱变形等重大事故前兆，仍然心存侥幸；地方相关职能部门监管不到位，安全关卡层层失效，最终酿成惨烈事故。《新京报》（2020年3月17日）记者李桂、梁静怡、张惠兰、李英强就该事件展开深度挖掘，在调查之中搜集了房屋拆除队队长殷廷荣、事故目击者徐航、汽车经销商李强（上述事件人物均为化名）等新闻事件中当事人和目击者的观点，在对坍塌现象进行描述的同时报道采访对象对事件和问题的分析和判断。并且对清华大学土木工程博士孔鹤运、河南大学土木建筑学院建筑工程系硕士生导师马少春、某设计院结构工程师戚方以及多名建筑行业从业者等专业人士进行采访，从专业角度分析建筑坍塌原因，通过不同学者的讲述来为新闻事实真相补充来自不同方面信息。同时引用泉州市委副秘书长在记者会上的讲话（指出了管理上存在的问题），辅以《中国经营报》和新华社的观点报道作为补充。报道通过多方观点的展现，最终指出该事故源于欣佳酒店本身的建筑问题以及相关管理部门的失职失责，揭示了事件的真相。

第二节　因人因事而异的采访

事实性观点新闻需要对采访对象的观点进行采集，所以在采访时应该根据采访对象的特点提前做出采访方案，并根据其不同及时做出变通。

一、官员、专家、名人的采访

（一）政府官员的采访

政府官员掌控公共政策制定、利益分配等权力，拥有较多的新闻信息资源，是记者经常接触的采访对象。随着新闻采访制度的建立健全，与新闻事实相关的官员接受记者采访既是一种权利也是一种当然的义务。为了做好政府与民众之间的沟通，一些政府机构推行了新闻发言人制度和与之配套的制度，给记者采访提供便利。但这并不意味着采访官员就会一帆风顺，特别是在调查性报道中要获得有价值的观点新闻并非易事。

中央电视台新闻评论员白岩松认为，记者和官员沟通时，政府新闻发言人的背后是政府和政策，记者的背后是公众，对话完成的是公众和政府之间的沟通。沟通的成败，不仅直接决定了采访的成败，也会影响到公众与政府的关系。被官腔一句话就堵回来，或者赌气而归，这与记者这个职业所要求的锲而不舍精神不相符合。记者要学会与官员“沟通”，即便对方讲的是官腔，甚至是在“赶你走”，你也要沉得住气，要有不辱采访使命的心理准备，要有应付尴尬对话局面的驾驭能力，要有“兵来将挡”的语言回旋技巧①。政府官员对不利于政府的新闻信息发布持有十分谨慎、高度警觉的态度，官员在回答记者提问时常常出于保护国家核心利益，或者政府利益，或者公共利益，或者个人的私利，对记者的一些问题的回答要么避而不谈，要么含糊其辞，要么官话连篇。对此记者应仔细揣摩话外之音，

①王旭东：《雷不倒·唬不住·挡不住——从“官腔”谈采访官员技巧的与时俱进》，《新闻世界》2010年第8期，第80页。

提炼出有价值的观点新闻。对形形色色的官腔，不仅不能畏难，相反要成为提升采访技巧的契机。尤其是随着舆论环境的不断优化，相关制度的进一步配套，相关法治的进一步健全，对官员的采访有了制度甚至法治的保驾护航。在这种情况下，包括采访官员在内的采访技巧也应同步提升。

从发掘新闻事实的角度看，调查性深度采访实质上是采访者与采访对象之间价值取向、思想观念、权利意识交流、博弈的过程。采访中一方面是通过官员的回答了解情况，另一方面，注重了解收集官员有价值的新情况、新观点、新解读等观点性信息，以便更好地完成报道。

（二）专家学者的采访

专家学者有较高的理论水平和学术造诣，对经济社会发展和进步做出了重要贡献，其观点有较高的权威性和新闻价值。采访专家学者，需要格外精细、缜密地做好采访前的案头工作。案头工作是采访的必备环节，对专家的采访尤其如此。这一工作做得是否扎实，直接关系到采访的质量和成败。记者只有对专家学者的研究领域和他的个人成就等有较为全面深入的了解，才能策划设计出可行的采访提纲，提出精彩的问题，获得有价值的观点，形成有价值的观点新闻。

突发事件的报道，记者如果需要采访专家学者，采访提纲应根据事件发生发展的基本要素①来设计。如果是专家学者的人物报道，比如一篇人物通讯或特写，那么采访者所面临的困难就更大，因为采访者这时所要面对的除了专家的工作，还要涉及专家本人及其生活。采访时要注意对采访对象的声誉和人格的尊重。就人物采访而言，采访实际上是一种为新闻写作而有目的的谈话活动。而如何让专家类被采访者能够按照记者愿望谈出满足写作需要的新闻素材，一定意义上体现了采访者的采访能力和工作水平。采访者如何导引对方很情愿地、源源不断地谈出有价值的观点，要善于运用采访技巧。采访技巧是心理学、语言学、逻辑学在采访中的灵活运用。

（三）明星的采访

明星的娱乐新闻与其说是记者用心采访所得，倒不如说是其精心制造

① 事件发生发展的基本要素包括背景、起因、时间、地点、经过、结果、地位、影响、意义等要素。

的成果。论及娱乐明星的采访，人们会自然想到娱乐记者，俗称“狗仔队”①。为了发掘演员、歌手、艺人等明星们的所谓的“爆炸式”新闻，娱乐记者常常会长时间等待或持续追踪——连续驻守采访目标（明星）附近长达半月，或者持续追踪数月。

娱乐新闻的买点主要是满足“粉丝”们的自主心理、崇拜心理和好奇心理。娱乐记者可能会用各种手段获得娱乐信息，最大限度地满足粉丝们的各种心理需求，这就要具有善于掌握受众心理的持续的新闻嗅觉与新闻追踪的能力与耐力。

明星的采访关键是对其观点采集，需要采访受众感兴趣的与他（她）相关问题的观点和评价，也包括对受众关切的问题的回应，应杜绝简单的“八卦”。

二、人物专访的采访

人物专访也称为“访问记”。最初人物专访只是一种采访手法，后来逐渐发展成为通讯体裁中的重要体裁之一。所谓人物专访是指“对新闻人物、事件、问题及风貌进行访问纪实体或者记录体报道。原属于新闻通讯的一种形式，现在则有独立成为一种文体的倾向”②。人物专访客体可分为直接客体和间接客体。直接客体必然为“人”，即“特定的采访对象”；而间接客体则是专访需要向读者或观众展示的内容，可能是人物，也可能是事件或观点。人物专访按照间接客体的不同，可以分为记人、记事、记言三种，其中记言也就是记录采访对象的观点③，也就是我们所说的人物专访中的观点新闻报道。

观点的魅力在于对事物潜在意义的发掘与呈现。事实是单一的，而人对事物的观点丰富多彩、充满想象，能够更好地启发、帮助人们认识事物的全貌。

---

① “狗仔队”指一些专门跟踪知名人士诸如艺人、政治人物、皇室成员、运动员等的记者。狗仔队通常会在目标人物出没地方守候，进行等拍或偷拍，或跟踪目标人物的行踪。他们甚至会搜索目标人物住过的酒店房间，甚至连丢弃的垃圾也不放过，了解目标人物不为人知的生活习性。

② 甘惜主编：《新闻学大辞典》，河南人民出版社1993年版，第160页。

③ 周睿：《南方周末》人物专访研究，北京大学硕士论文，2007年，第2–3页。

新闻报道坚持客观、平衡、公正的原则，以避免报道的单信源、片面性和成为被报道对象的传声筒。作为专访对象其言论是一家之言，因此平衡专访对象的观点是人物采访中的重要原则之一。美联社专门制定了这样的平衡方针："我们尽可能努力去获得与我们正在报道的新闻有利害关系人的观点。"①观点平衡体现在人物专访尽可能表达多方观点，展示不同看法。周睿总结了《南方周末》人物专访常用的平衡技巧，主要有多方观点平衡法、双方观点平衡法、事实平衡法等②，有一定的借鉴意义：

多方观点平衡法。为保证人物专访的平衡性，记者应采访两个以上不同对象。他们可能是同一领域的专家，就同一问题发表不同观点；也可能来自不同的领域，就同一问题从不同角度提出观点；还可能是同一事件的知情者，说出自己对事件的了解与评价。总之，来自多位专访对象的观点可以使人物专访更加平衡、更加全面。

双方观点平衡法。这种方法会形成两种情况：一是两位被采访者观点完全不同，甚至是争论的对立双方，二是两者的观点有相似之处，两者互为补充。

事实平衡法。当记者与专访对象之间进行一对一的采访时，事实平衡法是一种常用的平衡方法。常见的事实平衡法有两种表现形式：一种是除人物专访外，另加一篇辅文介绍新闻事件和被采访人物；另一种方法是在同一篇文章中出现说明性按语，以此交代新闻背景与人物。

三、会议相关人员的采访

会议往往是与会者针对某个主题聚合在一起进行商议讨论的过程，即"三人以上在一定的时间和空间内，为达到一定的目的所进行的有组织、有领导的议事集会；同时也是一种依据法律和规章商讨处理重要事务的常设机构或组织"③。由于会议是在面临问题研究商讨举措政策之时所举办的，因此会议的主办者、承办者以及与会者等相关人员针对议题开展讨论，在

① [美]梅尔文·门彻：《新闻报道与写作》，华夏出版社2003年版，第62页。

② 周睿：《南方周末》人物专访研究，北京大学硕士论文，2007年，第16–22页。

③ 靖鸣：《会议学概论》，广西科学技术出版社1996年版，第19页。

民主协商中发表观点和意见等，以在共同商讨中形成共识或决议。会议讨论的问题和议题以及政府信息的公开性都决定了会议中观点新闻报道的重要性。在此类报道中，会议既可以成为观点产生的背景，记者可以围绕会议中有价值的观点进行报道；记者也可以将会议中出现的不同观点作为新闻线索和新闻素材，从中发现目前社会的聚焦点，从而与现实产生联系，在指导社会生活中发挥观点效用。但由于会议往往偏向于组织传播，记者报道与会者观点往往无法突破组织传播的思维，其报道由于大众传播意识的缺失使得观点信息的价值并未完全体现。

靖鸣在《会议新闻学》中以会议为报道对象，认为记者应跳脱会议程序，从受众角度、大众传播角度，准确判断会议中观点的价值，寻找“新闻点”，采访报道专家学者和权威人士的观点，以突出会议的新闻性和思想性。因此，在会议的观点新闻的报道中，需要记者从受众的根本利益和社会的现实需求出发，以独到眼光，发现会议中对社会发展和当下工作、生活具有指导性和建设性的观点，才能够跳脱出会议报道的僵化模式，更好地宣传党和政府的方针政策，服务于社会和受众。在会议新闻的报道中，记者如果仅仅将眼光停留于某个具体会议上，往往会丧失观点的适用性而消解观点新闻的价值。

相反，如果记者能够从国际、国内的政治形势和社会背景来对会议中的观点信息进行分析，就能够看清楚观点对于实际工作和生活的应用价值。同时，也不能忘记观点新闻报道的目的是将观点传递给受众，因此记者也应换位思考，站在受众的角度去思考受众的观点需求，并以此来发现受众最需要的是什么领域、什么方面、什么角度的观点信息，从而增强会议报道中观点的厚度、广度和深度。而会议的动态性也要求观点新闻报道不能只着眼于会议程序，忽视更重要的观点呈现。因此，记者需要运用联系的、运动的、发展的思维去看待问题，发现会议中的主旨内容，对其进行深度挖掘，捕捉具有报道价值的观点，并将其与社会经济发展和现实生活有机联系起来，精心策划，搞好会议的观点新闻报道。

四、哲学社会科学研究的采访

哲学是2500年前古希腊人赫拉克利特创造的术语，本义是“追求智慧”。哲学是有严密逻辑系统的宇宙观，它研究宇宙的性质、宇宙内万事万物演化的总规律、人在宇宙中的位置等基本问题。作为智慧体系，哲学是自然知识和社会知识的总和；作为社会意识形态，哲学是关于世界观的学说。

社会学是对人类生活、社会群体、整体社会以及诸如此类的人类世界的科学研究①。社会学的研究任务是理解和解释一个千变万化的社会。无论哪种社会制度，都需要不断完善其理论系统，健全制度规范，确保社会正常运行。习近平指出，“哲学社会科学是人们认识世界、改造世界的重要工具，是推动历史发展和社会进步的重要力量，其发展水平反映了一个民族的思维能力、精神品格、文明素质，体现了一个国家的综合国力和国际竞争力”②。

社会转型发展期，哲学社会科学的研究有显著的当下功利性。“面对社会思想观念和价值取向日趋活跃、主流和非主流同时并存、社会思潮纷纭激荡的新形势，如何巩固马克思主义在意识形态领域的指导地位，培育和践行社会主义核心价值观，巩固全党全国各族人民团结奋斗的共同思想基础，迫切需要哲学社会科学更好发挥作用”③。哲学社会科学研究中的观点新闻的选题和角度的选择和采写、传播，大都注重巩固主流意识形态，维护主流价值观念，趋同主流舆论导向，为社会稳定运行凝聚思想力量。这既是哲学社会科学研究的使命，也是其观点新闻价值的体现。以下《经济时报》文章中的“哲学观点”充分显示了作者观点的说服力：

---

① [英]安东尼·吉登斯、[英]菲利普·萨顿：《社会学》，赵旭东等译，北京大学出版社2015年版，第2页。

② 习近平：《习近平：在哲学社会科学工作座谈会上的讲话（全文）》，人民网2016年5月18日，http://politics.people.com.cn/n1/2016/0518/c1024-28361421.html，2021年3月31日。

③ 同上。

打赢疫情防控阻击战要把握好几个哲学观点（节选）

把握好物质生产是社会生活的基础的观点，在继续做好科学防控的同时，推动恢复生产生活秩序。历史唯物主义认为，生产力是全部社会生活的物质前提，是推动社会进步的最活跃、最革命的因素。应该看到，发展是解决我国一切问题的基础和关键，我们在确保疫情防控到位的前提下，要推动非疫情防控重点地区企事业单位复工复产，恢复生产生活秩序。要引导人们坚定信心，看到我国经济长期向好的基本面没有变，疫情的冲击只是短期的，不要被问题和困难吓倒。要加强经济运行调度，尽可能降低疫情对经济的影响。疫情严重的地区要集中精力抓好疫情防控工作，其他地区要在做好疫情防控工作的同时统筹抓好改革发展稳定各项工作，特别是要抓好涉及决胜全面建成小康社会、决战脱贫攻坚的重点任务。具体来看，要密切监测经济运行状况，聚焦疫情对经济运行带来的冲击和影响，围绕做好“六稳”工作，做好应对各种复杂困难局面的准备；要积极推动企事业单位复工复产，对受疫情影响较大的企业，要在金融、税收、用工等方面加大支持力度；要调整优化投资结构，将中央预算内投资优先向疫情重灾区传染病防治急需的项目倾斜；要着力稳定居民消费，发展网络消费，扩大健康类消费，加快释放新兴消费潜力，更好满足居民健康生活消费需求，特别是要确保居民生活必需品供应，加强物资调配，保持生产生活平稳有序。（丁晋清）

（摘自2016年03月03日《经济日报》第11版）

第三节　观点新闻的写作技巧

作为新闻的一种类别，观点新闻同样遵循新闻写作的规律和要求。观点新闻的写作主要的方法和技巧如下。

一、突出新闻性

观点新闻的观点务必基于观点这一事实，“论从事出”、言之有理、自成逻辑。新闻性是“观点”新闻的前置条件和重要因素。

宏观上，新闻性是观点新闻给受众（读者、观众、听众）包括新媒体用户（网民、社交媒体用户等）以新鲜、新奇、独特等直观的感受和意象。微观上，新闻性可以用新闻的时新性、重要性、显著性、接近性、趣味性等要素度量，给受众以直观的认知和观点信息的不确定性的减少、消解或确定性的进一步增强。实际上，新闻作品的新闻性与作为新闻消费者的受众密切相关，同一件作品对不同的受众造成的感知是不一样的。新闻性包含的范围非常广泛，而不单单是指最新、最快的事件性或者实体性新闻报道[①]。施拉姆认为，人对新闻性的需求，往往是一种对于生存环境的评估性追求，是为了进行一种自身关照，人们会为了这个目标而从这种意义上去了解身处社会的最新变化[②]。受众对涉及新闻事件或社会问题的有价值的观点的需要，也是其观点的新闻性题中之意，更是受众的一种“自身关照”。

二、直接引语的处理

直接引语是新闻中运用引号的新闻当事人、目击者或参与人表达的原话，它是“新闻事实”的一部分，是一种“观点性”新闻事实，在新闻中有重要的佐证价值。西方新闻界有“没有直接引语便不成新闻”的说法。观点新闻写作中，直接引语的运用可以让受众感受新闻中说话者原汁原味的观点、态度，是新闻的核心内容或论据。合理运用直接引语能够达到以下写作目的：一是展现人物个性色彩，有利于形成观点持有者的思想和风格特征，二是凸显观点新闻的权威性，三是可以留给受众无尽的想象空间，深化观点新闻的主旨。

三、间接引语的处理

间接引语是记者用转述的采访对象的话语，在表现形式上无需使用引号进行引用表示。间接引语有利于提高表达效率，和报道形成相对统一的

① 魏旭：《开拓新闻性的另一种维度——以〈新周刊〉为例》，《青年记者》2008年5月中，第40页。
② [美]施拉姆：《大众传播媒介与社会发展》，华夏出版社1990年版，第23页。

风格。但是如果一篇观点新闻中全是记者转述的间接引语，削弱了新闻的说服力和新闻价值，也难免会造成记者主观色彩较强之嫌，影响传播效果。如有的学者所说："新闻写作中强调组织性和指导性，常常以强势的话语风格去对受众形成灌输的姿态，把整个新闻报道上升为一种缺乏个性色彩的普遍性集体意识。"[①]在《全国妇联权益部：活埋瘫痪母亲天理难容，必须依法严惩》一文中，记者使用间接引语，对全国妇联权益部有关负责人的言语进行归纳总结，凸显重点内容，以强化报道的组织性和指导性，但如果适当运用一些直接引语，就可能产生更好的传播效果：

全国妇联权益部：活埋瘫痪母亲天理难容，必须依法严惩（节选）

近日，有媒体报道，陕西靖边县一男子将79岁的瘫痪母亲活埋在废弃墓坑里，幸被警方及时救出。

全国妇联权益部有关负责人对此表示，这种泯灭人性、丧尽天良的行为令人深感震惊和愤慨。该男子的行为违背人伦，直击人性底线，于天理不容，于法更应严惩。

该负责人指出，我国宪法和婚姻法规定，成年子女对父母有赡养扶助的义务。《老年人权益保障法》也规定，赡养人应当履行对老年人经济上供养、生活上照料和精神上慰藉的义务，照顾老年人的特殊需要。赡养父母是法定责任，孝老爱亲是人之常情，活埋老人的行为已触犯刑法，涉嫌故意杀人，必将接受法律的制裁。

（《中国妇女报》2020年05月08日）

① 丁述志：《直接引语在新闻写作中的作用》，《新媒体研究》2015年第10期，第67页。

第四章 观点型记者与自发性观点新闻的写作

自发性观点新闻的写作依赖于观点新闻报道者，即观点型记者。所谓观点型记者是指在新闻报道过程中，透析新闻事实，掌握事件发展的来龙去脉，发现其本质规律后报道观点新闻的记者。自发性观点新闻涉及新闻的客观性原则。陆晔指出，新闻的客观性原则可追溯至《纽约时报》对于信息模式的要求，而后演变为“一种新闻从业者努力探寻并呈现新闻事件本来面目的态度”，如今更是“新闻业不偏离其本质的重要保障”①。诚然，记者作为环境监视的重要责任人，其传播信息的客观性和真实性是新闻的基本要求，客观性原则亦是对记者最基本的行业规范，但是我们仍然必须看到新闻报道思想性的重要性。记者如果仅仅是没有思想的“留声机”，仅仅是事实信息的“传话筒”，亦无法在新闻报道中展现自己的价值判断和态度，无法在复杂的信息中明辨是非。

在自发性观点新闻写作中，记者在真实反映事实、客观传递信息的基础上，有意识地表达自身的观点，即“观点性事实”来引导公众。在如今社会转型期间，在市场化的竞争、阶层利益的碰撞以及新媒体的冲击下，观点型记者越来越为时代所需求，受众不仅仅需要传递真实有效信息的记者，更需要持有鲜明观点的观点型记者，使受众在迷茫中发现社会中的哨灯。作为观点报道的记者在履行社会使命的同时，应从受众利益出发，更好地发挥观点新闻服务功能，为民发声，为民立言。

① 陆晔：《美国新闻业“客观性法则”的历史演进》，《新闻大学》1994年第1期，第51页。

第一节 观点型记者的特质

一、敏感而有责任感的社会观察家

在角色理论中，强调人的行为的社会影响，而不是心理影响，认为人既是社会的产物，又能对社会做出贡献，是一种试图从人的社会角色属性解释社会心理和行为的产生、变化的社会心理学理论取向[①]。角色是人的社会化的成果，而记者在社会中则担任着传递信息、环境监视、预警社会等的角色。记者作为党的喉舌，必须拥护和执行党的方针政策，传播宣传党和政府的政令制度，重视信息的宣传价值，传播有益于党、有益于政府的信息，坚守正面宣传原则；作为媒体人，则需要为受众做好社会现实的警示者，传播社会的变动信息，客观公正地报道事实真相，在事实真相中成为公共信息的传播者，在历史长河中成为重大事件的记录者；作为公众的代言人，亦需为公众说话，以公众利益为导向，全心全意为人民服务。三种社会角色代表着三种身份的话语取向，但也需要记者在角色转换中发挥观点型记者的特点，在报道事实的同时牢记社会责任，在行业自律的同时引导舆情走向，在正确的政治立场下实现社会监督，坚守党性和人民性的统一，正面宣传和舆论监督的统一。观点型记者应努力成为敏感而有社会责任感的社会观察家和评论员。

（一）社会转型期间，观点型记者是直面现实的社会监督者

社会转型中“转型”这个概念实际上蕴含着一种新结构、新物种的诞生，它不仅仅是一个简单的进化与发展问题，更意味着一种新社会结构的诞生与重构。在当代中国，20世纪70年代末中国社会发生了结构性的巨大变化，“社会转型”这一新的概念对于描述和揭示中国社会结构的一系列深

① 金盛华:《社会心理学(第2版)》,高等教育出版社2005年版,第32页。

刻变迁具有非常重要的学术意义和现实价值[①]。我国改革开放后，社会处于转型期。政治上，从苏联的社会主义模式转向中国特色社会主义；经济上，从计划经济转向市场经济；文化上，从传统文化、乡土文明转向现代文化、都市文明。

转型过程从20世纪80年代初开始，东西方文化相互激荡，城市文明与乡村文明碰撞，社会分层带来利益诉求多元化，人们日益增长的物质文化需求与满足需求的手段之间发生冲突，刚刚制定和实施的制度规范尚未巩固，社会就已经发生变化，产生新的矛盾。欲望被满足的速度与新欲求的产生速度并不一致，消费社会不断产生新的消费热点。根据默顿的失范理论，当制度化手段不能实现文化价值目标时，社会就会产生失范行为。在2010年的“药家鑫案”中，经由媒体的报道而使舆论迅速发酵，绝大多数网民倾向于对药家鑫执行“斩立决”。但死刑执行之后，部分网民开始反思，认为正是激进并极端的网络舆论导致了司法判决独立性的消失，并直接形成了“媒介审判”和“舆论审判”[②]。这一案例正说明社会转型期弱势群体和强势群体之间存在的如性别差异、经济地位差异、地域差异、社会身份差异等各种差异，折射出新时期我国社会矛盾的重组和分化。

转型期间，经济的发展和文化的变化均导致了利益群体之间利益问题的更迭。经济发展不平衡带来一些社会问题，由线上舆情引发实际行为，破坏社会秩序。此时，记者在反映社会现实的报道中，也应注重不同群体的需求，同时更应注重底层人群的实际诉求，在新闻报道中呼吁传统价值观的回归。而风险社会带来的不仅仅是自然社会威胁生命健康的风险，更是利益碰撞下不满情绪的扩散，引发公众的抵触心理。

对此，观点型记者应在反映社会现实的新闻报道中，保持清醒冷静的头脑，怀有社会监督意识，切实发挥舆论监督的作用，防范权力的腐败，规范社会中的不当行为，在观点新闻写作中笔锋直指问题根源所在，维护社会公共利益。

---

① 文军：《社会转型与转型社会：发展社会学的中国观照及其反思》，《中国社会科学评价》2017年第4期，第26–27页。

② 贺敬杰：《网络舆论审判的合理性探析》，《新闻界》2014年第23期，第12页。

（二）媒体功能拓展，观点型记者是富有个性的社会报告人

报刊自出现便经历了由观点纸到新闻纸的转变，其利用了在特定社会场景下新闻的稀缺性，也是对受众需求转变的适应。而如今传播技术的迭代发展使人类社会进入了“媒介化生存”的时代，以媒介为中心，用媒介来连接一切，使得当前社会越来越接近尼古拉斯·尼葛洛庞帝（Nicholas Negroponte）提出的“数字化生存”的状态。无纸化办公、无现金购物、无边界沟通、无时差传播……人类的生存领域、游戏规则、价值观念等越来越多地被打上媒介的烙印。媒介不再仅仅用来反映世界，而是日益构建一个现实与虚拟融合更加紧密的世界。媒介技术是媒介化生存现象产生的前提条件，科学技术的进步催生了移动互联网技术的更新换代。媒介技术的虚拟性、交互性、超文本、超媒体等特性使得新媒体成为人们日常生活的中心。与此同时，伴随信息社会到来的是信息爆炸，“公民记者”的出现使得传统媒体在内容上所占据的优势不复存在，而“公民记者”所传播的信息又借助于其社交媒体中盘根复杂的社交链条不断扩散。从内容本质和传播力而言，传统媒体都面临着巨大的危机。报道的迅速转发也在不断冲击着独家报道，此时，传统媒体完全垄断新闻资源，以独家报道取信于受众的时代已然不复存在，人们的注意力的有限性与信息的无限性亦产生了矛盾，如何获取有用的信息成为摆在生存于媒介化社会中的个体面前的难题，这也成为媒体发展和竞争的突破口，以媒体功能的转化作为媒体发展的切入点，可以使其成为有观点有态度的媒体。多年前，《嘉兴日报》建立新闻评论工作机制的创举，就足以证明现代媒体需要“观点型记者”的时代已经到来[①]。

英国《经济学家》（The Economist）1843年在伦敦创刊后，直到如今依然屹立不倒，其依靠的便是时时刻刻秉持着其创建者James Wilson的办报原则，倡导媒介在全世界传播文明和道德中的作用，以独立和全球化的视角，保持着批判精神，以独到见解来取信于社会精英。观点新闻不仅仅是社会的标向杆，更是媒体适应社会转型的发力点。相比无限的信息供给，人们的注意力是有限的，人们只能关注跟自己有关的或吸引眼球的信息，其他

① 于泓泽:《现代媒体需要“观点型记者”》,《课程教育研究》2016年第35期,第2页。

没被关注的信息就成为无效信息。这样，人们的注意力就成为稀缺资源。传播者要想使自己发布的信息有影响力，甚至引领舆论，首先要做的就是吸引用户的注意力，其次是留住用户的注意力[①]。此时，观点型记者需要的不仅仅是在第一时间报道新闻，更需要在极短的时间内迅速发现事件的核心问题，进行阐释并发表观点。江苏泰州电视台的主打时政新闻节目《泰州新闻》打造出了以“今日观点”领衔，包括系列评论、编后话、记者感言等在内的“本台评论”体系，仅2012年就播发各类本台评论89条[②]。观点型记者凭借其对事件的深度挖掘和个性鲜明的观点表达，成为新闻报道的主要角色，在突发事件和社会矛盾中，积极引导舆论，以公共利益为取向，服务于广大受众，发挥好舆论引导作用，在弘扬社会主义核心价值观的同时为国家建设、社会发展贡献出自己的一分力量。

（三）舆论博弈之间，观点型记者是观点鲜明的社会坚守者

在个体角色的社会化进程中，个体往往呈现自身的生活状态以维持现实生活中的社会交往关系，公共话题的构建往往以论坛的形式将公众区隔开来。政府和传统媒体是社交平台的主导力量，可以通过大众传播的方式不断地塑造着主流意识。新媒体作为去中心化的平台，对于公众来说只要接入互联网并具备相应知识，即可成为信息内容生产者的一分子。公众的话语权得到了最大程度的激发，个体可以通过话题的转发、评论、留言等方式参与话题的讨论，在接收信息的同时也成为信息的生产者，在社会公共事件中发表自己的看法并推动事件的走向。同时，社会转型中的社交平台也成为人们处理矛盾关系、解决自我诉求的途径，人们通过新媒体建立“弱者”形象，消解原有的把关原则。此时，各种利益阶层在媒体平台中交汇，地域的界限消失，社会问题一触即发。而部分自媒体更是在社会拜金主义的风潮之下成为刺激公众情绪的推手，热点事件中围绕着自媒体形成不同的舆情聚合中心，产生利益博弈，进而影响事件的进程。对此，引导

① 文大山：《挑战与回应：新媒体时代的意识形态话语权》，《中国社会科学院研究生院学报》2016年第3期，第13页。

② 步永忠、梁军：《做有观点有态度的媒体——传统电视新闻提升舆论引导力的探索》，《视听》2014年第1期，第7页。

舆论，坚守传统的社会价值观便成为观点型记者的责任和使命之一。

“地球村”的现实使各个领域之间的联系不断增强，人类合为一体，任何一方的变化均会引发整个环境的演变，也使得舆论生态更为复杂，往往发生在某一局部的事件，经过社交媒体的扩散后，一旦涉及公众利益，很容易引起公众的共鸣，从而转化为群体意识和社会舆论或舆情，甚至引发整个社会的动荡。在公共事件中，涉及的利益主体往往是多元的，政府、公众、媒体、意见领袖在不同的话语阶层博弈中产生交叉感染，引向群体极化的极端现象。多元化发展的社会更大程度地给予了公众进行自由选择的权利，但是在言论的过度分散下却往往会形成传播悖论。在众声喧哗中，个体享受自由表达权之后极易被网络环境中的利益群体分化所迷失，从而重新回归至主流文化之中，寻找认同感。观点型记者充分发挥主流媒体所具有的传播力、影响力、引导力和公信力，以观点言论为引导，在第一时间占领舆论制高点，防止观点过度分化，为主流言论奠定基调。在公众被情绪化言论所左右时，观点型记者以冷静审视的态度和专业权威的视角，更深入更高远地指明事件的未来发展方向，将不合理的社会行为以观点新闻的方式引导、纠偏，使其合乎社会规范。

二、社会与公众神经的连接者

我们知道，拉斯韦尔（Harold Lasswell）在《社会传播的结构与功能》中将大众传播功能概括为环境监视功能、社会联系与协调功能、社会遗产传承功能；赖特（Wright）在《大众传播：功能的探讨》中认为，大众传播具有环境监视、解释与规定、社会化、提供娱乐等功能；威尔伯·施拉姆（Wilbur Schramm）在《男人、女人、讯息和媒介》中将大众传播功能概括为政治功能、经济功能、一般社会功能三方面；保罗·拉扎斯菲尔德（Paul Lazarsfeld）和默顿（Merton）在《大众传播、通俗口味和有组织的社会行动》中则特别强调了大众传播的社会地位赋予功能、社会规范强制功能和作为负功能的“麻醉作用”。可见，关于大众传播的功能，诸多学者均强调其对于社会和受众的影响，记者通过报道社会，影响受众认知，继而激发受众心理和态度判断的改变，甚至引发行为改变，最终又作用于社会。

观点型记者在其中成为各种社会关系的中介。正因记者在信息传播中的桥梁作用，决定了记者在传播不同种类信息的过程中承担着不同的角色。在事实型信息传播过程中，观点型记者成为社会的监视者；在整合型信息的传播过程中，观点型记者则成为信息片段的拼接者；在引导型信息的传播中，观点型记者成为社会前景方向的导航员；在监督型信息的传播中，观点型记者成为社会公正的守门人。无论在何种属性的信息传播过程中，都需要观点型记者在自发性新闻写作中以社会责任为先，在信息传播中既坚守观点性新闻的正确、理性和科学，亦怀有舆论引导者的社会使命感。

（一）描述社会现实，引领社会舆论

记者这一职业自诞生起便以采写新闻为天职，在社会环境中寻求变动信息。随着全球化步伐逐渐加快，世界各个领域都开始逐步相互渗透，并在相互融合中产生相互作用，牵一发而动全身是如今世界最好的写照。而对于微观的个体来说，受到时间和空间的限制，无法了解、接触到发生在其他时间、其他地点的事情，此时记者作为社会生活记录者的角色发挥作用，成为“中介者”的角色。美国报人普利策（Pulitzer）指出，“倘若国家是一条航行在大海上的船，新闻记者就是船头上的瞭望者。他要在一望无际的海面上观察一切，审视海上的不测风云和暗礁险滩，及时发出警告”[①]。因其社会角色的赋予，记者需要满足受众普遍性的信息需求，在社会发生剧烈变动或者不确定性危机之时，记者更应确定受众需要的是什么信息，在集体焦虑之时，提供准确、真实、客观的信息，以满足受众的新闻诉求，当然也包含对观点新闻的诉求。观点新闻是新近获悉的有价值的观点信息，它来源于社会环境的变动，需要写作者在社会变动中把握观点新闻的价值，反映社会观点、思潮以及舆论的变动与发展。

社交媒体时代，新闻以极低的社会成本成为受众可以自行生产的产品，其带来的不仅仅是新闻的祛魅，更是新闻的“日常化”，公民成为新闻的见证者和发现者，正如加拿大传播学者阿尔弗雷德·赫米达针指出的“弥漫新闻”（Ambient Journalism），新闻无处不在。而通过各种“公民记者”的新闻传播，在颠覆传统新闻理论和实践的同时又重塑着新闻的边界与构造过

① 戚海燕:《教育新闻的特征与记者的素质要求》,《新闻与写作》2006年第6期,第18页。

程。“无处不新闻”成为新媒体平台的一大特点。碎片化的信息在肢解信息的完整来源和发展过程的同时，也导致舆论的焦点模糊以及态度意见的散乱和不确定性。

因此，观点型记者就由本来的信息采集传播者转变为社会热点和问题的发现者和引领者，就受众对热点事件的观点、意见诉求采访专业权威人士，或直接给出独到的解读和判断。观点型记者通过持续关注某一事件，在对事件持有基本看法的基础上确定求证方向，进行深入调查，在真相的深入挖掘中强化或改变自身观点，并最终呈现在观点新闻中。自发性观点并非一种明示的写作内容，而是一种思维方式和写作方式，在事实陈述过程中融入自身的思考和观点，在不影响事实客观呈现的基础上，以事件阐释的方式呈现自己的价值判断，以减少受众对价值判断的不确定性，从而达到引领社会舆论的目的。

（二）提供观点信息，满足公众需求

新闻工作者掌握着稀缺的公共资源，具有采访权、传播权、创制权等基本权利，因此必然担负着相应的社会责任，努力为受众服务。观点型记者对受众传播观点信息的同时，需对观点信息进行判断筛选，以确保对受众的正确引导。在对其进行判别时，以受众的利益为取向，提供正确、理性、科学的观点信息。

在2017年的江歌案中，江母在网络上发起了要求日本法院判陈世峰死刑的签名活动，据说截至开庭前获得了450万签名，这让日本社会感到惊讶和不解，因为在专业人士看起来，这时应该做的是静候司法判决。而有30余万粉丝的微博博主“@马克叔叔”发起的“江歌案：你支持陈世峰被判死刑吗”，据称有1万人参与了投票，其中9719人（88.9%）认为应该，认为应该支持相信法律的仅为1081人（9.9%），不足一成。让网友来选择犯罪嫌疑人的生死，实在有违法治精神①。对此，观点新闻的生产者应该秉持着公共服务的精神，而不是任由意见领袖带动公众产生情绪化转向。记者通过对事件来龙去脉进行合乎逻辑的梳理，给出正确的观点、意见等舆论引导，消解非理性的社会情绪，消除公众在观点、意见上的“不确定”性，真正

① 展江、刘亚娟:《江歌命案何以成隔海打牛的“舆论审判”?》,《新闻界》2018年第1期,第22页。

做到为公众服务。

意见的多元和信息的碎片化也对记者提出了更高的要求。碎片化信息的充斥带来了网络时代信息的悖论问题，受众由原来接收信息有限的困惑转化为接收信息有用性的困惑。观点型记者在就新闻事件或社会问题做出判断、提出观点、看法时往往是围绕着事件的焦点、热点问题而做出的，是在对受众需求的准确判断基础上，从新闻事实与受众实际利益的结合点中寻找观点的切入口，对受众观点、意见需求给以定制化满足。观点新闻生产者在进行正面宣传的同时也要注意对受众意见的整合，在网络中搜寻民众意见呼声和建议，即对网络信息进行整合，注重发现弱势群体的声音，将其生存的实际状态以及现实需要准确完整地展示在受众面前。信息整合中对信息属性的判断、组合的逻辑方式、考虑的利益因素等均出于观点型记者新闻敏感和职业道德的自发性选择。

在传统媒体时代，大众传媒掌握在党和政府手中，信息是经过严格的把关筛选后呈现在受众面前的，带有着鲜明的党性原则和价值观。但是在互联网的匿名性、开放性和缺场性的条件之下，个体成为隐匿在舞台后方的把控者，而前台中虚拟的表演身份则成为个体宣泄情感和追寻自由的面具。“非职业传播者具有感性化、娱乐化的传播偏向，从而造成‘拟态环境’的失衡”[①]。网络意见领袖利用占有的社会资本成为交流规则博弈的赢家，并对公共领域的舆论生成进行引导。比如在微博空间，一些意见领袖用主观的表达来实现自我的倾诉欲，在跨界评说中利用粉丝效应进行压迫性引导，并造成舆论场的情绪化偏向，影响事件的发展运行方向，在言语表达上产生情感的抒发或有意识引导，并使整个微博空间呈现无序状态。

因此，针对当下舆论、观点市场（空间）的实际状况，更需要观点新闻生产者通过对新闻事件的专业分析，还原事实真相，呼吁理性的回归，以理性的声音占据舆论阵地，形成超越单纯意见领袖的专业型意见领袖群体。在舆情涌动和多元意见的环境中引导社会舆论、引领网络文化。同时，在观点新闻的写作中，彰显媒体的立场和权威性。

① 郑宏民:《泛化的传者:新媒体时代的伦理困境》,《青年记者》2018年第15期,第34页。

（三）聚焦公共利益，建立信任共同体

“共同体”这一概念源于社会学，以斐迪南·滕尼斯（Ferdinand Tönnies）（1887）为代表的学者认为“共同体”是以血缘、感情和伦理为纽带而自我生长起来的[①]，以本尼迪克特·安德森（Benedict Anderson）（1983）为代表的建构论学者将共同体引入政治学领域，认为“共同体”是人为构建的。安德森将民族、民族属性与民族主义视为一种“特殊的文化的人造物”，将民族定义为“一种想象的政治共同体”[②]。并未充分认识媒介的作用。詹姆斯·凯瑞（James W. Carey）则从另一个角度强调了媒体在其中的作用，认为媒体不仅仅在物理空间中传递信息，更在想象的空间中成为仪式的创建者。将两种理论相结合后进行媒体作用的审视，媒体在传递信息的过程中，依靠其传播力和影响力，达成对多数人的意义共建，从而形成一种特定的价值观和对信息意义的认同，建立想象中的“共同体”。[③]《人民日报》在天津港“8·12”瑞海公司危险品仓库特大火灾爆炸事故发生后，针对舆情的复杂性，为了防止“次生舆论灾害”的生成而提出了构建“信任共同体”的建议。“信任共同体”的构建不仅强调公众价值观和信念的相同，更凸显了公众与政府之间的信任关系。

在突发事件中，由于其发生的突然性和涉及公众利益，往往会引发公众的集体关注。且随着自媒体的不断发展，各种社交平台逐渐兴盛，民间意见场和官方意见场之间的撕裂现象愈发明显，谁能在舆论场的博弈中抢占先机，在很大程度上决定着舆论在一定时间内的发展走向。突发事件中舆情的走向往往与其他事件有所不同。突发事件中公众会更多地基于情感认同而形成对“弱者”或“恶者”形象的构建，甚至在舆论场中以“弱者”形象为自我的化身，为其进行辩驳，形成对主流媒体舆论的倒逼态势和“共振撕裂”现象。基于共同目的（解决事件中的问题等）的利益相关体却在媒体报道中出现意见的相左。例如在2020新冠肺炎疫情的舆论爆发期中，

---

① 张志旻、赵世奎、任之光、杜全生、韩智勇、周延泽、高瑞平：《共同体的界定、内涵及其生成——共同体研究综述》，《科学学与科学技术管理》2010年第10期，第15页。

② 张雅茹：《基于网络热点事件的“想象共同体”探究》，《新闻研究导刊》2018年第9期，第98页。

③［美］詹姆斯·W.凯瑞：《作为文化的传播》，丁未译，中国人民大学出版社2019年版，第13页。

政府出于对病毒预防和抑制的不确定性以及公共危机的性质，选择较为保守的话语倾向，而公众的习惯性怀疑却使得信息传播陷入塔西佗陷阱之中。在敏感的社会风险之中，隐性的社会矛盾瞬间在导火索的刺激之下影响扩大化。在突发事件中信息无法达成一致，导致社会阶层的博弈更多体现在公众对政府的不信任上，从信息的不确定性转变为对政府管理的不确定性上。赵奕奕等在分析群体性突发事件之中的信任水平时指出，“当社会网络中个体的信任水平各不相同时，要使社会网络的群体观点达到一致远比个体的信任水平相同时要困难，而且个体信任水平的差距越大，群体观点达成一致就越难。”“当参与某一事件的个体越多，传播扩散的越广，就会引发对该事件更多不同的意见。”[①]因此，突发事件中“信任共同体”的建立在舆论场中是至关重要的。

在突发事件舆论场的意见分化中，新闻媒体作为社会和受众的连接，单纯的信息传播会引起“传播的悖论”。新闻报道在预警的同时也扩大了事件在受众心理层面上造成的恐慌程度。因此，新闻媒体需要有针对性的观点的介入引导。观点型记者在报道官方观点、权威观点的同时，亦应在报道新闻事实中提出自己的观点。观点型记者还应通过深度报道的方式构建起社会与公众、政府与公众的桥梁，实现议题的互动，寻找事件中触及公众神经的敏感点，在为公众设置议题的同时，引发其情感共鸣，建立其对媒体的信任感。观点新闻生产者在观点呈现中也需要注意公众在社交媒体中的意见表达，发现公众的迫切需求和舆论的发展走向，为公众解惑释疑，提供理性、科学的认知理念，缓解紧张不安的情绪，形成主流媒体与社交媒体的良性互动，推动政府信息的公开透明，进一步从整个社会层面搭建“信任共同体”，增强利益主体之间的相互信任。

第二节　生成观点:独特的视角和个性化的表达

自发性观点新闻关键在于“自发”，是源于观点型记者自身对于事件的

① 赵奕奕、寇纲、彭怡等:《群体性突发事件中非一致信任水平舆论传播建模与分析》,《系统工程理论与实践》2012年第5期,第975页。

理解和思考而生成的观点新闻。正所谓“横看成岭侧成峰，远近高低各不同”。对于复杂的新闻事件来说，记者通过调查和分析揭示内在的问题和矛盾。矛盾既包括主要矛盾，也包括次要矛盾。记者在抓住主要矛盾的主要方面的同时，也不能忽略次要矛盾在事物发展过程中的影响作用。观点型记者在平时的知识和观点积累中就需不断增强科学思维能力，提升理论修养。

观点型记者在面对各种不同性质的新闻事实时，需要掌握足够的专业知识对事实做出基本的判断，同时尊重、研究他人观点，汲取多种养分。真理是其与谬误不断交锋中得以发展的。观点型记者也应多学习优秀的观点新闻作品，钻研马克思主义理论和其他社会科学理论、社会知识，提高明辨是非、真伪的能力和思想水平，增强提炼观点和表达观点、意见的能力。在观察社会现象的过程中，立足于社会现实，在分析理解和深入思考之上结合自身的理论修养，在热点事件中抓住事件本质，全方位、多层次地进行分析，提出独到的见解和观点。

一、在事实挖掘中发现新颖观点

观点的发掘需要记者具有观点新闻意识，不仅需要记者在新闻现象和新闻事件中发现不同阶层和利益群体所持有的观点，更需要记者在事件或问题中寻找到能够提供有新闻价值的观点的采访对象。

（一）发挥“四力”，把握事件和问题的发展走向

习近平指出：“宣传思想干部要不断掌握新知识、熟悉新领域、开拓新视野，增强本领能力，加强调查研究，不断增强脚力、眼力、脑力、笔力，努力打造一支政治过硬、本领高强、求实创新、能打胜仗的宣传思想工作队伍。”[①]其中对新闻记者的“四力”要求具有政治高度，亦是从全局意义上对新闻记者提出的根本要求。在如今媒体融合的时代，观点型记者更需要坚持“四力”原则，在新闻采集中不断开拓新闻思路、发现新闻方向、奠定观点基石、提升观点意义。观点型记者要增强“脚力”，坚持“三贴

① 习近平：《习近平谈治国理政（第三卷）》，外文出版社2002年，第314页。

近”，深入基层群众，做好调查研究，直面现实生活，“真正把基层当作最好的课堂，把群众当作最好的老师”[①]。而增强“眼力”，在深入基层的基础上，不仅仅把握小事件，更需要对现实生活具有敏锐的判断能力，具有更广阔的视野，在众多新闻素材中具备新闻敏感性，对多元言论具有基本的辨别能力。观点型记者还要增强“脑力”，提高观点的思想性，将基层与时代结合起来，使自发性观点更具有针对性，要善于总结思考，注意问题的全面性、深刻性、广泛性。而增强“笔力”，要求观点型记者在观点新闻的写作中，融入“脚力”中的实例、“眼力”中的敏锐、“脑力”中的思辨，做到观点鲜明独到，逻辑严密，论证有力。

《平顶山晚报》刊发的《让百姓住有所安 我市617个老旧小区改造分三年实施》报道中，记者从受众的需求出发，围绕其日常关注的聚焦问题，采访市住建局局长、市老旧小区改造办公室主任黄建军，同时以“老旧小区改造是‘暖心工程’，更是‘民生工程’”等标题式传递观点，将观点融入事实信息的报道和解释之中，提升观点的传播力：

让百姓住有所安　我市617个老旧小区改造分三年实施（节选）

老旧小区改造主要包括四个方面

黄建军介绍，我市老旧小区改造包含基础设施、住宅建筑本体、居住环境、配套公共服务设施等四个方面。

其中，基础设施包括水、电、气、热、消防及小区道路、停车场地、充电桩等设施。住宅建筑本体包括防水、墙体及楼梯间整修、粉饰，建筑节能改造等。有条件的要加装电梯。居住环境包括拆除、清理各类违章建筑、楼内杂物，整修小区围墙、照明设施，增加绿地，规整线路，实施垃圾分类等。配套公共服务设施包括完善无障碍设施，建立便民小超市，完善社区医疗、养老抚幼、文体娱乐、家政等生活设施。

老旧小区改造时间表已排定

黄建军说，经过前期摸排登记，全市计划改造老旧小区617个。根据安排，2019年拟开工改造97个老旧小区，涉及669栋楼29 029户，预计2020

① 同上。

年4月完成本批次改造任务；2000年拟开工改造423个小区，涉及1439栋楼55 297户；剩余老旧小区计划于2021年6月底前改造完毕。

老旧小区改造资金需多渠道筹措

黄建军说，对老旧小区的改造，中央和省级的奖补资金是主要来源，但是要真正完成改造任务还远远不够。上级要求各地按照“谁受益、谁出资”的原则，建立健全市场主体投资、专业公司优惠、居民合理分摊、社会捐助补充、市级财政奖补、区级财政统筹等多渠道筹措资金。

（摘自《平顶山晚报》2019年11月12日）

（二）从小事着手，把握社会变局

记者在新闻价值的判断中，往往会依据重要性原则选取大事件、大新闻。但是对于影响广泛的大事件往往无法切实地引起受众的同理心，与受众之间存在一定的隔阂。如今，媒体已由传者本位向受者本位转变，这也意味着新闻不再是由传播者完全掌控的信息了，而必须开始注重受众的需求，亦即新闻的服务功能。在不少获奖的新闻作品中，均走出了展现大时代而聚焦于小人物、小落点、小事件，并以此来反映大时代、大格局、大主题。通过“以小见大”的表现手法来从普通的事件、小故事中发现与如今时代变革的契合点，发表观点，引导主流思想。且对于地市级媒体记者来说，很难去报道重大的历史性事件，因此，这类记者更可以从本地事件、从与受众的心里贴近性和地方贴近性等角度靠近新闻源。在一定观点的指引下，用小新闻小事件来论证新闻观点。但同时也需注意选取事例的角度和取向，契合目前的方针政策、时代精神等，将事例选准，在反映时代脉搏、折射事件本质的基础上来打开切口，做到“一叶知秋”。

习近平在2018年春节团拜会上指出，“幸福都是奋斗出来的”“奋斗本身就是一种幸福”“新时代是奋斗者的时代”。在奋斗主题的新闻报道中，天山网并未局限于领导人的政策下达以及简单指数的罗列，而是从小人物出发，推出“幸福的奋斗者”的专栏，通过对奋斗代表人物的采访报道，讲述其小故事，来从公众的切身角度讲述坚韧意志和奋进致富的勇气：

木合塔尔·肉孜：从驾驶员到电力行家的蜕变（节选）

一次失误 他暗下决心努力学习

让木合塔尔最后悔的就是小时候没有好好上学，初中毕业后，木合塔尔学了驾照，成为一名电力驾驶员。

1999年冬季的一天，项目部人员来到施工现场后才发现遗落了施工方案，由于正在赶工期，而且人手紧，木合塔尔自告奋勇去取方案。他来回奔波了4个多小时却拿错了方案，当天的工期被耽误了，他既委屈又自责不已。"如果我能看懂方案，就不会耽误大家时间。"木合塔尔暗下决心，要努力学习国家通用语言文字。

就这样，木合塔尔开始了漫漫"求学路"。翻开字典逐字学习，他向儿子要了一支笔，一有空就拿出来照着字典练习。"刚开始的时候，手不稳，写字歪歪扭扭，还不如上小学的儿子写得好看。"木合塔尔说。

木合塔尔只要遇到不认识的字和不理解的词语，都要找《新华字典》帮忙，字典都被他翻阅得枯黄发皱，里面密密麻麻标注着笔记。

锲而不舍 "小白"蜕变为电力行家

木合塔尔说："那时的自己就像刚出生的孩子，对什么都特好奇，看到广告牌、宣传单、路牌上的字，都想弄明白怎么念，是什么意思，然后再凭着记忆回家查字典，问同事。"

2001年，他所在的班组经历了一次紧急抢修，看着兄弟们在现场没日没夜地忙碌，他只能坐在车里，盯着资料上的专业内容干着急。

"有个成语叫'学以致用'，我不能只认识字，我还要学习，把知识真正用起来。"木合塔尔对自己提出了新的要求。

说来容易实践难，电网建设工程需要查看大量图纸、书写各项工程日志及相关资料，木合塔尔没有现场操作经验，电力专业词汇对于他来说量多且晦涩，他现有的知识储备远远不够。

木合塔尔决定从最简单的学起。"每天开会的内容，别人用脑子记，我用笔记，不会的用拼音代替。"木合塔尔说。

项目部所有同事都是木合塔尔的老师，为了尽快掌握知识，木合塔尔每天还给自己布置"作业"，把不会的内容都记下来请教同事，他用过的本子多得数不清了，由于经常写字，他的右手中指和食指磨出了厚厚的茧。

经过不懈的努力，知识日积月累，木合塔尔不仅能读懂施工设计图纸和工程资料、工艺要求，更能自行编写相应的施工方案、预案及备案，累累荣誉的见证下，他成长为名副其实的电力行业能手。

（天山网 2018年4月25日）

（三）运用逆向思维，填补报道漏洞

世界上的任何事物都是对立统一的，在一定的环境和条件的作用下均有着走向相反方向的可能性。如若一直按照一般的思维结构对事件的发展进行构思写作，往往容易落入俗套，因此，在面对事件的发展时，记者通过逆向思维或者求异思维，以另一个角度去思考，也许会有不一样的思维路线和惊喜的发现。自发性观点新闻的写作，要求记者通过对事物全方位、多角度地观察以寻找答案，而在寻找答案的过程中，可按照常规和逆向两种思维。在一定条件下，记者通过常规思维去发现事件的多种方向与走向，运用逆向思维大胆求证，经过不断求证予以肯定或否定。观点的生成是一个主客观相结合的过程，源于客体条件寻求本质规律，优化思维方式。记者通过主体条件，发挥思维扩散力，在朦胧的事件真相中独立思考，发现或提出独到的观点，根据一定目标的指引观察事物，进行分析组合、逻辑排序，最终将事件或问题内在规律和启发人的心智观点等加以呈现。观点型记者在采写中可就现有证据进行分析，运用逆向思维，对观点从多个角度进行审视，分析观点存在的合理性，是否与现实相匹配，是否有利于主流价值观的弘扬，再者从全局考察后重新回归事件本身，填补现有新闻材料的缺漏。同时，逆向思维的运用亦可在采写中创新新闻思维流程，用预测性思维激发观点型记者的主观意识，突破传统思考方法的束缚，更凸显观点的独特性。

2016年浙江省广播电视新闻奖一等奖电视新闻评论《一块菜地里的城管之困》，这篇报道便从不同的思路去进行观点阐发。在2016年12月初，以“老太太在被征用的土地上种菜，被城管野蛮执法后，老太太跳了河”为标题的视频在网络中盛传，在视频中，城管与老太太发生纠纷，老太太在被征用土地上种了菜，城管人员前往清理，老太太在哭喊中被城管所阻拦，最终老太太跳进了河里，即使被救起后也一直躺在地上。在视频上传后，网友纷纷谴责城管，怨怼其未能依法执法，且存在野蛮行为。对此，绍兴电视台记者采访相关人员，并咨询多方人士的观点，于12月20日播出电视评论《一块菜地里的城管之困》。报道指出，老太太的菜地在多年前已被征用，但始终未曾清理，为此有关部门多次下达通知，而后有了视频中的画面。记者运用逆向思维，在确立好初步的判断和观点后，进行相关采访和事实核查，最终还原事实真相。不过在使用逆向思维中，写作者要注意“新闻评论中的逆向思维，必须遵守一事一议的原则，绝对不能脱离讨论的主题，把新闻变成一个由头，展开无限的想象力，远离新闻事件本身发表评论”。①

二、自发性观点新闻写作的要义

观点人人都有，但是记者的自发性观点新闻一经媒体传播，就会在短时间内为受众所熟知。因此，在写作观点新闻时，如若仅仅是自己情绪的一时抒发而未经事实核查，甚至脱离事实，忽视社会影响，这不仅仅会因一人之言论而影响媒体的公信力，更会误导舆论走向错误的方向。写作者写好自发性观点新闻，必须牢牢把握马克思主义新闻观和政治家办报的思想，坚持正确的舆论导向，通过自身的新闻敏感和独到的眼光发现现存的问题，紧扣时代脉搏，在为受众解惑释疑和进行舆论引导的同时，凝聚社会共识。

（一）以事实为论据，表达正确观点

中央电视台的经典节目《焦点访谈》的开场白便是“用事实说话”，其表明了评论离不开事实的观点。观点新闻仅仅是观点呈现往往不具有说服力。在自发性观点新闻中，记者是以个人的角度进行写作的，在写作中缺乏官方声音的影响力、没有权威观点的认证，亦没有社论那样在传播中的权威性和影响力。因此，自发性观点新闻的写作是记者与公众平等的交流，

① 乔新生:《新闻评论中的逆向思维》,《青年记者》2011年第5期,第94页。

记者通过运用与民贴近的事实论据，以事说理，以实引申。在引用事实论据时，记者需要注意事例的针对性、贴近性、新鲜性和典型性。事实论据是为观点表达而服务的，必须能够充分有力地说明与观点之间的论证与被论证关系，否则可能会让读者一头雾水。同时，记者选择与公众生活具有深刻联系的事例，能够引起公众的情感共鸣。因此，在进行事例选取时，重视其现实针对性和与受众的心理和情感的贴近性，并注重观点信息的新意。新意不仅可以是事例的新，亦可以是角度的新、立意的新。运用具有新意的观点信息写成的观点新闻才更能提升公众阅读新闻的兴趣。从典型性来说，需要观点型记者选取具有典型性、为大家所熟知、印象深刻的事件，或者具有广泛代表性和充分说服力的事实。另外，不仅可以针对当前发生事件进行观点评析，亦需要记者在平时注重对事例的积累，在进行观点写作时，可以通过类比、对比的方法强调观点意义存在的普遍性和广泛性。

（二）掌握说服技巧，恪守平衡性原则

美国传播学者卡尔·霍夫兰在对说服效果产生的制约因素进行分析时发现，在针对存在有对立性观点的问题进行说服宣传的时候，往往存在着两种说服技巧："一面提示"和"两面提示"。"一面提示"即仅向说服对象呈现自己的观点或于己有利的材料，论点鲜明；而"两面提示"则在提示自己观点或有利材料的同时，也以某种方式向说服对象提示对立的观点或者不利于自身的材料。如今舆论多元的环境下，人人都有自身的观点，同时网络意见领袖的存在亦形成了各种非主流的甚至另类的观点。对此，如若观点型记者仅仅是对自身观点的强调往往会形成"咄咄逼人"的情形，甚至造成逆反效果。因此，给予不同观点以表达空间往往能够给人以平衡和公平感，给受众留下理性思考的时间。在自发性观点的写作中，借助事实论据娓娓道来，让观点在事实的论述中以"寓事于理"的方法让受众自己得出结论，往往比有强烈倾向性的写作更容易被接受。同时也需从受众的角度进行考虑，在受众的教育水平较低的情况下，采用明示观点、提出结论的方式会更容易产生说服效果。因此，观点型记者在事实和观点的呈现中，需要根据受众的需求把握平衡，最大化地发挥自我观点的传播效果。

（三）使用大众视角，坚持“三贴近”原则

党中央在对于加强改进宣传思想工作中指出要遵守“三贴近”原则，即贴近实际、贴近生活、贴近群众。而观点新闻的写作也是为了能够让观点立于现实，深入人心，从而达到成风化人的效果。目前社会转型期间，公众对信息的需求愈加强烈，同时公众结构分化愈加明显，需求分化多样。观点新闻写作就需以受众的视角审视事件的发展走向，针对受众的特点和感受提出指导性和引导性的观点。观点型记者在寻找事实论据中也可借此机会进一步畅通渠道，在民意的逐步了解中明晰受众的愿望和诉求，在写作中反映受众的意见和呼声、合理诉求，为从根本上为解决社会矛盾做出贡献，同时帮助群众分析利弊，看清局势。《中国青年报》记者黄帅针对2020年新冠病毒肺炎疫情期间的景区预约制发出疑问，从公众的安全视角指出“在防疫期间，景区采取预约登记制度控制游客数量，应当是解决当务之急的必要之举”，并发表观点：“当实行景区预约制时，应当本着便利性的原则，让更多游客可以在第一时间、以最快的速度预约成功。”“景区预约制应该与其他配套措施一起落实，打出调控景区客流量的‘组合拳’。”[①]从现实情况考虑发现景区预约的问题，并提出通过交通管制、有序引导、网上购票等措施来维护公众利益的举措。

（四）注重话语表达方式，提高传播效率

新闻的主要职能是为公众监测社会环境，最终的受众是公众，固定式一成不变的话语模式只会让受众索然无味，只有根据不同受众群体、不同场合随机调整话语表达方式，才能为受众喜闻乐见，接受记者的观点和意见。2010年11月10日，《人民日报》在报道江苏如何由“文化大省”建成为“文化强省”之时，运用了标题“江苏给力‘文化强省’”，其中运用了“给力”这一网络语言，通过对“给力”的深刻理解为报道增添色彩，使报道摆脱了行政化的语言，而提升了报道的亲和力。

群众语言凝聚了群众的集体智慧，是其在一定时代背景下所形成的。群众语言从深层次上反映了群众的利益诉求。自发性观点新闻往往是观点

① 黄帅:《景区预约制常态化可行吗》,《中国青年报》2020年5月8日,02版。

型记者个人基于调查研究的所思所想，意见表达需要重视公众视角，与民互动，在使用群众语言过程中体现人文关怀精神。具体写作中可以借用一些俗语、谚语、歇后语方言等进行写作，拉近与受众的思想感情和心理的距离，达成笔尖上的沟通。但在写作中也需注意避免过度使用群众语言，媒体代表着一个社会的前进方向，在语言规范和群众语言发生冲突之时，应当注意遵循语言表达的规范。如今媒体形态、平台多样化，越来越倾向于分众传播，因此，在语言选择方面也需要因受众对象而异。针对文化水平较高的受众，则可以选用一些经典诗词增强说理性。而对于普通受众，则可以多选用一些形象化、诙谐幽默的语言。对于青少年受众，则选用一些当下的流行语等，契合青少年对语言的情感感知。语言的多样性，也决定了观点型记者需在平时进行积累，研究语言使用与受访对象以及场域之间的关系和应该注意的问题。只有这样，才能在提升自身观点亲和力的同时保证语言的规范性。

第三节　整合观点：专题型观点新闻的生成

观点新闻通过传播一定的理论知识和观点、思想来引导受众。正因为观点新闻中的观点具有重要性和引导力，决定了观点新闻中观点的选取和观点的表达均应进行精心思考安排，以突出观点的内涵和意义。

一、专题型观点新闻的统筹

专题型观点新闻以专题性质呈现，需要记者对其进行整合甚至策划。谭诚训认为："新闻策划事实上就是主观意志在遭遇宣传理念的淡化后，在20世纪90年代的市场竞争和世界范围的策划大潮中再次找到释放的出口。"[①]他既强调了新闻策划中记者的主观性，也强调了新闻经策划之后形成的对舆论的引导力。成功的新闻策划就是对新闻报道的前景作出预见，

① 谭诚训：《新闻策划现象产生的思想文化基础——兼议在新闻策划研究中扩展新闻理念的可能性》，《当代传播》2009年第2期，第35页。

选择合适的报道形式，从而进行战役性、系列性、论题性报道，以达到强烈的震撼人、感染人、打动人的效果和轰动效应。一个好的新闻策划，有助于表现新闻，营造良好的舆论氛围。记者要想把新闻策划做好，就必须紧紧跟随着党和政府的步伐，把握其政令政策精神，在复杂的局势面前保持清醒的头脑，把握时机，确保新闻报道的时宜性和时效性。这就要求策划者不仅仅能够以独到的视角、发散的思维、深入实际的精神对社会现象或新闻事件进行深入思考和观察，更需要策划者具有较高的政治素养、理论素养、业务素养以及责任意识，做到“掌上千秋史，胸中百万兵”。并需要其在实际的报道活动中利用媒体资源，做到新闻报道形式的多样化，使专题型观点新闻形神俱在，不仅通过思想性的内容强调主旨，更通过写作技巧提升读者的阅读兴趣。尽管新闻策划是以新闻事实为基础包括言论和版面等设计和安排来开展的，但我们仍要注意到新闻事实的选取，如果对影响力有限或者缺乏足够社会价值的新闻事实进行提前策划，也并不会对新闻报道活动带来有益的效果，甚至会使受众反感，有损媒体的公信力。

（一）提前做好计划，协调统筹全局

专题型观点新闻的报道要求记者通过对现有事件信息了解和分析之后进行观点报道的策划。记者在策划前对媒体的资源做到心中有数，能够最大限度地开发利用媒体的资源，提高媒体的知名度和影响力。通过细致的安排和周密的计划之后，记者可以对事件发展的去向和采访的嘉宾来源做出多种可能性的设想，并运用逆向思维、求异思维等，从新闻事件入手，寻找合适时机、邀请适合的嘉宾，有针对性地设定采访计划和方案，努力发掘有价值的观点信息，写出具有媒体个性的独家报道。

（二）受众诉求前置，实现社会效益和经济效益双赢

新闻作品往往是传播者和受众共同作用的结果，其中包含着对隐在受众需求的预测和设定。“隐含读者的要义是作家从读者议论、批评等信息中感受到现实读者的阅读倾向，包括审美要求趣味等，经作家自觉不自觉的心理筛选，积累成独有的隐含读者。这个隐含读者的含义随着现实读者的

变化与作家自己审美经验视界的变化而改变。”[①]而将“隐在读者”的概念引入新闻传播活动中即为“隐在受众”。

专题型观点新闻是在采访活动以及相关调查活动之前进行提前策划的观点新闻。这类新闻往往受到受众的欢迎，受众对相关的新闻事实也有自身的看法和疑问。记者应对受众的需求做出一系列的假定，以受众的立场和视角思考受众想了解什么信息、关于事件有何疑问、有什么需求等，继而根据“隐在受众”对新闻的诉求进行新闻报道的策划，选择合适的采访对象，用其权威观点回答受众关心和感兴趣的问题，满足受众包括观点意见在内的信息诉求。

网络技术使得受众的信息诉求会通过社交媒体展现出来，受众普遍关心的话题和在网络上的爆点成为记者获取新闻素材的来源。社交媒体上对事件的报道或话题引子的抛出，往往会使大量网民参与到热烈的讨论中，记者可以借助社交媒体对受众需求进行收集与分析，前置受众诉求，根据受众需求来进行有针对性的专题性观点新闻策划，通过有效的采访报道，能最大程度地满足受众对信息的需求，强化舆论引导力。

（三）突出主旨主题，增强报道效果

未经过提前策划的观点新闻，往往会因临时性、随意性而无法多角度思考事件发展过程，同时也无法提前与采访对象取得联系，不能全方位保证新闻采访活动的顺利进行或对事件的深入挖掘，无法实现观点新闻的独特价值。而现实中往往也会存在着对新闻发展规律把握不够深、对社会热点事件或问题未下功夫提前进行分析和研究等问题。

所以，对于一些复杂重大的事件或社会问题，记者有必要进行专题性观点新闻报道选题的策划。只有通过精细的选题策划，跳出固有的思维模式，才能够发现新闻事件或问题的深刻内涵和独特价值，对重大事件设置专题栏目，在多重新闻事实的组合下突出报道的主旨，充分发挥新闻媒体的规模效应。将新闻报道通过一定的纽带联系起来，按照逻辑顺序在版面上进行合理安排。以密集的包括观点新闻在内的组合报道引发受众注意，有效提高报道效果。

① 朱立元:《接受美学导论》,安徽教育出版社2004年版,第268-269页。

二、专题型观点新闻的策划原则

专题型观点新闻报道要求记者具备策划意识，能够充分发挥自身的主观能动性，在遵循客观规律的基础上，发现潜在的新闻价值，在纷繁复杂的社会环境和多种要素勾连的新闻事件中，选好报道角度以及报道定位，拓宽报道思路。专题型观点新闻的策划又可根据策划方向的不同分为主题式策划、连续式策划和角度式策划。

主题式策划要求记者或编辑围绕某一主题寻找相关新闻事件进行报道。该类报道往往以节日或当下的时代主题为中心展开。如广西新闻网在“打好脱贫攻坚战”的时代主题下展开了“脱贫荣耀 决胜全面小康 · 决胜脱贫攻坚”的主题报道，围绕这一主题，设置有“脱贫要闻”“脱贫战绩”“脱贫攻略”等栏目。

连续式策划则是围绕某一处在发展变化中的事件做出的报道，往往这类报道中事件发展具有不确定性，但也存在一定的发展变化规律，需要记者根据新闻事实当前的发展状况，及时发现新情况，提前进行报道策划，确定好要采访的关键人员，在事件的持续和动态发展之时做好专题型观点新闻报道。如2020年新冠肺炎疫情期间澎湃新闻专设“抗疫”栏目，持续对疫情的发展动态进行报道，随着国内疫情稳定、国外疫情暴发，报道视角也随之发生转变。

角度式策划则围绕当前发生的热点事件，找准策划的思想落点和情感落点，从受众的角度思考问题，寻求受众需要的观点新闻信息；从新闻本质的角度进行思考，揭示事物深层内容；从立体的多个角度上寻求事件或问题的根源，找寻专家进行采访报道。

（一）创新性原则与科学性原则的统一

新闻本身就是要求推陈出新，而专题型观点新闻中对新闻事件或问题的采访往往有一套基本的采访规范和模式，对于文化水平和理解能力逐步提高的受众来说，仅停留在原有的报道定位和报道视角上，很难满足受众的新闻需求。且如今自媒体多用夺人眼球的流行语以及接地气的方式引起公众的兴趣。如此多重压力之下，传统媒体也极有可能会在激烈的新闻竞争中被淘汰。专题型观点新闻的创新性原则要求记者树立长远眼光，从事物的多个层面进行理论解读和追根溯源，在构思上创新，在立意上创新，在新闻资源开掘上创新，努力采出层次丰富、立体化强、纵深感浓厚、受众喜闻乐见的报道来。

2020年新冠肺炎疫情时，我国驻外领事馆纷纷为在国外的留学生准备了暖心的健康包，助力度过此次疫情。澎湃新闻在2020年5月10日将日本名古屋大学中国留学生学友会和中国驻名古屋总领馆为留学生发放防疫物资的行为拍成了短视频，多位留学生在视频中表示感谢，在传播留学生观点的同时，通过策划性新闻将众多海外留学生连接在一起，树立了良好的国家形象。

需要注意的是，记者在专题型观点新闻策划时不能影响新闻内在发展规律，如果把新闻策划变成策划新闻，就会适得其反。任何事物之间都是有着一定的自然规律，如果其策划违背了人与人之间所维持的社会契约和社会交往关系，那么就不会被大众所认可。专题型观点新闻只有在基于事物发展规律的基础上做出新闻报道的计划和安排，顺应事件的发展趋势，才能够引起读者的共情，赢得好评，产生积极的传播效果。

（二）动态性原则和协调性原则的统一

在报道中如果需要记者提前安排报道方案，一般属于热点、焦点事件，这类事件或问题往往较为复杂且处于不断地发展变化之中，其发展变化的背后也是在一定内因和外因的共同作用下进行的。因此，记者在进行专题型观点新闻的采访报道之时，应该注意到事物的动态性和事件的发展性及其相互关系。如今社会瞬息万变，新闻工作者只有在发挥主观能动性和把握事物本质的基础上才能将不同发展阶段的变化连接起来。任何系统都存在着各个子系统之间的相互联系和相互作用，因而往往在报道策划时需要将各部分要素梳理清楚，确定好主题思想和预计目标之后，才能够在保证关注新闻动态性发展的同时，将分散的、无形的事件要素在尊重客观规律的基础上进行调动和集中。

（三）前瞻性原则和可行性原则的统一

新闻价值有显性新闻价值和隐性新闻价值之分。对于具有显性新闻价值的新闻，往往会引起多家媒体的注意，而具有隐性新闻价值的新闻则对记者的思考能力和专业能力均有较高的要求。专题型观点新闻要求记者反应敏捷，闻风而动，需要具有极强的新闻敏感和政治家头脑，对国家的大政方针和路线走向做到心中有数，以正在萌芽状态的新闻素材为核心，发现其中的本质规律，继而发现其隐性新闻价值，做出独家报道，在事物的起始阶段见人之未见。

但是记者在专题型观点新闻的报道策划中也应注意到实施的可行性和可操作性，这就要求记者对各方资源做到绝对的心中有数。首先，需要了解受众的需求，对新闻有何期待，继而从受众的可受性和新闻价值上去寻求能够满足受众需求并对受众进行思想引导的新闻素材。其次，需要考虑策划者和实际执行者的能力问题，在确定好报道策划之后，仍然要考虑采访对象是否接受采访、是否有足够的资源进行报道。这些均需要提前落实并做好具体的实施方案以及备选方案。最后，也需要考虑到专题型观点新闻的社会效果问题。如果可能产生负面效果或不利影响，就不能进行策划和报道。

（四）时宜性原则和引导性原则的统一

新闻报道时宜性原则要求记者在进行专题型观点新闻的报道之时应选准时机，使其能够在特定或关键时间节点引起受众的共鸣。这就需要记者在新闻报道中具有全局意识，敏锐地察觉到目前社会的舆论动向和发展动态，无论是事件的专题型观点新闻还是非事件的专题型观点新闻，都需要记者将其放在一定的社会背景中进行考虑。但如若片面强调突发事件的轰动性效果，而忽视对受害者的人文关怀，就可能对受害人造成二次伤害，这是不利于社会的和谐发展的。澎湃新闻在2020年5月10日所作的《留日中国学生：小小健康包，浓浓家国爱》报道，既符合时宜性（与国外疫情愈加恶化而国民担心国外留学生的心情相符）又注意到人文关怀（为远在他乡的留学生送温暖），是成功的案例。

另外需要注意的是，新闻策划尽管在专题型观点新闻中具有非常重要的作用，是在记者进行实际的采访活动之前所进行的提纲式、计划性的安排。好的策划安排可以帮助记者统筹全局、有效利用资源、明确报道的规模和具体实施活动，做到心中有数，有备无患。但是事物是在不断发展和运动的，往往会出现新情况，这就需要记者在实际采访活动中根据现实实际随机应变，及时进行调整。

为协调好报道策划和采访活动两者之间的关系，记者在进行专题型观点新闻报道之时，不宜将提纲或策划安排过细，只要根据已知新闻事实确定相应报道方向之后，列好提问框架和采访观点方向即可；反之则会使记者的采访活动模板化和格式化，给采访对象形成刻板化的印象，不利于其真实观点的表达。记者可在进行框架设计之时，对采访对象的观点采访准备多种方案，围绕所采访问题的本质设想不同的方案，以发散性思维完成策划方案的设计。而在实际的采访报道活动中亦不应为策划方案所束缚，应根据实际情况对策划方案进行适当调整。策划方案只是供记者采访时参考，最终的采访活动还需要记者开阔思路，根据采访对象的回答调整策划方案，并从采访对象的回答之中发现有价值的信息进一步深入挖掘。

三、专题型观点新闻的写作

（一）尊重事物发展规律，坚持事实第一性原则

专题型观点新闻报道强调“策划”，即提前为新闻报道活动做好准备，其“策划”在于根据对事件发展的现有认知，对其发展规律进行探求，在此基础上来安排报道相关活动。它与策划新闻完全不同，策划新闻中，新闻事实是被设计谋划出来的，并不属于新闻。专题型观点新闻写作仅仅以策划为手段，帮助记者有效获取有新闻价值的观点。因此，专题型观点新闻必须以事实为依据，尊重事物发展规律。

在专题性观点新闻的写作中，记者要将收集到的新闻材料包括采访对象的观点、意见、态度进行深入分析，通过不同视角的阐述，围绕新闻事实，呈现受众所关心的需要解决的问题和具有导向性的观点。专题型观点新闻策

划具有主动性和目的性，需要记者对所报道事物有基本的看法之后再进行策划。而在写作过程中则要回归新闻的本身要义，以采访得到的新闻事实为基准，重新进行框架结构和逻辑层次的构建。《扬子晚报》在2019年6月7日至9月22日，做出了关于“红色丰碑　寻访影视剧英雄原型全媒体行动”的专题报道，在采访之前对栏目进行策划，而写作每一篇报道都坚持从新闻事实切入。

（二）合理运用比较手法，寻找内在关联

记者不仅仅要能够在现实生活中发现问题，更要在历史事实中发现问题，通过对历史问题的研究对今天的新闻事实进行比照分析，来组织采访报道活动。如《广州日报》的报道《新冠病例平均年龄比“非典”大8岁》（2020年3月12日），将“新冠”与“非典”进行对比，运用历史事实来观照、解读现实事实。这需要记者在掌握历史资料和一定知识的基础上，将其与采访得知的信息进行比较，寻找到内在关联后，以较为生动易懂的表达方式传递给受众。

（三）运用多种形式展现，讲究编排版面

专题型观点新闻往往可以通过多种形式进行报道，亦可以使用消息、通讯、评论等多种新闻体裁。这类报道大多围绕同一主题组织版面。在版面编排中，运用色彩、版面形状、线条符号等将同类报道聚合在一起凸显策划主题。如今融媒体时代的新闻形式不仅仅以文字样态呈现，这也对记者有了更高的要求。专题型观点新闻的报道，由于记者有较为充分的前期准备，以形式多样、丰富多彩的表达样态传递给读者，能有效地吸引读者注意力。

可视化形态也可以运用在专题型观点新闻报道之中，通过运用图片、视频、图标等多种形式，使纸面上的新闻变成历历在目的新闻。《扬子晚报》2019年3月29日在清明节即将到来之际，做了“清明·祭|走进江苏国家级烈士陵园，为英烈献花”专题报道，运用了flash动画等形式来展现各大陵园、纪念馆所在地以及其背景资料，通过“瞻仰—寻路—寄信”按钮与“帮烈士回家”专栏进行链接，对烈士生平进行报道，如《94岁战斗亲

历者提供重要线索，东台三仓64名无名烈士找到了14位》（2019年4月27日）、《南京六合东王庙无名烈士墓引发九旬老兵心愿：希望能为牺牲的战友们立块碑》（2019年4月19日）等文章，在传递老兵心愿的同时，传递了对烈士的敬仰之情。

第五章　观点新闻的题材来源与媒介呈现

受众关注、具有新闻价值的观点是新闻媒体和记者争相报道的新闻内容，观点新闻已成为新闻大家族中重要的成员。观点新闻拓展了新闻传播效应，更新了人们对新闻的认识。观点新闻具有鲜明的新闻性，其新闻性体现在两个方面：一是它基本上都是以刚刚发生的政治、经济、国际等硬新闻为由头，而这些新闻都事关国计民生，与社会公共利益密切相关，同时具有较强的时效性。二是其内容呈现具有新闻价值的观点、意见等新的信息，是新闻的延伸。这种延伸能够深化受众对新闻的理解。随着观点新闻的传播，不仅相关的新闻得到了二次传播，而且通过记者编辑对事件和时事的评论与看法，增加了受众从不同角度对新闻事件问题的理解。此外，互联网赋权，越来越多的普通公众能够就政治、经济、国际时事发表自己的意见和看法。言论主体的多元化和表达的平民化，使得言论的单向传播局面发生改变，同时舆论场的观点的表达风格也发生了变化。观点新闻和其他类型新闻一样，也存在题材的选择和媒体适用的问题。并非所有题材都适用观点新闻的采写报道；并非各种观点新闻的选题和表达形式、方法都适合不同的媒介。

第一节　观点新闻的题材来源

由新闻事件或社会问题、已有新闻报道引发的观点新闻是不同主体发表的观点、意见，因其立场的不同、价值观的不同、认识和利益的不同，针对同一事件或问题往往也会产生不同的观点。这些观点有时在同一个言论空间呈现出来，比如《羊城晚报》时评版“甲方乙方”栏目，就有争议的热点话题，让不同主体各抒己见、争鸣交锋；有时在不同的媒体中呈现出来，比如报纸媒体和网络媒体就同一个事件；有时会形成不同的舆论场。这些观点新闻与时政新闻一起形成了摇曳多姿的媒介生态环境。观点新闻在改变媒介生态，为公众表达提供更为广阔的空间的同时，也有利于提高公民素养，进而提升公民参与社会事务的能力。公民素养由多方面的能力和技巧构成，如思维能力、表达能力、社会交往能力、政治参与能力等。在中国公民素养方面，缺乏逻辑和理性思维能力是主要的“内伤”。正如学者徐贲所说：“霸气、含混、反逻辑、少理性的语言在中国已经成为一个深入公共文化肌理的普遍痼疾。”[①]公众通过阅读与写作时事评论，克服传统思维中重修辞、轻逻辑，重感性、轻理性，重雄辩效果、轻规则讨论的缺陷。同时，阅读与写作时事评论，也有助于公众更广泛地获取与公共利益相关的信息，完善知识结构和逻辑思维能力，进而更有效地提高公众有效表达意见和参与政治事务的能力。

一、时政新闻与经济新闻引发的观点新闻

党报最主要的内容之一便是时政新闻，且往往占据一两个或更多版面。时政新闻主要围绕着领导人的活动和重要会议进行及时报道，这类新闻涉及国计民生，与受众的切身利益密切联系。时政新闻反映着未来社会的发展方向和政治态势的变动，但往往由于会议精神和领导人话语较为精炼，对于受众来说有时并不能完全理解，因此客观上也引发了时政新闻中观点新闻的出现。时政新闻具有鲜明的政治性、思想性和导向性，需要记者在观点新闻写作中牢牢把握时政新闻的精髓所在，不仅仅停留于表面对讲话进行复述，而应围绕观点新闻要强调和表达的观点，运用生动典型的论据和科学的论证方法，从问题和社会现象的不同角度进行论证或者进行有机结合，利用观点新闻中的观点阐释和论证，使时政新闻要传播的精神和思想能够落到实处，在讲道理中表达观点，在报道事实中传递思想，从而引导公众的思想和行为。

由时政新闻引发的观点新闻即时事评论的兴盛，已成为当代中国新闻

① 高明：《“公共说理”的逻辑》，《新京报》2014年1月25日，C05版。

传播活动中的一个重要现象。这一现象在20世纪初就曾出现。1904年，《时报》开创的“时评”专栏创造出了时事评论这一新闻评论的新品种，带动了时评的兴盛。而随着我国社会进入20世纪末21世纪初，由于社会的转型、媒体竞争的加剧、言论环境的宽松以及新媒体技术的发展等多种因素的推动，使得时事评论再度得以勃兴。报纸开辟“时评”专栏、“时评”版面，广播、电视也纷纷开设时事评论的相关节目，网络也出现针对时事评论的时评专栏，由时政新闻引发的观点性新闻写作一时呈现欣欣向荣的局面。

2001年5月，新华社推出“新华时评”，就社会现象和国家举措积极发声，传递权威、独家观点，占领舆论制高地。2003年1月11日，刚创刊的《新京报》接轨国际报纸，开设了包括时评在内的言论版。2005年4月，《人民日报》与人民网联动开设“人民时评”专栏，针对政治、经济、国际时事等时政新闻发表评论。

在报业竞争激烈的广州，各家报纸针对时政新闻引发的观点性新闻一度竞争十分激烈，被称为“广州现象”。广州不少媒体专门成立了时事评论部，负责报刊的时事评论栏目。同时一大批具有深厚专业知识、文化素养和强烈社会责任感的普通民众进入新闻媒体，成为专职的时事观点新闻写作的新生力量。时政新闻引发的观点新闻结合时政、时局、时事、时弊呈现多维和具有引导力的观点，对中国社会进步与发展起到了积极作用。

我国经济新闻报道的历史可以追溯到1857年10月创刊的《香港船头货价低》（也是中国最早的中文报纸），而在老一代人中留下印象的著名经济类报纸，则是1893年上海创办的《新闻报》[①]。20世纪70年代末，我国以经济建设为中心，进入了改革开放时代。在变化巨大的市场经济环境下，无论是宏观经济政策、经济发展理念、消费方式和消费水平都发生了重大的变化。与之相应的经济新闻报道也发生了报道内容与方式的变化。在信息社会中，简简单单的物质生产已然无法概括复杂的经济现状，产权界定、股权纠纷、知识经济、产业模式等都构筑了一定意义层面上的高门槛。媒体不仅仅需要即时报道经济领域的重大事件和重要政策变化，更需要学会冷静观察、估量当前经济市场形势，根据自身媒体受众对象的特质提供有

① 陈力丹:《我国经济新闻的发展和变化》,《新闻实践》2000年第4期,第11-14页。

价值的观点和意见，对问题进行解说阐释，为受众解惑。因此，在当今经济全球化背景下，为受众提供有价值和意义的经济观点并予以论证和阐释，已然成为观点新闻的主打内容。除此之外，在私人领域与公共领域产生融合的时代，隐私问题为公众所重视，信息社会任何信息的无意暴露都有可能直接触发企业、平台、公众三者之间的矛盾，因此，新闻媒体不仅仅需要提供高质量的经济观点新闻，更需要将其与公众的现实生活相连。经济新闻引发的观点新闻的积极意义体现在，触及时代脉搏，有针对性地回应经济领域受众关心的问题，以及围绕经济建设主题，提供优质的经济观点，引导人们的经济生活向积极、安全的方面发展。

二、文艺新闻与体育新闻引发的观点新闻

文艺新闻即反映、报道文艺界现状及其走向，反映、报道文艺工作者工作、生活及思想情趣的新闻[①]。丰富多彩是文艺新闻的特点。但正因其丰富多彩的特点带来报道的重点被忽略，严肃高雅的文艺新闻被弱化和冲淡，导致出现文艺新闻的被边缘化和异化的问题。另外，文艺新闻界定不清楚，导致出现了庸俗化的问题，一些娱乐八卦新闻成为文艺新闻的主体。而部分新闻工作者更是以贴近群众、贴近实际、贴近生活为由，降低文艺的层次，而转向浅薄化、娱乐化，媒体上文艺本身的报道减少，文艺明星的生活八卦反而成为报道的重点。

竞技体育以其紧张激烈、斗智斗勇、充满悬念、场面壮观等特点成为媒体关注和传播的主要内容。从付费体育频道的兴起到新媒体体育内容的涌现，足球、网球、高尔夫球、围棋、乒乓球等10个付费体育频道的运行，都说明了竞技体育在体育传播中的地位[②]。而体育新闻的诞生也使关注体育的人群不断扩大，从专业人士到兴趣小组，再到普通公众，体育新闻也逐渐成为涉及大众的一个共同话题。体育新闻的报道不仅仅包括竞技体育赛事，还有体育人物的周边新闻、体育用品的专业使用等内容。因此，对于

① 徐正之:《关注文艺新闻的格调》,《新闻爱好者》2005年第11期,第36页。

② 董青,洪艳,董海宇:《媒介融合背景下体育新闻传播的特征与趋势》,《武汉体育学院学报》2011年第3期,第19-21+31页。

体育新闻的单纯报道已然无法满足受众的需求，受众需求也开始逐渐向体育运动的分析转变。故而体育新闻所引发的观点新闻也成为观点新闻中的重要部分。

移动互联时代新闻发布的即时性使独家报道失去了传统媒体时代的光环和魅力，传统媒体要想在日益激烈的竞争中取胜，其重要的一点应该是观点新闻的经营和发展。因此，各大报纸、网站都开始出现了实时新闻评论板块，针对观点进行采访，在直播体育赛事的同时，由专业人士对其进行解说与评论。这本质上就是观点新闻的呈现，但由于直播往往以讲和听的形式呈现，使不少研究者忽略了其中的观点性质。在体育电视频道中，无论是主持人的讲解抑或是专业人士的评说，均是观点的呈现，而在互联网中，数以万计的网民们也在开放平台上发表自己的观点和想法，平台上众多体育爱好者的观点表达使其成为观点的聚集地，并形成观点新闻的互动。

三、社会新闻引发的观点新闻

中国近代报刊中社会新闻的出现可以追溯至民国时期，实践中的中国近代报刊大多为了谋求生存，遵循着以最小的投入获取最大收益的商业逻辑，将社会新闻的题材内容引向了以满足受众感官刺激为旨向的“煽情新闻”或称“黄色新闻”[①]。在这一时期，社会新闻偏向于娱乐性和趣味性，甚至低俗性，被商业逻辑和资本运作所支配。而随着社会的发展，受众真正的信息需求得以激发，媒体开始注重自身视野的广泛性以及内容的真实性和客观性。受众不仅仅关心于国家大事和政策的变化，对于身边发生的趣闻轶事和重要新闻事件也愈发关注。此时的社会新闻范畴也发生变化，从广义上来讲，任何新闻都属于社会新闻，但从狭义上来讲，又与一般的政治新闻、经济新闻、科技新闻等不同，是受众所喜闻乐见的、在社会这一信息场域下所发生的、涉及受众利益的新闻信息。尽管社会新闻不同于政治新闻吸引受众关注时事、参与社会事务；不同于经济新闻帮助受众发掘宏观经济政策，把握最新市场物价变动；不同于科技新闻帮助受众把握

① 陈寿富：《论社会新闻的概念域》，《兰州大学学报（社会科学版）》2016年第1期，第56–61页。

科技前沿，了解最新发明等，但社会新闻仍然以其贴近性成为新闻中不可缺少的一员。社会新闻在传播过程中由于更具有社会性和贴近性，而为受众建构关于现实社会的印象，这也对其社会价值观的形成产生重要影响。

由于社会新闻本真的贴近实际、贴近生活、贴近群众，在舆论引导上具有天然的优势，因此社会新闻所引发的观点新闻也成为观点新闻中至关重要的新闻，它可以以报道题材的贴近性引发观点传播效果的自然提升，此时事件信息中的现象信息、思想信息、观点新闻、情感信息、舆论信息等客观、多角度地呈现出来[①]。故而社会新闻所引发的观点新闻也需以社会效益为首，发挥好舆论引导的作用。

第二节　媒介形态对观点新闻表达的影响

一、报刊新闻引发的观点新闻

报刊新闻引发的观点新闻主要是以时评的形式体现出来。时事评论亦称新闻时评、时评，是指针对新近发生的新闻事件和新近出现的社会现象发表的评论[②]。在我国近代新闻史上，最初并没有针对新闻事件的评论，编者和作者也没有新闻评论意识。在报章上更多的是为了启迪民智、传播思想的长篇性政论文章。早期著名政论家王韬的《论肄西学》《论中国不可自恃》《论宜变古以通今》《论法在因时变通》等，以及后来梁启超的《变法通议》《少年中国说》《中国宜以弱为强说》等，莫不如此。1899年，梁启超主办的《清议报》从第26期开始专设“国闻短评”栏目，集中刊发针对新闻事件和社会热点问题的评论文章，开始把时事引入评论。1904年，狄楚青创办《时报》，设立“时评”专栏，集中刊发针对新闻事件和社会热点问题的评论文章，专栏中的文章配合当天新闻，一事一议，使报刊找到了一个新闻和评论配合的新形式，推动了报业的新发展。

① 陈寿富:《论社会新闻的概念域》,《兰州大学学报(社会科学版)》2016年第1期,第56-61页。

② 赵振祥:《新闻评论学》,九州出版社2012年版,第152页。

时事评论不同于社论和社评，社论和社评更加务虚，更加庄严持重，政论色彩更强；它也不同于配发评论、编者按，它在深度和广度上要超过后者，在论证上既要高屋建瓴、视野开阔，又要深刻透彻。

时评中比较稳定的形式是专栏评论。专栏评论是在报纸固定版面、特定专栏发表的评论，著名的如《中国青年报》的"冰点时评"、《文汇报》的"文汇时评"、《南方周末》的"方舟时评"等。"冰点时评"也是诸多时评专栏中影响最大的一个专栏评论。《中国青年报》于1998年11月在"冰点新闻"版上推出一个全新的评论专栏——"冰点时评"，每周见报三次，体现了"高频率、时效性"的原则，保持对新闻事件的敏锐反应能力。该专栏于2001年获得"第二届中国新闻名专栏奖"，其文章被频繁转载于各大媒体，在读者中有良好的口碑。有研究者曾对一段时期的"冰点时评"文章进行抽样研究，发现该栏目大多数文章的选题集中在以下几个方面①：

一是政府执政。"冰点时评"对政府在制定、执行政策中出现的问题表现出了极大的关注，对政策的合理性与合法性、吏治水平、政府职能转变等问题有经常性的探讨，涉及面极广，包括违法行政（如《质疑"逼企业上网"》）、地方保护主义（如《有没有"地方的公正"》）、形式主义（如《献礼工程在等什么》）、贪污腐败（如《岂容"奸民治善民"》）等。

二是法治建设。这主要是一些涉及立法和司法的问题，尤其是司法正义问题，具体包括执法机关的效能、执法人员的素质、执法程序的公正等，如《"刑讯有功"论》《执法机关怎样挽回"影响"》等。

三是市场竞争。主要是就公平和效率、平等和垄断、事业和企业等问题展开讨论，如《非卖品应终结》《"国有资产"靠垄断保护?》等。

四是公民权益。这类题材主要涉及公民的具体权益，关注弱势群体，如《请注意保护受害的姐妹》《患者终于成了"消费者"》等。

"冰点时评"的目光更多地落在与公众生活息息相关的公共领域，大部分文章都是从当代中国人的现实处境出发，具备了强烈的时代感和现实性。

当然在不同的报纸中评论专栏有不同的风格。如《人民日报》的"人民时评"，风格则一如该报纸一样沉稳、大气，都市报的时评则语气可能更加委婉、低调一些。我们可以通过比较《人民日报》的"人民时评"和

① 梁伟:《从〈冰点时评〉看时评写作特色》,《新闻记者》2003年第11期,第12页。

《钱江晚报》的“时评·个论”中的时评来窥见其中的不同：

防范“指尖政务”中的“四风”变种（节选）

实干导向、实效要求、实绩指针，任何时候都需要坚持不懈。真正把“互联网+政务服务”利用好，离不开管理智慧的筑底，也呼唤正风肃纪的托举

近日，个别地方有基层干部反映，手机上政务App太多，有的甚至要求每天打卡“留痕”，耗费时间精力，影响工作生活，沦为“指尖上的形式主义”。

毋庸置疑，“互联网+”用于基层政务管理，“动动手指”就能快速发布指令、及时沟通信息、督促工作落实，确实起到了节约行政成本、提升工作效率的作用。但是，当前的“互联网+政务”，还处于“摸着石头过河”的探索阶段，存在许多不成熟、不规范之处。各领域各层级政务App让人眼花缭乱，基层干部疲于应付；政务办公群成“秀场”，有干部抱怨“干得好不如晒得好”；“微信下指令、微信抓落实”，工作脱离实际、脱离群众；在工作群“拍马屁”“发红包”，微腐败渐露苗头……种种问题足以说明，真正把“互联网+政务”利用好，离不开管理智慧的筑底，也呼唤正风肃纪的托举。

形式主义、官僚主义，是基层电子政务建设需要警示的问题。方针政策在“键对键”中落虚落空，“微指令”“微通知”导致脱离群众，通过网络“留痕”为政绩注水……从品类繁多的各种微信工作群，到点卯签到的各种“留痕”，看似新表现实则老问题，形式主义、官僚主义的本质没有变，再次验证了“四风”问题具有顽固性反复性。过去破除形式主义靠严格正风肃纪、精简“文山会海”、整治“通知落实”，如今破除“指尖”上的各类形式主义、官僚主义，同样需要用好这些抓手。“作风建设永远在路上”。只要“四风”问题出现新变种，不论何种形态、何种载体，都应当正风不止、执纪不休。

抓落实不能靠“远程指挥”，干工作不能“一微了事”，实干导向、实效要求、实绩指针，任何时候都需要坚持不懈。应当明确，鼓励“键对键”，也要重视“面对面”。从层级工作部署、落实和考核，到倾听群众诉

求、方便群众办事，不仅要有主动“触网入云”的创新自觉，更要坚守为民务实清廉的政德要求；不仅要善于通过信息技术办公，也要善于通过深入基层、深入群众办事。这也意味着，让“互联网+政务”实现效用最大化，关键就在于走好网络群众路线，弘扬好共产党人的优良作风。（李斌）

（摘自《人民日报》2018年11月29日“人民时评”）

一千多万元，很难罚痛违法行为（节选）

11月30日，国家企业信用信息系统信息显示，瓜子二手车实体公司金瓜子科技发展（北京）有限公司，因“创办一年，成交量就已遥遥领先”这句广告词缺乏事实依据、与实际情况不符，违反广告法相关规定，海淀分局责令停止发布广告并处罚款1250万元。

吹牛受罚、天价罚单，这次处罚让舆论震动一时，被认为是一次显示强硬态度的处罚。可是，这个处罚金额真的高吗？真的取得了理想的效果了吗？吹个牛罚一千多万，表面上看确实很高，可对于这些靠资本上位，烧钱当玩似的主来说，只是一点毛毛雨。它一轮融资就以亿美元计，这点罚金恐怕很难让它肉痛。更关键的是等你开出罚单时，它已经成为既得利益者了。别人吹牛会吹破，心里会发虚，但它吹牛却是越吹越欢，越吹心里越踏实，短短的两年时间里，这个广告做到家喻户晓，从电视电台做到了电梯里，从天上做到了地上，瓜子的得益又岂是区区一千多万可以涵盖的。

这么看来，对瓜子而言，这个罚单实在是太值了，花一千多万买两年“遥遥领先”，买一个“前程似锦”，有什么不可以的？而且中国已经是全球第一大机动车市场了，二手车交易有巨大的成长空间，为什么有这么多家拼命往里砸钱，亏本赚吆喝赌的正是未来的高回报，你用广告法去处罚它，哪怕顶格罚又能罚多少钱？跟巨大的利益相比，罚单自然无足轻重了。除了广告，因非法广告而误导公众，以至于形成对同行业的不正当竞争算不算是非法获益？让估值暴涨算不算是非法获利呢？法律显然还跟不上这样的节奏。

所以，第一时间介入，别让违法行为产生实际效果才是最重要的，比如这个案子，如果监管部门早点介入，就不存在这样的问题，第一时间被制止了，还谈什么广告效应？另一方面，监管本身就需要程序，就容易滞后，如果介入不及时很容易被钻空子，更需要打起精神来应对。瓜子二手车的广告明显存在用违法广告词的事实，有误导消费者的嫌疑，这不是什么很难认定的事吧？是不是遥遥领先，行业协会、相关部门那里就有数据，也不是那么难认定吧？

（摘自《钱江晚报》2018年12月3日“时评·个论”）

对上述两篇评论进行比较，显然易见，同样是对有关部门的批评，《人民日报》的评论显得坚定有力，肯定句和祈使句用得较多，而《钱江晚报》的评论则反问句和设问句用得更多，显得语气更委婉。

除了评论专栏外，更多时事评论散见于各评论版面或者报纸不同版面之中。这些评论主体更加多样化，论题也非常广泛。但是，就写作方法和表现手法而言，与专栏评论并没有什么区别，因此，这里不加赘述。

二、广播电视新闻引发的观点新闻

广播电视中由新闻报道引发的观点新闻报道主要有三大类：第一类是新闻节目中的主持人评论。在播出新闻之后，主持人脱稿发挥进行评论或是与评论员进行连线，或对新闻事件发生的原因进行分析，或是对相关社会舆论进行归纳点评，或是对事件走向进行预测分析等。第二类是对新闻事件进行评论的专门的评论类节目。通常由主持人和嘉宾或者主持人、嘉宾、观众在演播室内进行，或者是用连线的方式进行，并辅之以声画元素。如中央电视台著名的节目《新闻1+1》《东方时空》《环球视线》等。第三类则是由主持人引导、以记者采访的声画资料为主的夹叙夹议的方式，典型的如央视的《焦点访谈》《新闻调查》。

由新闻报道引发的观点新闻，在新型的广播电视评论节目中主要表现出以下特点：

第一，将广播电视的特点和新闻评论有机结合起来，借用多媒体手段进行论证，时效性强，生动有力。以《新闻1+1》为例，基本上都是就近期发生的热点事件新闻进行评论，如2018年11月5日至11月10日，首届中国进口博览会在上海召开，《新闻1+1》在11月9日推出《进博会，如何影响中国》。2018年11月24日，台湾进行"九合一"选举，其中民进党大败，国民党重新获得选民信任，选举结果刚出，《新闻1+1》就推出了《台湾由绿变蓝，为什么》（2018年11月26日）。该类节目一般首先用画面加解说进行叙述，然后对专家、学者或者资深媒体人等进行连线，提供观点性论据，同时又通过声画方式提供事实论据，最后由主持人简短总结。以《台湾由绿变蓝，为什么》这期节目为例，节目在主持人白岩松的简要开场白之后，播放了台湾"九合一"选举的过程和结果，然后连线台湾中天新闻主播卢秀英、台北大学政治经济研究中心主任郑又平分析选举中民进党惨败的原因：旅游、经济萧条等经济原因、台湾同胞对民进党失去信心等社会原因、民进党政策失误方面的政治原因，以及国民党候选人的执政主张等原因，同时穿插新闻短片作为事实性论据，并预测台湾政局未来走势，最后由主持人做简短总结。这种方式避免了主持人口播的单一和文字评论的枯燥，在一个个形象生动的讲述中分析新闻事件，传播评论者的观点。中央电视台《焦点访谈》《新闻调查》这两档观点新闻性栏目也是如此，它们充分利用声画特性，加强了评论的形象性，使原本抽象枯燥的观点传播变得深入浅出、形象生动。

第二，邀请嘉宾和观众加入节目，丰富了节目的观点，摆脱了观点的单一和传播的单向格局，形成多元、平衡的话语场域。在广播电视媒体中，邀请嘉宾、观众一起加入时事评论已成为常态。在所邀请的嘉宾当中有专家、学者，有政治精英，也有资深的媒体人士。这些嘉宾一般对某一领域比较熟悉，具备较强的专业知识和分析问题的能力。他们以专业背景和所处位置，针对其所熟悉的领域评论时事，梳理问题的来龙去脉，解读时政热点问题和相关法规，展望国际国内重大新闻事件的影响和趋势，他们的观点不仅具有较高的权威性和说服力，而且能给节目提供更多更全面的信息。如中央电视台的《海峡两岸》节目被邀请的嘉宾，大多是台湾地区的学者或资深评论员，由他们评论关于台湾的问题，具有独到的说服力，也能通过其视角、知识、体验，给观众提供平时所不甚了解的有关台湾地区的信息。

此外，在一些新闻评论类节目中，普通观众、听众也被邀请加入新闻事件的评论中来。参与节目的受众来自不同的阶层，比如有些广播电视节目邀请受众到演播室或者是通过热线电话、网络留言、微信等形式参与话题讨论。这些受众代表不同的利益主体，对问题有着各自的看法和主张。他们加入新闻评论节目中来，丰富了评论的主体，使广播电视新闻评论由精英点评走向大众评说，由个人发言演变为集体讨论。由于普通受众的加入，他们反映不同利益主体的诉求，有时甚至形成激烈的交锋，从而使探讨的问题变得更加明晰，视角更加全面。如凤凰卫视的《一虎一席谈》节目，秉持“这里不是一言堂，所有的意见都备受尊重”的理念，对每周在社会、文化等各方面发生的重大事件、焦点和热点话题，请新闻当事人或者各界学者、专家以及名人担任嘉宾，而列席的现场观众也可以随时发表个人意见。在节目中，不同的意见也有表达的空间，真正实现了话语场域的多元、平衡，拓展了媒体评论话语的高度和广度。

第三，广播电视评论节目既具有人际传播特征，又具有大众传播特征，使节目多了些人性化色彩，有利于新闻评论节目形成品牌效应。印刷媒体以书面语言记录谈话内容，相对而言比较抽象，也比较枯燥，尤其是涉及时政类的评论，有时难以达到良好的传播效果。而广播媒体由于其以声音媒介为传播载体，可以达到声情并茂的传播效果。当年美国总统罗斯福在大萧条期间，利用广播进行的“炉边谈话”，可以让人想象总统坐在温暖的火炉旁与听众谈论政治经济形势的情形。而电视媒介更是如此，它的声画结合，可以让现场观众清楚地观看主持人、嘉宾（有时还有现场观众）在演播室围绕新闻事件或热点话题展开即兴、双向乃至多向、平等的交流。尽管广播电视媒体属于大众传播，但不可避免地带有人际传播色彩。在评论过程中，评论者或者评论双方的外形、语言、表情、动作、姿态以及现场氛围，受众都能切身感受得到，演播室中主持人与嘉宾（或现场受众）之间的人际传播，形成了一个吸引受众的“谈话场”。

不仅如此，受众在接收信息、倾听观点的同时，也感受到现场的氛围和评论员的才能与魅力，从而使节目形成了对受众的特有的吸引力和品牌效应。凤凰卫视就非常善于利用这一点，不仅给时事评论员以发挥才能的舞台和自由，并形成了一大批著名的新闻节目主持人和评论员。在这些人中，不仅有风华正茂的年轻人，如吴小莉、窦文涛、陈鲁豫、胡一虎等，甚至涌现了一批“中老年”明星评论员和主持人，如总是在衬衫上配个小蝴蝶结的阮次山；一身唐装、书生气十足的杨锦麟，满头白发的曹景行；严肃稳重的何亮亮。中央电视台也曾利用主持人的人格魅力推出一些时政专题类节目，如“小丫跑两会”“岩松两会观察”等，也都产生了良好的传播效果。

三、网络新闻引发的观点新闻

随着网络媒体的迅速发展，网络也成为新闻引发的观点新闻的重要阵地。传统媒体、社会精英、普通公民和评论写手利用网络媒体发表各自对时政的看法、表达自己的意见。

随着互联网、移动网络、智能手机的迅速普及和发展，媒体抢到“独家新闻”的难度越来越大。与新闻报道相比，新闻评论更易于形成独家新闻。各大新闻网站纷纷开办评论板块，网络新闻评论发挥了为读者深度解读新闻、挖掘真相、形成积极的价值观导向、引导舆论走向的重要作用。在网络媒体的评论版块（这里不包括网友的评论）与传统媒体一样，既有网络编辑原创的评论，也有专栏作者或特约撰稿人的评论，但网络媒体的评论也有着自身特点，主要表现在如下几个方面：

（一）评论的跨媒体性

在网络评论专栏中，不仅有来自其他网站的评论，也有很多来自传统媒体如报纸中的评论，不同媒介之间的观点相互扩散，相互利用。如新浪评论的“时政”板块中，不仅有自己网站的原创评论，还可以看到来自《新京报》的评论，也可以看到澎湃新闻网、中国网的评论（见图1）。观点新闻的传播不仅仅局限于某一种媒体，真正实现了跨媒体传播。观点新闻的跨媒体传播，不仅有利于观点的快速扩散，也有利于观点新闻影响力的增加，使观点新闻实现了二次传播甚至多次传播。

图1 新浪评论的“时政”板块

（二）传播的多媒体化

由于网络媒体本身具有多媒体性，能集文字、图片、声音、影像等多种信息符号为一身，并能够实现这些符号形式在同一文本中的融合。而新闻评论本是比较抽象的议论，在网络媒体中却能够通过加入多媒体的声音与画面，增加了评论的可读性和可接近性。

《新京报》2018年12月29日的评论《你的童年阴影，有多少来自“恐吓式教育”?》中，开头“说到童年阴影，你首先想到的是什么？光是电视里看到的有不少”之后，列举了《名侦探柯南》《走进科学》《神探狄仁杰》《不要和陌生人说话》《还珠格格》以及某短视频平台的“童年阴影真人版”等作为例子，每个例子都配上恐怖镜头动态图，增加了“童年阴影”的分量。

2018年12月，一则通过网络发布的视频引起舆论关注：深圳市宝安区的一处城中村社区一户人家，父母暴打女儿。在事件出现之后，“澎湃评论”的“马上评”栏目发表了一则由特约评论员撰写的评论《深圳虐童案，处罚“爆料者”并不离谱》。在这篇评论的文字前，有一段展示深圳家暴事件的图片链接，点开链接，可以看到相关事件的全过程：官方微博“平安深圳”的声明图片、相关事件的几个视频，还有该事件最新的进展。通过这些新闻，不了解新闻事件的受众也可以比较清晰地了解事件的来龙去脉。又如其12月27日的评论《90后挂职副市长，公众担心的是啥》前，插入了一张新闻当事人的图片，而在评论的文字下方，有一个标题为《90后女博士私企工作两年就任副市长，官方：系社会实践挂职》的新闻超链接，点击开，可以看到相关新闻。传统的新闻评论，只能简单地介绍新闻事件，而在网络媒体中，可以全方位、立体化展示整个新闻事件全过程，既传播观点也传播新闻，同时也使编排与内容更加生动活泼，这也是网络新闻评论的特色与优势。

（三）观点的聚合性

在一些网络新闻评论中，不仅把不同媒体的评论放在一起，也把同一话题的评论放在一起，这些话题是从不同角度来对同一新闻事件或者类似社会问题进行评论，能让读者对新闻事件和相关问题进行多角度解读，真正实现更为全面、深入地看待新闻事件和社会问题的目的。2018年11月29日的人民网“人民时评”栏目针对个别地方基层干部反映手机上政务App太多，有的甚至要求每天打卡“留痕”，耗费时间精力，影响工作生活，沦为“指尖上的形式主义”的现象，发表了一篇《防范“指尖政务”中的“四风”变种》。在这篇评论下面，有几篇相关评论的链接：

新华时评：担当作为要从振奋精神开始
工人日报：政务App应避免重蹈“僵尸网站”覆辙
法制日报：政务办事大厅服务需标准化
广州日报：“指尖公益”需要铁腕护航
南方日报：让政务窗口变得友好起来

这些评论从不同侧面讨论了行风政风以及政务App中存在的问题与应采取的相应对策。网络新闻评论版面可以说更深入地拓展了言论版，真正把它变成了一个观点的意见市场和聚合市场。

第六章　解释性观点新闻的采写

与解释性观点新闻相关的是解释性报道。解释性报道起源于美国，有学者认为解释性报道起源于第一次世界大战。在第一次世界大战发生之际，公众对媒体进行指责，认为其未能对战争发起的根源进行及时报道，因此而引起新闻界的震动。20世纪20年代后，世界性通讯社开始外派专门研究国家问题的记者和专家，通过对世界重大事件深入报道和分析，为受众解惑释疑。亦有学者认为解释性报道源于1929年经济危机。经济危机给美国社会带来了巨大的破坏性，但新闻界未能在当时明确解释此次危机产生的深层次原因，仅仅停留于浅层次的现象报道。解释性报道一般认为是亨利·卢斯（Henry Robinson Luce）创办的《时代》最先开始采用的，"《时代》周刊创刊时宣称，它旨在使'忙人'能够充分了解世界大事。该刊的特点是将一周的新闻加以组织、分类，并提供背景材料，进行分析解释。这种新闻报道方式不同于美国报纸的传统的客观报道，成为20世纪30年代流行起来的解释性报道的先驱。"①几种观点都指出了解释性报道源于客观的社会需要，仅仅单纯的事实报道无法满足受众的需求，面对复杂的现实生活和政治经济形势，受众应如何做出正确判断，其发展变化趋势如何，都需要媒体在此时站出来以其权威性和影响力做出令人信服的解答。

20世纪30年代后，美国各大媒体纷纷开设解释性报道专栏。解释性报道要求记者经验丰富，视野开阔，同时辅以各种背景性材料加以说明。而如今解释性报道更成为《纽约时报》《华盛顿邮报》等大报的主打版面。《华盛顿邮报》（The Washington Post）的作品《2℃：超越极限》（2℃：Beyond the Limit）获得2020年普利策新闻奖中的解释性报道奖，其中《华盛顿邮报》的记者们收集了大量的资料与数据，以科学的方式清晰呈现极端

① 郑超然、程曼丽、王泰玄著：《外国新闻传播史》，中国人民大学出版社2000年版，第363页。

温度可能对地球带来的可怕影响。

20世纪90年代以来，随着改革开放的深入，我国社会环境发生了巨大的改变，同时社会系统之间联系的日益紧密，也使人们对新闻事件的发展规律和深层原因的信息知晓需求越来越高。同时，我国新闻工作者坚持“政治家办报”和新闻工作的党性原则，在新闻报道的同时，需要有清醒的政治头脑，并具有较高的政治素质。而解释性报道往往涉及重大事件、热点问题，因此，在新闻报道中记者应该在解释事件发展趋势的同时，也要有鲜明的立场、观点和态度，为引导舆论和为社会树立正确的价值观提供建设性意见。同时，为了使解释性报道能够更具权威性，记者往往会邀请专业人士或政府官员发表看法。记者对采访的观点性事实也不能有闻必录，而应基于自身的思考和与事件的关联性而做出选择。因此，解释性报道中往往含有他观点和自观点，我们将这类含有他观点和自观点的解释性报道看成是解释性观点新闻。

第一节　解释性观点新闻及其特性

解释性观点新闻不同于客观性报道和新闻评论，而是一种夹叙夹议的新闻体裁，它在陈述客观事实提供大量背景材料的基础上，辅以记者的观点看法，做出深度剖析，解释事件，揭示事件发生的内在规律和未来发展方向。大多数解释性报道都含有他观点或自观点，因此在大多数情况下，两者不必做出特别区分。但解释性观点新闻的概念除了强调其“解释”的含义，更强调其中的“观点”。“观点”对社会具有渗透和引导的作用，在新闻报道中不容忽视。我们认为，解释性观点新闻是在掌握多种事实材料基础之上，将其按照一定的逻辑排列起来，并以他观点或自观点阐释新闻事件来龙去脉，探究事件本质及其原因，发掘和揭示社会意义。

在历史转型期的中国，不仅社会生活的变化日新月异，社会矛盾错综复杂，社会各个场域的联系也愈加密切，人与人的联系增强，表达思想观念的社交媒体丰富多样，人与人、人与社会、国与国之间冲突越来越显性和激烈，社会风险加剧，所以特别需要解释性观点新闻为受众提出预警，给出分析透彻的观点和意见，以引导舆论，平复矛盾，稳定社会与人心。习近平在党的十九大报告中指出，“中国特色社会主义进入新时代，我国社会主要矛盾已经转化为人民日益增长的美好生活需要和不平衡不充分的发展之间的矛盾”。我国的社会发展已经开始了新征程，需要媒体在中国特色社会主义事业中为受众解惑释疑，使受众能够顺应时代需求，明确时代发展方向，做出符合现实社会环境的决策行为。而社交媒体时代的受众在网络的即时化和移动传播下，往往只能利用碎片化时间接收较为简短的消息，并不能够深入地了解事件背景、复杂过程和原因所在，这也需要新闻媒体提供解释性观点新闻，为受众解疑释惑，并积极引导舆论，实现价值观的认同。

一、解释性观点新闻的适用领域

美国学者沃尔特·福克斯（Walter Fox）在《新闻写作：报刊记者指南》中指出，记者仅仅是对新闻事实进行基本的报道，告诉公众当下发生的事情，已然不合时宜了，而“为什么”这一新闻要素已然成为新闻报道中真正应该注意的要素。在如今的互联网时代，新闻报道除了事实本身之外，还需要介绍新闻事实背后的原因和产生的意义，即“解释”[①]。“解释”即通过分析解读并阐明观点。如今社会生活领域之间的相互关联性日益紧密，转型期间中国社会环境和市场环境的急剧变化也使环境超出了原本受众的理解和接受的程度。

社会阶层的不断融合也使诸多专业名词出现在受众眼前。因此，受众对于信息的需求大幅度提高，其对社会的风险感知也在逐步提升。郭小平等学者指出，“高度不确定性的‘风险’有赖于媒体的呈现，但受制于传播机制与风险语境的信息传播本身，也可能牵动风险或危机。传播的价值悖谬与传播效果的逆转，构成风险传播的悖论。风险的‘不确定性’、媒体的

① [美]沃尔特·福克斯著：《新闻写作——报刊记者指南》，李彬译，新华出版社1999年版，第14页。

‘风险预言’以及受众的‘风险想象’凸现并强化了传播的悖论”[①]。媒体在报道新闻的同时，也将他地的新闻带至本地，在涵化效果的作用下，危机性信息的频发触动了公众的敏感神经，进一步形成社会风险。此时，受众需要的不仅仅是信息，而是需要媒体在报道新闻的同时告知事件发生的原因、对自身生存环境以及决策环境的影响、事件的发展趋势等。极度缺乏安全感的受众需要媒体在报道信息过程中，通过采访专业权威人士或自己的深度分析，提供相关观点，为受众解惑、缓解焦虑。从社会的重大变革角度而言，解释性观点新闻主要催生于以下四个领域。

（一）重大决策的阐释说明

党和政府的重要决策以及领导人的重要讲话往往预示着社会的发展方向，直接涉及社会各个阶层的利益。任何一个新法规、新政策的制定都将影响整个地区乃至整个国家某个方面的发展与未来走势，因此，公众十分关切。但由于政策话语在宣告之时，往往因为其涵盖各行各业，具有强烈的包容性和指导性，因此在表述中往往具有高度概括性，导致公众或相关部门在实际执行中由于对政策的不了解或存在困惑，如为何要制定政策、该政策涉及哪些利益群体、具体实施进程如何、对未来发展有何意义等问题，无法落到实处。

鉴于上述情况，媒体义不容辞地成为宣告和宣传政府政策的主要传播渠道。随着政府决策愈渐公开透明，新闻媒体在进行政策报道时，应因地制宜，根据媒体所代表的利益阶层的需求或者被报道领域的需求，做出有针对性解释，对政府的政策制定过程、操作流程等进行深度阐释。

此外，就政策公布后的反应情况，依然需要媒体对各方观点进行收集报道，通过采访相关专业人士，对政策内容重点分析，为受众做好解读。同时也需要对政策的实际落实情况进行报道，以实际事例为主要依据，对政策、决策做出进一步的阐释和评价。2020年5月6日，中共中央政治局常务委员会召开会议，听取疫情防控工作中央指导组工作汇报，研究完善常态化疫情防控体制机制，习近平主持会议并发表了重要讲话。《人民日报》

① 郭小平、秦志希:《风险传播的悖论——论“风险社会”视域下的新闻报道》,《江淮论坛》2006年第2期,第129页。

在传递重要讲话精神的同时也作出了解释性的观点报道，以最直接的方式告知受众之后的防疫工作应该如何做，以“一个评价、一个判断、一个决定、一个绝不能、两个要求”做出简短有力的阐释：

这次会议，中央明确下一步战“疫”工作这么做（节选）

一个评价：展现“中国力量、中国精神、中国效率”

3个多月过去，在5月6日召开的中央政治局常委会，作为会议的一项重要内容，听取疫情防控工作中央指导组工作汇报，习近平会上高度评价了中央指导组工作：

在党中央坚强领导和全国各族人民大力支持下，中央指导组同湖北人民和武汉人民并肩作战，突出抓好源头防控、患者救治、物资保障三项重点，下最大气力控制疫情流行，努力守住全国疫情防控第一道防线，展现了中国力量、中国精神、中国效率，为打赢疫情防控的人民战争、总体战、阻击战作出了重要贡献。

一个判断：新冠肺炎疫情还有很大不确定性

在每次召开的中央政治局常委会会议上，习近平都会对当前国内外疫情形势作出重大判断，为下一阶段疫情防控工作明确方向。

此次会议上，习近平强调，当前，境外疫情扩散蔓延势头并没有得到有效遏制，国内个别地区出现聚集性疫情，新冠肺炎疫情还有很大不确定性。湖北省疫情防控已由应急性超常规防控向常态化防控转变，但并不意味着防控措施可以松一松、歇一歇。

两个要求：及时总结，预防为主

会议还提出了下一步疫情防控的重点工作：

及时总结和运用好湖北省和武汉市疫情防控实践中行之有效的做法，围绕暴露出的问题补短板、堵漏洞、强弱项，理顺医药卫生体制，改革疾病预防控制体系，提升疫情监测预警能力，完善公共卫生应急法律法规，健全重大疫情、公共卫生应急管理和救治体系。

要坚持预防为主，创新爱国卫生运动的方式方法，推进城乡环境整治，完善公共卫生设施，大力开展健康知识普及，提倡文明健康、绿色环保的生活方式。

（摘自《人民日报》2020年5月7日）

（二）社会现象的深度解析

如今社会的环境变化、市场变化、人口变化等都在影响着每一个人，新闻媒体有责任和义务及时传播与社会现象相关的信息，向受众报告社会环境的发展变化，帮助受众认识到社会环境与自身命运之间的紧密关系。一方面，在社会物质文明和精神文明取得极大进步之时，新闻媒体需要及时地、深度地解释其意义，以增强受众对当下时代的信心和继续奋斗的决心。另一方面，媒体亦应从社会监督的视野发现问题，对社会弊端以及社会矛盾和问题进行及时报道并进行深度解析。

新华社播发报道《福州沿海：密林深处、水库旁边，大片豪华活人墓偷偷建造……》，该报道对福清市坟墓乱建现象进行深度挖掘，发现其建立在生态环境良好的水库周边，“违建豪华墓普遍大量使用石板、水泥浇筑。在库区附近建墓，堆积大量黄土、砂石，一经雨水冲刷都将冲进水库”①，严重破坏了当地的生态环境。记者通过搜寻相关法律法规，对顶风违法建设之人进行调查的同时，以小见大，发现该行为出现的根本原因在于公墓建设滞后。该报道被500多家媒体所采用，引起巨大的社会反响。记者透过事件表面，从本质上发现社会矛盾，在现象深度解释中发现社会发展中存在的问题，并通过观点表达最终促成问题的解决。

（三）突发事件的及时预警

“突发事件”是指突然发生，造成或者可能造成严重社会危害，需要采取应急处置措施予以应对的自然灾害、事故灾难、公共卫生事件和社会安全事件②。突发事件的出现根据事件发展可以划分为爆发期、高潮期、缓解

① 姜克红，郑良：《福州沿海：密林深处、水库旁边，大片豪华活人墓偷偷建造……》，新华网2019年3月29日，http://www.xinhuanet.com/politics/2019-03/29/c_1210095039.htm，2021年3月31日。

② 夏雨禾：《突发事件中的微博舆论：基于新浪微博的实证研究》，《新闻与传播研究》2011年第5期，第43页。

期和消退期。在突发事件的不同阶段，涉及利益主体的应对处理以及关注者的事实判断都存在不同，媒体在突发事件中不仅仅传递信息，更发挥着公共服务的功能，需要在第一时间占领舆论阵地，赢得传播时效性，防止产生次生舆情，同时从根源上遏制谣言的生成。

突发事件处理不慎会对社会秩序甚至对人民群众生命财产产生极大的影响，新闻媒体需要在极短的时间内尽最大努力对事件发生的前因后果进行深入采访，同时从不同角度、领域对其进行分析，以连续报道的方式将事件发展的最新进展进行及时报道，并有针对性地进行舆论引导，从而提高其在突发事件中的公信力。在2020年新冠肺炎疫情暴发之际，《新京报》的解释性观点新闻《以应对“非典”的态度防治新型肺炎》（2020年1月20日），对新冠疫情发展进行深度解析，指出目前病毒扩散的严重性和政府部门对疫情防控的重视程度，同时亦向受众说明，与“非典”时期相比，此次疫情防控的有利因素在于政府的重视程度、防控力度以及信息公开制度的建立，进而树立公众信心。同时通过数据等说明此次新冠疫情的严重性，呼吁“疫情关乎每一个人生命健康，别让疫情继续扩散”。

（四）专业性报道

专业性强的报道由于涉及一些专业术语，外行人难以看懂，对于和受众息息相关的新闻事件，同样也需要解释性观点新闻报道予以解释说明。专业性的报道要求记者对该领域十分熟悉并有所研究，否则可能会出现在记者采访时问不到点子上，在报道中写不到点子上的现象。2019年4月，天文学家公布了第一张黑洞照片，正所谓“内行人看门道，外行人看热闹”。在照片公布之时，网民们纷纷转载进行讨论，但仅仅停留于其外观模样，而对于其在天文学领域的科学意义无法展开讨论。对此，《新京报》刊发《人类史上首张黑洞照片公布》的报道，指出，此次黑洞照片的发布向世人“完美验证爱因斯坦相对论预言”①，而后又对我国的天琴计划进行介绍，从科学的角度为受众做出解释。

---

① 李玉坤，王俊：《人类史上首张黑洞照片公布》，2019年04月11日。新京报网 http://www.bjnews.com.cn/news/2019/04/11/566681.html，2021年3月31日。

二、解释性观点新闻的特性

解释性观点新闻是基于背景性材料和权威观点来阐述事件发展脉络的新闻报道，其不仅要报道新闻事件、社会现象问题，更要说明其背后的深层含义；不仅要说明报道的具体情况，更要运用丰富的背景性材料加以佐证解读，增强其观点和分析的说服效果；还需要在解释过程中用权威性观点将受众引导至理性层面，理性分析看待事件发展，提高判断分析事件的能力和科学决策的水平。因此，解释性观点新闻既是一种背景性新闻，也是一种引导性新闻。

（一）重视对新闻事件的本质和意义的探究

在以叙事为主体的新闻中，其“六要素”为“5W+1H”，即谁（Who）、何时（When）、何地（Where）、何事（What）为何（Why）、如何办（How），而在动态新闻报道中，为了追求新闻报道的时效性，往往将报道重点放在“谁（Who）、何时（When）、何地（Where）、What（何事）”这几个要素上，以讲清楚“发生什么事件”为目的。而解释性观点新闻则强调六要素中的“为何（Why）”，在解释原因的过程中，也会自然而然将事件发展的经过详细地交代清楚。新闻媒体对社会和受众服务功能的体现，不仅仅在于其提供信息，更在于其对事件本质问题和矛盾的揭示，从新闻背后挖掘其更深层次的新闻，包括原因、意义、影响等。解释性观点新闻报道比一般报道更强调新闻的深度和在观点、意义、价值等方面对受众的引领和引导，通过事件前因后果的阐释和分析，来帮助受众更深层次地解读、分析和看待新闻事件及其社会意义和影响。

（二）注重新闻背景和新闻材料的补充

解释性观点新闻报道的目的是为事件的发生或为事物、现象的真相提供说明和阐释，因此其报道需要背景性事实材料的引入。但这种背景材料不同于新闻由头。新闻由头往往是以相关新闻事实作为新闻报道的引子，以此转入更有新闻价值的信息的呈现。而解释性观点新闻中是以新闻事件及其背景性材料为核心，对其发生发展进行深度剖析的，其中的“解释”亦不仅仅是简单判断，而是以事实为依据，以深入调查作为支撑的。其中包括对现实发生的事件的说明和运用背景性信息进行论证。美国新闻学者卡尔·林兹特诺曼认为：“所谓解释性报道，就是在报道新闻事件中补充新的事实，即‘历时性的、环境性的、简历性的、数据性的、反映性的’事实，这样就能使正在发生的新闻事件更加明白易懂。”[①]因此，解释性观点新闻在解释中往往会以一定的逻辑关系对所调查得到的事实进行排序，以简单明了的篇章结构和丰富的新闻材料展开报道。

（三）强化观点的深刻性和引导力

如上所述，解释性观点新闻是重大决策的阐释说明、社会现象的深度阐释以及突发事件的及时预警报道。大多出现在重大事件或涉及公众利益的热点、焦点问题中。而针对事件的内在发展规律和对真相揭示往往会引起公众的关注，事件本身的热度催生解释性观点新闻的“轰动效应”。解释性观点新闻往往会引用权威人士或专业人士的看法，从多种角度对事件发展进行分析和展望，因此具有专业权威性观点的深刻性。解释性观点新闻涵盖有对事件来龙去脉和背景原因的分析、解读，包括专家学者的权威观点、记者的观点和态度。即使是借助他人观点叙事，仍然包含有记者的价值判断，含有解释性，其中存在着一定的偏向性，会影响受众看待此事件的方法和角度，因此具有强有力的引导力。但这类偏向性绝不等同于新闻评论，新闻评论以新闻事实为由头进行观点和态度的表达，而解释性观点新闻在解释客观事实时往往通过提供背景材料和引用权威观点进行阐述和说理论证，所以仍然未曾违背“以事实说话”的原则。

第二节　解释性观点新闻采写的注意事项和原则

解释性观点新闻的采访不同于事实性观点新闻的采访，它是在客观报

① 朱爱敏：《事实与意义的客观呈现——从〈西行漫记〉看解释性报道的客观性》，《新疆师范大学学报（哲学社会科学版）》2006年第4期，第115页。

道的基础上，更执着于新闻事件的真相、背景、原因的深入探究，是对事实性观点新闻的深化甚至突破，是以新闻的客观报道和事实型观点新闻为基础，并加以组合运用，将新闻事件的新闻背景、产生原因、发展规律、未来影响等向受众充分展现的观点新闻报道，因此需要记者在采访之前便具有对新闻事件的基本认知，并从新闻事实的深度、广度着手，采集相关背景资料和多方观点。

一、解释性观点新闻采访的基本要求

解释性观点新闻所涉及的事件、事实的复杂性决定了记者必须对事件、事实相关人或者专业领域的权威人士进行采访，了解事件、事实真相的同时探究事实背后复杂的原因等，这对记者采访提出了更高的要求。

（一）围绕事件原因提出问题，力求广泛和全面

解释性观点新闻的重点便在于新闻事件、事实的“Why”，对新闻事件、事实产生的原因进行深入分析。在新闻事件、事实报道之后，由于无法直接接触事件，受众往往被置于各种猜测讨论之中，信息的接收碎片化，因而具有分散性、情绪化、自发性等特点。为了防止舆论的偏激化，记者需要及时深入调查采访，通过理性的分析，报道新闻事件发生的原因，以适时引导舆论。

《新京报》在2019年10月22日刊发报道《被含镉“毒水”污染的村庄》，针对广西百色市德保县马隘镇大喜村大偶屯出现的“污染耕地‘毒水’”的现象进行了调查，发现其“毒水”源于废弃铅锌矿的生产区，“污水顺灌溉水渠继续流到山坳下300多亩的大田里，流经农田的污水和雨水，在大偶屯的排水管廊处与污水混合，汇集为地下河”，通过采访得知污染源有矿洞流出来的废水和被雨水淋溶的矿渣流出的废水。记者通过对污染源的调查，帮助当地村民弄清“毒水”来源，也指出其带来的负面影响。同时根据现实实施困境，明确指出目前的问题在于铅锌矿的“无主”以及成本高。借助权威观点“从德保县生态环境局许局长处了解到，从2018年开始，县里委托第三方机构对内苗铅锌矿进行场地调查和整治方案的编制，

已查明土壤污染状况和污染物分布。目前初审方案通过，中央刚刚批复的2000万土壤修复专项治理资金也已到位。”在为受众解释疑惑的同时，对危机也做出了预警并对政府实施举措亦予以报道。

（二）探究事物本质，务求深入和深刻

任何事物都存在本质和表象两个方面。表象往往能够被人们直观感受到，而本质却是事物的内在联系，需要运用科学方法深入探究才能认识和把握。只有发现事物的本质特征和规律，才能够从本质上认识事物，发现事物的内在规律和问题。而媒体如果仅仅报道新闻事实的表象，则会忽略新闻信息本身的价值，也使真正的问题无法被受众获知和引起警觉与重视。因此记者需要从多个侧面和角度对新闻的背景性材料进行深入剖析，以发现问题所在。

2019年，一则《卧底实拍医院扫楼式筹款，审核漏洞多》的视频在网上传播，视频中揭露了一款大病筹款平台“水滴筹”线下推广人员募捐金额填写随意、审核不严、求助故事有模板和被要求“末位淘汰制”等问题，使公众丧失了对于“水滴筹”的信任，导致诸多困难群众在网络求助之时遭到质疑，而无法得到帮助。《新京报》为此刊发《大病筹款信任危机：“恶性”商业竞争与无力自救的患者》的解释性观点新闻（2019年12月18日），指出信任危机的根源在于网络筹款背后商业化的行业竞争，商业模式使得一线人员具有公益和利益的混淆感，更致使网民对筹款保持存疑态度。这篇报道通过对“水滴筹”内部人员的访问和关于患者的生存状况的采访，深刻揭露目前网络筹款行业存在的本质问题所在。

（三）着眼更广泛的社会意义，力求价值的提升

能够引起受众强烈关注的新闻所产生的影响不仅仅局限于其相关领域，因此在采访中，需要记者将其放在整个社会背景下进行全方位的分析，观照新闻事实的现实意义和时代意义，同时发现其与其他领域的联系，发现他人所难以发现的视角并作出独家报道。

在2020年新冠肺炎疫情期间，智能机器人大显身手，为医院配送医疗物资、给隔离酒店里的客人递送食物、在公共场所自动测温和消杀。智能

机器人的使用不仅仅减少了人工投入，更大大减少了疫情期间很多工作岗位人员的感染风险。新华网记者在报道时并未囿于疫情防控中的智能机器人，而是着眼于未来智能机器人的发展技术。记者对合肥哈工库讯智能科技有限公司创始人进行采访，了解目前智能机器人的应用情况以及配度情况，同时注意到智能机器人在其他社会领域中的应用，如儿童教育、陪护类机器人等。针对疫情之外领域对智能机器人的使用，记者引入专家观点："专家们建议，加快研发提升智能语音、图像识别、算法等技术，促进应用场景的进一步拓宽。清华大学大数据系统软件国家工程实验室总工程师王晨表示，今天真正成熟的机器人应用大多体现在替代机械化、重复性劳动方面，还需通过机器学习等提高机器人的智能化程度，带动更多场景化的应用。"[①]指出未来智能机器人发展和应用更多的可能性。报道着眼于疫情稳定之后的社会影响，关注到未来社会各行业对智能机器人的使用，使报道提升了更广泛的社会意义。

（四）从公众的视角进行提问，力求落地和引导

解释性观点新闻往往涉及重大事件，但受众一般情况下并不能够对其进行全面掌握，对涉及自身的利益问题也并不十分清楚，无法准确深刻地理解其对自身将产生的影响。因此，需要记者从公众视角出发，在涉及大众利益或在大众的理解点和接受点上提出问题，为在新闻报道中以能够为大众所清晰明了的语言进行阐述而做采访准备。

2020年2月以来，多家房企推出了网上购房，为购房者提供网上VR看房、选房、购房等服务，形成了购房的网购市场。尽管房子的网购市场非常火爆，且无需往返多处跑，给购房者带来了便利，但是不少购房者也产生疑问："尽管线上买房很便捷，但不实地参观样板间、亲身体验房子和周边环境，总感觉心里不踏实，'毕竟买房是笔大额支出。万一买错了、后悔了怎么办？'"对此，新华社记者针对购房者的关切和诉求进行采访，就"无理由退房"这一问题对相关的企业机构的购房政策进行查询，发现恒大

① 张紫赟，马晓澄，阳娜：《智能机器人在疫情防控中"大显身手"，短暂之需还是新的发展节点？》，新华网2020年03月28日，http://www.xinhuanet.com/tech/2020-03/28/c_1125780224.htm，2021年3月31日。

规定最为宽松。记者采访克而瑞研究中心副总经理杨科伟，通过专业人士之口指出“‘保价+优惠+无理由退房’的系列配套政策，基本解决了线上买房的后顾之忧。”[①]该报道为购房者阐释和回答了涉及其切实利益问题，将购房者的需求和解释性观点新闻的价值取向相结合，产生了良好的传播效果。

二、解释性观点新闻写作应注意的问题

在进行解释性观点新闻的采访和写作之时，记者也应明确解释性观点新闻的使用范围以及其重点，否则会形成对事件、事物本身的扭曲或导致相反的传播效果，如果解释重点偏离或者解释错误，不仅会造成媒体本身公信力的下降，破坏受众与媒体之间的信任关系，更会因为解释性观点新闻产生的效用（体现事件的重要影响和媒体的重视程度）而误导公众，使舆论产生负面影响。

（一）解释性观点新闻适用的领域

新闻所反映的社会现象中有些问题属于家常便饭，有些问题则难以预料，有些事件则多变复杂，而有些事件则简单明了。因此并非所有新闻都需要记者进行详细报道，有些事件仅需要做出简单的报道即可。对于媒体来说，受限于人力和财力资源，所有的事件都进行深度调查访问也无必要。这对记者提出了更高的要求，需要记者具有涉及各个领域的知识。另外，如今受众的受教育水平和批判意识都逐渐提高，对事件也有了自己的看法和见解，记者需要选择对受众有切实帮助的题材，采写解释性观点新闻。

对于简单的事件报道，受众自己可以得出结论，如果过度阐释解读，极有可能产生逆反效果。因此，记者应以受众的需求和理解能力为基准，通过不断地深入基层、深入实际、深入群众发现其关注的问题，从而写出有针对性的解释性观点新闻。

随着目前分众化趋势和个性化趋势逐渐成为主流，媒体除针对重大公

① 郑钧天，梁晓飞，周强：《房子也能网购了！线上买房靠谱吗？》，新华网2020年03月19日，http://www.xinhuanet.com/2020-03/19/c_1125736298.htm，2021年3月31日。

共事件和重要政策进行阐释之外，还要明确自身的媒介定位和受众的特征，根据受众的需求，思考如何写好解释性观点新闻。另外，对于不同的媒介形式亦需采用不同的表现形态和表达方式。由于解释性观点新闻需要受众投入较大注意力进行阅读或观看，所以更适合刊发在传统媒体上。

（二）揭示事物本质，聚焦矛盾冲突点

事物构成或事件发展往往是在多种矛盾相互联系、相互作用下形成的，在任何事物中都不可能只存在一种矛盾，有主要矛盾和次要矛盾之分。在矛盾的地位中，主要矛盾在事物发展过程中起着支配性作用，而次要矛盾则在处于从属地位。从矛盾本身来说，主要矛盾的主要方面又对事物的性质有决定性作用。解释性观点新闻是对新闻事件、事物本质的揭示，往往涉及多方利益，由于公众关注又具有着较大的影响力，甚至直接关系公众的切身利益。因此，解释性观点新闻的本质揭示和观点呈现应围绕主要矛盾进行。记者在报道新闻事件时，注意发现矛盾冲突点，以矛盾冲突作为解释分析的主要对象，并以此来反映人和环境的变化。

《新京报》2020年1月28日刊发的《西宁道路塌陷事故，揭开城市“地下伤疤”》一文中，便根据青海省西宁市发生的一起道路塌陷事故，在分析其背后存在的复杂原因之时，指出其背后存在的基础设施老化问题。记者结合历史事实，指出“从2014年开始，西宁市至少发生14起路面塌陷事故”。通过素材整合和对相关权威人员的采访发现，道路塌陷“一般与基础设施的寿命周期和城市的运行时间密切相关”，且发现目前道路塌陷已然成为现在城市发展的一个城市病。而追究其管理根源，主要存在“经验少、管理乱”、各部门职责不明确等问题。记者一方面报道道路塌陷的现实事实，同时从整个社会的宏观视角发现目前“城市病”的主要矛盾以及在塌陷处理中管理结构的次要矛盾，并指出目前“将道路塌陷防治工作加入‘城市体检’”的建议①。既有助于具体问题的解决，同时也揭示了存在于社会层面的主要矛盾，为推进党和政府的工作提出了积极建议。解释性观点新闻需要记者探究事件本质，抓住问题的要害，帮助受众发现被表层现

① 张蕙兰，李云蝶：《西宁道路塌陷事故，揭开城市“地下伤疤”》，2020年1月18日，新京报网 http://www.bjnews.com.cn/inside/2020/01/18/676117.html，2021年3月31日。

象遮蔽的问题，从根源上解析造成事件的原因。

第三节　解释性观点新闻采写的方法

《纽约时报》星期刊总编辑马凯认为："事实是看到的，解释是知道的，而意见是感受到的。"解释性观点新闻为了能够让受众在自身理性判断的情况下获得对事物或事件的认知，记者应用一定的事实材料予以阐述，再通过多个不同角度的观点阐释，将记者或媒体的观点融于报道之中。其背后应有一定的逻辑组织能力和报道环境，才能够形成主体暗示性，使受众在报道的有序展开中发现事件真相，并形成观点和认识。

一、围绕新闻事实，充分利用背景材料

解释性观点新闻不同于说理性文章，以理论来解释事实，亦不同于新闻评论，以意见来阐述事实，而是一个借助事实来阐述事实的过程，以"让事实说话"的方式秉持新闻专业主义精神。它需要记者以不同角度寻找事件相关人员的背景、所在地的政策法律、政府部门的管理措施等。从事件发生的根源入手，对事件发生原因、来龙去脉、发展方向进行调查分析后，通过对新闻的巧妙地安排、合理地布局，将相关背景材料有机整合起来，其中包括现实事实、历史事实、数据事实、知识性事实等。

（一）现实事实的运用

现实事实即为被解释新闻事件所发生的现实环境，通过对现实环境的考察分析事件产生原因。现实事实包括地理事实和社会事实，其中地理事实则围绕发生事件的自然变化和地貌风情等做出描述介绍的背景性材料。而社会事实则以人际交往关系、社会矛盾或政府颁布实行政策等做出具体交代的背景性材料。新华社《福州沿海：密林深处、水库旁边，大片豪华活人墓偷偷建造……》（2019年3月29日）的报道对三溪水库的地理性事实做出介绍："长乐区江田镇境内的三溪水库湖泊面积55万多平方米，属一级

水源保护区。”江田镇南阳山上的向阳水库同样是一级水源保护区，水库路边标语牌上写着“保护水源　珍爱生命”“禁止乱建坟墓　保护秀美山川”等宣传语。而就在标语牌背后的水库入口附近的山上，记者发现数座新建坟墓，林木被毁，山体裸露。同时发现人为坟墓的建造造成了环境的破坏，从而引入社会事实的介绍：“多位村民告诉记者，在一些‘风水好’的地方，有村民先用锄头把山挖了，扔一些建材把地占住，再以高价卖出去。有的墓地甚至能卖到10万元。”报道通过地理事实和社会事实的介绍，帮助受众厘清事实发展的脉络，以确切的存在意义上的事实帮助受众把握新闻真实。

（二）历史事实的运用

历史事实指的是与新闻事件相关的历史背景材料。历史事实既可以从历史的纵深感为受众总结描述事件的发展特点，纵向考察理清事件的来龙去脉，亦可以通过专题性质的报道，发现历史事实与现实事实的关联性。在引发受众共鸣之时，历史事实的鲜为人知，也存在成为新闻的潜在可能性。解释性观点新闻通过现实事实中的“变动”与历史事实联系起来，借助受众对历史事实的熟悉度来判断现实情况。《广州日报》在《新冠病例平均年龄比“非典”大8岁》（2020年3月12日）一文中，通过将“新冠”与“非典”进行对比，采访相关专业人士，发现“根据2003年SARS疫情数据，学校开学后在部分学校出现了SARS聚集性疫情事件”。借助受众过去的抗疫经验，提出“学校开学后应该更加加强呼吸道传染病的防控”的观点，借用历史事实说明现实的情况，也使经历过历史事实的受众更具有提防心理，提高对“新冠”疫情防控的意识。

（三）数据事实的运用

数据事实是指统计数据和材料。记者通过引入一些经调查或访问得知的确切数据，将问题直观化，以数据提升新闻的说服力和可视化，使解释性观点新闻更容易被理解和接受。2020年初新冠肺炎疫情暴发，武汉自1月23日起关闭出城通道，以防止新冠病毒的进一步扩散。在局势稳定后于4月8日起，武汉“解封”。但是新冠疫情仍然有艰巨的防控压力。新华社对此播发解释性观点新闻《武汉"解封"，后续聚焦问题如何应对?》(2020年4月8日)，针对"疫情防控存在哪些压力?""重症患者救治情况如何?""无症状感染者如何排查?""如何有序复工复产恢复生活?"等问题做出相应解释，其中引入了大量的数据事实，如"武汉市7日公布第十二次评定的无疫情小区、社区、村(大队)名单，全市无疫情小区累计6942个，占比97.7%；无疫情社区累计1250个，占比88.9%。""数据显示，武汉重症患者最高峰时期为9000多例。截至4月7日，武汉现有确诊总数445人，其中重症83人、危重症72人。""据了解，截至4月7日24时，武汉市肺科医院累计收治患者1037人，治愈出院885人；其中，重症以上患者411人，治愈313人，治愈率76.16%。"。这篇报道通过多方面数据事实的引用，在说明新冠疫情防控存在一定压力的同时，也指出疫情治愈病例比例逐步上升的现状；通过统计材料，以最切实的论据回应受众关心的热点问题和焦点问题。

(四)知识性事实的运用

知识性事实是专门用来解释专业术语的背景材料。在报道某一领域事件或问题的过程中，专家学者和该领域相关受众容易理解该领域的专业术语，但是对于广大受众来说，报道涉及各行各业，所以这类知识性事实并非一定在所有受众的知识领域以及接受范围之内。因此，为了避免专业名词的堆叠使受众对其丧失接受兴趣或阅读起来难以理解，记者需要针对这类专业性的知识、词语或语句等专业词句进行针对性的知识性阐释。

二、导入权威观点，阐释新闻的意义

在解释性观点新闻中记者可以发表自己的看法，对新闻事件或问题进行议论和评价，也可以借助专业权威人士的意见进行解释，且根据卡尔·霍夫兰的"信源的可信性效果"理论，对于具有专业权威性和良好形象的信源，其说服效果更好。故而通过引用专业权威者对于相关问题的解释，更容易取信于受众，进而引导受众的认知、情感和倾向性。同时，记者在采访专业权威人士的同时也有助于对事件更全面的了解和认识，以产生独特鲜明且具有渗透力和引导性的观点，2007年获得普利策国际报道奖的解释性报道《中国汽车业发展令决策层喜忧参半》一文中，引用了来自多个阶层的信息，帮助受众从多个角度全方位地了解新闻事件发展规律和产生的根本原因。

新闻真实是一个不断运动变化的过程，新闻媒体可以在自由发表言论中不断形成各个方面的真实而最终呈现为全部的事实，同理，记者也可在不断的多方面信源采集过程中，从不同的空间单位和利益阶层角度中，寻找出事件的真相和本质，在多种材料和观点的进一步完善中，客观全面地揭示事件的全过程和深刻意义。

新华社在《院墙被“强拆”、小区不安全、业委会难产——北京部分小区治理难题调查》报道中，针对“业主维权难、业委会成立难履职难”的问题，对业主黄女士、业主廖先生、西宸原著小区物业经理王锦瑞、开发商母公司龙湖集团工作人员等相关人员进行采访，同时向涉事部门北京市规自委丰台分局、北下关街道办事处等了解相关规定，访问并提供北京市营建律师事务所高级合伙人王集金、中国消费者协会专家委员会专家邱宝昌、中国人民大学公共管理学院教授王丛虎等不同领域的专业权威人士的意见和看法。在解释双方利益关系的同时，明确向业主传达“可提起诉讼”的建议：

院墙被“强拆”、小区不安全、业委会难产（节选）

——北京部分小区治理难题调查

日前《北京市物业管理条例》公布，并将于5月1日起正式施行。专家认为，条例将为调节业主、业委会、物业服务企业等有关主体间权利义务关系提供更明晰的法律依据，有助于提升城市治理效能。

近日，新华社记者走访北京多个小区，发现仍存在业主维权难、业委会成立难履职难等情况。

院墙被连夜拆了，业主被“忽悠”懵了

“已入住三年的小区，围墙怎么突然就违章了？”家住北京丰台区西宸原著小区的黄女士等多名业主告诉记者，该小区西侧围墙被开发商连夜拆除，直接影响小区安全。

碎砖块散落满地、路灯倾倒在路面、电线裸露在外……记者近日探访西宸原著小区看到，该小区西侧围墙已被拆除，原址竖起了一排铁艺围栏。

记者了解到，拆除围墙的是开发商——北京葛洲坝龙湖置业有限公司。2019年12月13日该公司发布公告称，小区西侧须退让7.5米道路对社会进行开放，西侧围墙为临时围墙，将按照北京市规划和自然资源委员会的要求拆除。

据开发商母公司龙湖集团工作人员透露，小区西侧围墙没有“手续”，是以“临时围墙”名义通过规划验收。

记者从北京市规自委丰台分局获悉，2014年已在该地块《建设工程规划许可证》附件特别告知事项中注明，该用地与西侧另一地块间新增城市道路对社会开放使用。2019年6月项目整体验收时发现龙湖公司擅自加建围墙，该围墙未经规划许可，涉嫌违法建设，因此要求龙湖公司自行拆除。

然而记者发现，业主们对相关信息却并不知晓。黄女士等业主反映，购房时的宣传内容，包括沙盘、平面图都显示有西侧围墙存在，并没有任何销售人员提示围墙可能被拆，且入住时围墙已经存在。“围墙有四米多高，一百多米长，墙内种有绿植，墙面雕刻有花纹并装有监控设施，这样的围墙谁能看出来是临时围墙?”业主黄女士说。

龙湖集团工作人员曲志也承认，公司在销售过程中并未明确提示西侧围墙相关风险。业主廖先生表示，封闭式小区是业主选择购房的重要因素，现在拆除围墙用铁艺围栏代替，涉嫌故意隐瞒、“忽悠”业主。

面对业主们重建围墙的要求，西宸原著小区物业经理王锦瑞称，此后将通过增设监控设备，加强保安巡逻等方式保障小区安全。

对于小区围墙是否可以重建，北京市规自委丰台分局在信访事项处理意见书中答复，如该围墙确需保留，应由项目开发建设主体向市交通行政主管部门申请并取得同意后，再依法申报围墙建设的相关许可。

专家：依法处置相关矛盾 有效提升治理效能

北京市营建律师事务所高级合伙人王集金表示，西宸原著小区开发商明知西侧围墙没有审批手续，仍在售房项目沙盘、平面图上进行标注，且在业主入住前搭建了实体墙，此外更在商品房买卖合同中将“确定向社会开放”模糊表述为“可能”，致购房者误解，涉嫌销售欺诈。

中国消费者协会专家委员会专家邱宝昌指出，商品房买卖合同文本复杂、专业性强，信息不对称风险明显，部分开发商采用格式合同，消费者往往容易陷入被动、遭受损失。依据最高人民法院相关司法解释，销售广告和宣传资料构成对房屋及相关设施所作的说明和允诺。因此，开发商应当承担违约责任。

中国人民大学公共管理学院教授王丛虎表示，法院判决明确要求街道办履行备案职责，拒不执行生效判决属于违法行为。“长河湾小区业主或业委会可以申请人民法院启动强制执行程序，督促相关部门履行判决要求。”

“如物业公司未能履行物业服务合同约定，或者不配合做好业委会备案等物业管理相关工作，或者在依法被解聘之后拒不退出物业管理区域的，业委会可以依法提起诉讼。”王集金建议。（新华社记者杨洋）

（新华网 2020年4月15日）

三、全面分析论证，以整合认同引导受众

社会现象的复杂性和社会阶层的多元化决定了新闻事件内部因素相互关联的多样性和与外部信息系统的影响。任何社会现象和事件都不是单一存在的，而是与其他因素有着直接或间接的联系的。这类联系往往被隐于事物内里，受众难以辨明就里，此时记者就应该通过采访调查，在占有大量背景性材料的基础上，通过各方观点的收集，将各类调查数据结合起来，从多种角度进一步扩展新闻事件的现实意义。这要求记者在采访时对报道所涉及的专业领域深入了解，基于自身的专业判断对新闻事实进行全方位的扩展思考，以多角度、全方位、立体化的思考路径，以求异逆向的思维方式，不断拓展事实的深层次内涵，提升信息的密度，使有限的内容能够包含更多有价值的信息。

同时将新闻事件放在社会结构和社会背景中进行思考，从微观层面为受众提供关于事件本身的信息，从宏观层面上以阶层关系和社会矛盾的视角为受众减少对于社会环境的不确定性。解释性观点新闻在提供新闻信息的同时，也在全面分析中融入价值观的引导，影响受众，使受众在突破迷雾的同时认识其本质，并改变其原有认知基模或形成新的基模，而后影响到其对其他事件的认知思路和认知方法。在帮助受众消除思想偏见和改变

线性思维的同时培养其正确的人生观、价值观和世界观。

（一）以“广度”描摹事件发展

记者在对新闻事件做出分析时应基于丰富的信息资源对其进行筛选。首先通过采访掌握的事实材料，梳理事件的来龙去脉，而后对事件的起因、经过、结果进行细致的分析。在分析过程中，需要分析哪些是导致新闻事件发生的直接原因和间接原因，搞清楚事件的背景和事件的性质，确保在写作时合理地使用。

其次需要正确对待调查获得的数据，数据往往能准确、直截了当地揭示事件、现象的发展趋势或问题，但应注意数据的真实性和使用的合理性。“数据”是为论证或解释服务的，过分重视数据的作用可能会导致本末倒置，丧失“解释”的作用。记者在数据使用中应介绍数据来源、调查方法等作为背景参考。另外，受众是分属不同阶层的，为了能够满足其需求，应使用不同的传播手段（语言的灵活性、媒介的多样性、表述的趣味性等），对事件进行梳理，使观点新闻获得更好的传播效果。

（二）以“深度”拓展新闻意义

如今，深度报道已然成为传统媒体占领媒介和舆论市场的一个趋势，传统媒体在时效性上无法与新媒体进行比拼，必然转向新闻背景原因的深度挖掘，以求以独到的看法和别样的观点满足受众的精神和认知需求。记者要想在“深度”上下功夫，就必须深入基层，深入一线，在与事实的直接接触过程中触发新闻敏感，发现问题、生成好的立意，并通过深入的采访和思考研究，在后期的写作中，对背景性材料做出深入的分析、解读（包括历史事实、数据事实、知识性事实等），辅以权威意见，最后形成具有深度和深刻意义的解释性观点新闻。

（三）以“连续”接近事实真相

对于处于不断发展变化的重大新闻事件，需要通过解释性观点新闻将其发展变化全面、准确、及时地传达给受众，通过连续报道的方式进行追踪报道，不断接近事件的真相。在新闻事件刚发生时，在由于时效性和其他资源的限制而无法作出全面的报道，或者由于事件的复杂多变性而只能暂时呈现局部报道的情况下，记者应根据受众对事件的关心程度以及事件的扩散影响程度，紧紧跟踪新闻事件的发展，进行连续报道。要求记者保持清醒的头脑，冷静分析判断，发表理性观点，避免妄加评论，通过多侧面的调查研究以及连续性的报道，不断深入事件内里，准确反映事件的本来面目。

2018年8月28日，重庆市发生公交车落水事件。未等官方调查结果公布，《新京报》刊发《重庆一公交与逆行轿车相撞后坠江，女司机被控制，动画示意路线图》的报道（2018年10月28日），在事件未定性之前便将矛头指向“女司机”，同其他多家媒体将舆论带入误区。但该报总结经验，在其后的报道中经过深度调查，包括采访有关部门获得权威观点，连续发出《重庆公交坠江事故初步核实15人失联》（2018年10月30日）、《重庆公交坠江事故：已提取家属DNA以确认失联者身份》（2018年10月30日）、《重庆公交坠江竟因“司乘打架”，公交失控缘于心智失控》（2018年12月02日）等报道，还原事件真相。

（四）以“整合”提高新闻渗透力

解释性观点新闻中的“整合”依赖记者的主观能动性，记者在采访获取多方观点和搜集大量事实材料之后，作出有深度和独到见解的报道。在具体报道中，记者应胸有受众，通过报道消除受众对信息的不确定性，同时通过对事件材料的组合对受众进行潜移默化的引导，发挥其劝服功能。

信息时代的受众对媒体更加依赖，大数据时代下的“悖论”提高了受众对有效信息的需求度。而解释性观点新闻不同于动态新闻，其重点在于“Why”而不是“What”，对事件的解释应建立在报道事件、事实的渗透力和受众的理解力之上。从而使受众在对事件、事实的理解过程中将自己的观点、立场、态度判断、价值认同等都体现于其中，逐渐对解释性观点新闻产生认同，继而强化主流舆论和价值观的影响力和传播力。

第七章　预测性观点新闻的采写

随着社会的发展，各个信息系统之间日益交融，与之伴随的不仅仅是新闻传播事业规模的扩大，更是一场具有深刻意义的信息革命。在自我封闭式的小农经济条件下，农民可以通过时令气节的经验式判断来劳作，并根据当下的任务安排好时间，社会活动都在自身的掌握之中。但信息革命后的公众面对海量的信息和复杂的社会关系，其信息需求愈加倾向于未来的时间维度，提前在时间长河中认清事物发展的本质，掌握一定的规律，做出判断和行动决策，已经成为当下观点新闻的重要发展方向。

观点新闻的本质是通过报道观点来为受众的工作和生活提供引导和指导，以应对未来一定时间段的不确定性和风险。在当下高新技术飞速发展的时代和信息冗余的社会中，谁能够掌握更多高质量、有价值的信息，谁便更能够在激烈的竞争中掌握先机，立于不败之地。受众由于受限于自身所处的地理环境和社会环境，看待问题时往往难以做到及时、超前、宏观和全面，存在认知上的不确定性。因此，预测性观点新闻便成为新时代浪潮下的新宠儿。记者通过采访权威人士，以多方观点和深入的调查研究，以宏大视角审视当下事物或事件的运行规律，发现其最新变动状态和发展趋向，在向公众传达其变动的同时报道预测性观点新闻。

第一节　预测性观点新闻及其特性

预测性报道是伴随着解释性报道、调查性报道等形式兴起的一种深度报道形式，它能够通过已知事物的科学分析来预测事物未来的发展趋势。新闻是即时获悉、受众欲知的信息，也是新近发生、发现和即将发生、出现的事实信息，但是预测性报道必须以已经发生的事实为基础，只是对有可能发生或不发生的事实的一种分析和推测，而预测往往基于多方观点的论证和多元意见的融合，因此，预测性观点新闻是预测性报道的主要呈现形态。

预测性观点新闻早已活跃于新闻报道领域，尤以财经新闻和体育新闻为多。在财经新闻中，新闻媒体往往能够通过既定的数据来强化对于价格变动和产销情况的描摹。体育新闻由于体育赛事本身便是具有计划性质的，时间、地点、比赛规则、参赛人员等都是提前确定好的，媒体可以提前通过分析选手的实力和阵容、采访获悉相关人员的看法以及选手自身的状态进行预测性观点新闻的报道。

一、预测性观点新闻的重要性

预测性观点新闻是在未来学的发展下兴起的，未来学聚焦于社会、经济、科学、技术与军事等领域，新闻媒介的重要任务便是能够把这些研究成果传递给公众，使受众能够对未来具有提前的认知。如今公众对未来不确定的事物和事件发展渴望提前认知，有所准备，加之新闻事业的发展和新闻观念的变化和发展，进一步推动了预测性观点新闻的发展。以事实为基础的新闻报道本质上属于“告知”的范畴，即使在对时新性的追求之下，新闻事实的发生与新闻报道形成之间的时间差日渐缩小，但是仍然无法从根本上解决受众对于未来的不确定性的减少的问题。对于新闻媒体本身来说，新闻的竞争已经从事实的竞争转向观点的竞争，观点不仅仅需要反映过去和现在，更要在深度阐释中说明未来，形成独家报道中的独家视角和现象观点。

（一）具有风险预警功能

在风险理论视角下，全球性的风险取决于大众媒体，取决于政治决策，取决于政府机构，而未必取决于事故和灾难所发生的地点。各种社会风险在社会信息系统中呈现出相互交织的状态，风险的不确定性在信息社会容易引发更大的传播风险，甚至演变为实际意义上的社会风险。在以往的新闻传播活动中，新闻记者（编辑）是新闻事件的追随者，在事件发生之后进行采编，以告知受众最新发生的事件信息，以过去的经验教训审视当下发生的新闻事件和存在的问题。当今社会飞速发展和受众对未来事件乃至社会发展不确定性的迫切欲知需求告诉我们，仅仅停留于事件、事实的报道往往无法满足受众的需要。预测性观点新闻以事实为支撑，以预测为主要功能，通过对现实社会发生的事件或事实的考量，以科学、正确的研究方法或审视角度，发现不同领域中未来可能发生或不发生的事件或事实，特别是预见到消极、负面的事件或真实，科学及时地进行报道，借助新闻媒体的传播效应，帮助受众规避或应对风险。

在当下风险社会的大背景下，危机传播已然成为新闻媒体不可忽视的重要工作，新闻媒体与危机传播的关系也日益紧密。突发事件引发的是多个领域和多方利益的变化，新闻媒体不仅要在突发事件中弄清是非，及时报道，更要通过对专业人士的采访，获知其引起的连锁反应，在危机中发现隐性风险，在其发展为显性之前为受众作出预测性预警报道。

（二）提升媒体的可信度

《华尔街日报》首席执行官彼得·凯恩（Peter Kann）说："读者对你信任与否取决于你报道事物正确率的高低，因为我们经常预测正确，这点对我们的公信力非常有帮助。"[①]预测性观点新闻本身作为对事件未来发展趋势的预测，对事件本身的热度具有推波助澜的作用，能够以前瞻性和规律性的写作方式，在有限时间内聚焦于事件的某一要素，进行预测性探索，吸引受众关注于事件未来的发展趋势。

如果新闻媒体能够通过对历史因素和现实存在因素的概括归纳和逻辑推演，发现事物运行的轨道，通过采访相关专业人士获得理论支撑和观点支撑后，在做出一系列准确、客观、科学、及时的预测时，亦能够建构新闻媒体自身的权威形象和公信力，进一步提升报道在现实受众心中的可信度，并将部分潜在受众转化为现实受众。预测性观点新闻实际上是传播者与受传者共同作用的产物。在事件发生之前或发展过程中，新闻媒体应对受众的需求进行前置性调查与监测，在获知反馈后予以报道，以满足受众

① 周晓红：《金融危机背景下的预警性经济新闻初探》，《新闻记者》2010年第4期，第8—11页。

对预测性新闻的知悉欲。

二、预测性观点新闻的特性

预测性观点新闻属于深度报道的范畴，在报道动态新闻的同时，需要回答的不仅仅是“是什么”的问题，更是“怎么样”的问题。

受新媒体冲击，传统媒体的新闻运作方式已经不适应社会发展和受众的需要。应对的方法之一是重视和加强观点新闻的报道。预测性观点新闻是观点新闻中的重要的类型和体裁。它着眼于未来学的视角，对隐性新闻线索展开调查研究，对正在发展中的事物、事件提前予以关注与分析，预测运动中的事物的发展前景和发展方向。预测性观点新闻摆脱了新闻信息在众多媒体报道时容易出现的同质化倾向，以鲜明的预测性观点和可靠的预测性方法成为媒体竞争的一把“利器”，其具有超前性与前瞻性、客观性与规律性、科学性与预见性等特性，能够在同质化的信息新闻报道中吸引受众的注意力并获得受众的青睐。

（一）超前性与前瞻性

预测性观点新闻主要是通过对新闻事件或事物发展状况的把握，了解事物发展规律，探索其产生原因和发展方向，而后做出的对其未来发展趋势的预见性报道。其新闻的着眼点在于还未发生或未被他人所发现的事件，需要记者和专家学者型采访对象做出专业性的判断和理性的预测，才能够为受众提供具有超前性和前瞻性的预测性观点。《经济参考报》的《经济学人调查显示：中国经济运行良好已基本走出疫情影响》（2020年9月22日）一文中，记者采用“中国社会科学院工业经济研究所期刊《China Economist》发布2020年三季度‘中国经济学人热点调研’结果”，根据调查并引入经济学人观点，得出“经济学人预判经济增速有望继续回升，外贸形势总体趋于改善，2020年三季度经济增速为5.2%”①的具有超前性和前瞻性的预测性观点，给人以鼓舞和信心。

① 明娜：《经济学人调查显示：中国经济运行良好已基本走出疫情影响》，《经济参考报》2020年9月21日，A07版。

（二）客观性与规律性

预测性观点新闻讲究从已知情况推测未知信息，利用媒体自身的数据分析、专家团队对事物发展趋势做科学分析，并邀请知名人士或专家以采访或专访的形式，分析研判阐明观点，其着眼于事物的未来发展方向，但也具有不确定性。预测性观点新闻稍有偏差便可能产生不良的社会效果，甚至在一定情况下会影响事物或事件本身的发展规律，改变最终的结果。因此，预测性观点新闻的报道需要记者和采访对象着眼于探索事物发展过程中有规律的东西，继而根据事物发展的客观规律推测事物未来的发展状况和可能存在的问题以及应对的举措。任何事物的运动和发展状况都具有客观性，记者在采写预测性观点新闻时也应尊重事物运动的客观性，认识其主要矛盾，发现内在作用规律以及本质联系，然后通过严谨的调查分析予以报道。

（三）科学性与预见性

预测性观点新闻的对象往往是有预见性价值的事物，记者能够根据事物在自然状态下的发展轨迹而做出预见性判断。因此，新闻媒体在研究事物客观规律的同时，掌握科学、客观的研究和预测方法，以数据说话、以理论论事，从专业性的角度把握社会信息系统的整体联系，发现各个子系统之间的关系。为了保证预测性观点新闻的科学性，记者在报道时往往多使用“可能”“预计”等具有回旋空间和分寸感的词语，给报道内容预留一定的余地，以防主观性太强的绝对化判断给受众形成误导，造成传播风险。而在引用他人观点或者他媒体观点时，亦应注明观点引用的出处。2020年9月21日，《经济参考报》刊发报道《汽车市场回暖程度超预期　促消费政策效果凸显》，其中引用国家统计局数据指出，“8月国内经济保持了稳定复苏的态势，8月社会消费品同比增速年内首次转正，前8个月累计规模以上工业增加值和出口的累计增速都实现了年内的首次转正”。同时，引用中国汽车协会的预测性观点：“随着我国统筹推进疫情防控和经济社会发展工作持续取得积极成效，国民经济运行保持稳定恢复态势，生产供给加快恢复，市场需求逐渐复苏，市场信心趋于增强。在此背景下，汽车行业恢复形势持续向好。”由于注明权威数据和观点的出处，所以报道无疑增强了预见的权威性和说服力。

第二节　预测性观点新闻的采访

预测性观点新闻能够为受众预测事物未来发展的趋势和问题，尽管具有不确定性，但是仍在探索事物规律中推测可能概率，并提醒受众采取相应措施积极应对，科学决策，做到防患于未然，有备无患。因此，记者在采访中应根据已有信息，运用历史的眼光、综合的思维、宏观的视角来为受众做出预测和预警。

一、预测性观点新闻的适用领域

预测性观点新闻适用领域较广，出于慎重起见，目前主要应用于体育领域和经济领域，具有一定的专业性。在这两个领域由于数据的科学性和规范性以及专业性强，所以预测性观点新闻的应用也较为成熟。如今风险社会对其他领域的预测性观点新闻报道也提出了新的要求。在热点、重大事件以及突发事件中，记者以及媒体应迅速做出反应，并作出理性判断，为受众提供决策参考和有价值的预测性新闻的服务。

（一）聚焦于热点、重大事件的发展趋势

预测性观点新闻不同于纯信息类新闻，需要媒体投入足够的人力、物力、财力资源予以追踪、连续、多视角进行报道，它往往用于热点事件或重大事件报道。这类事件往往聚焦于社会的敏感问题和社会的主要矛盾，牵扯多种阶层的利益，为公众所关注。因此媒体应透析受众真正需求，根据事件或问题的特点，聚焦于热点和重大事件的发展趋势，将预测性观点新闻与其他类型新闻相结合，发挥预测性观点新闻的积极作用。

（二）聚焦于“怎么样”注重与其他新闻结合

解释性观点新闻和预测性观点新闻从本质来说都属于深度报道，只不过前者聚焦于“为什么”，后者聚焦于“怎么样”。但在许多深度报道中两者往往是无法分离的，在探究“为什么”之时，其本质便是探寻事物的构成因素和影响因素，探析发展变化的深层次规律，揭露了事物发展的趋势与方向。而对“怎么样”的分析，记者应深耕于“为什么”进行探究，通过明晰事物产生的原因和事件发生的缘起，发现深层次的意义，并做出预见性的分析。新闻传播活动本身不是单一进行的，记者应多种报道形式融合，才更容易在展示新闻信息深度的同时提升可信度和影响力。通过对“为什么”的探究，以专业的角度为受众提供预测的事实论据，增强舆论引导能力。

二、预测性观点新闻采写的视角与思维

（一）以历史眼光观照当下事件或问题

今天的历史是昨天的新闻，今天的新闻是明天的历史。尽管预测性观点新闻着眼于对于未来发展趋势的预测，但任何事物的产生和发展都离不开其复杂背景原因。记者只有在洞悉其在历史长河中的发展规律的基础上才能够看清新闻事实本质，聚焦于主要矛盾的变化中，去粗取精、去伪存真，以此归纳出事实的新闻价值，并抓住其演变规律的核心要义，从而突破眼前各种要素的限制，做动态的观察和预见。记者在新闻采编和新闻报道的过程中不仅着眼于眼下现有的新闻事实，更能够沿着历史长河追溯过去，从事物产生的源头来发现具有潜在意义的社会现象，并根据历史趋势做出预测报道。《新京报》于2020年9月20日针对国联证券和国金证券合并的新闻事实，探讨券业并购重组的趋势。其中针对国联证券股份有限公司和国联证券的历史背景进行介绍的同时，着眼于近五年内国内证券行业的趋势做出预测，指出：“近5年国内上市券商数量扩大近1.5倍，但行业格局相对分散。2018年TOP5营业收入占比仅为31%，远不及美国市场同业70%

以上的集中度水平。另外，同质化业务模式严重，加剧行业产能过剩，内耗式竞争已在所难免。考虑到中小券商因经营与风控能力偏弱，叠加部分股东或不满足券商股权新规等要求，意味着在‘稳健发展+扶优限劣’的基调下，加大行业整合、提升行业集中度及打造航母级券商龙头将是大势所趋。”[①]这些预测分析对证券事业发展以及关注证券市场和各界人士来说，具有较强的指导意义。

（二）综合运用多种思维方式分析问题

预测性观点新闻中的预见性和前瞻性，要求记者能够在事物的发展变化中把握复杂的动因，发现影响事物运动的多重因素，对其进行多方面的调查分析，形成全面认识之后，再采访多方面的专业人士，获得更多、更全面的信息，这就需要记者在平时的准备中能够占有广泛的资料，并做到充分梳理和分析，综合运用归纳与演绎、分析与综合、抽象与概括、比较思维、因果思维、递推法、逆向思维等逻辑思维方法，从事件的不同角度和不同走向上进行分析比较，作出有价值的预测性观点新闻报道。

（三）宏观视角与微观角度的有机结合

任何信息系统都不是独立存在的，记者不仅需要就事论事，更需要站在时代的前沿审视被报道事物与其他专业领域的关系，并从宏观、大局着眼，以掌握的党和政府的法规政策为基础，发现其在其他领域可能产生的社会影响。

在新闻采访中，记者亦不能仅注重于宏观而忽视细节。对于受众来讲，最直接的是与其切身利益息息相关的事件或问题。在采访之时，记者以宏观的视角审视事件或问题，从不同角度予以解读，再细化至每一个具体的方面来选取采访对象。如此的新闻报道，既能彰显时代的主题，亦能从具体人物、具体事件出发预测事件或问题未来的发展变化，提升新闻的价值。在新京报网的《人民币汇率进入波动性的升值通道，后期有望突破6.6》报道中，记者根据欧美国家的货币政策以及中国央行的货币政策进行分析，

① 张思源：《国联、国金合并传闻成真！券业并购重组是大势所趋？》，新京报网2020年9月20日，http://www.bjnews.com.cn/finance/2020/09/20/770833.html，2021年3月31日。

采访多家观点，指出："对于人民币汇率升势趋势，专家学者观点不一，有人认为人民币汇率视美国疫情控制状况及经济复苏情况而定，觉得目前美国经济已到筑底反弹区间，人民币升势不可能延续太长时间。更多的观点则是趋向于人民币汇率升势将持续相当长时间，其理由是美国疫情仍未得到根本控制，经济复苏也相当缓慢，据美国国会办公室的预测数据，未来两年内联邦基金利率将维持在零利率水平，这预示美联储无限量的量宽操作至少会持续到2021年，这对人民币汇率持续升势提供了利好。"[①]在分析人民币汇率提升原因之时，并未聚焦于某一种观点，而是从多个角度分析，指出其原因是多种经济金融因素共同驱动的结果。

（四）强化受众意识，增强服务意识

预测性观点新闻的传播对象是受众，什么样的预测是受众需要的，哪方面的信息是与受众息息相关的，往往直接影响预测性观点新闻的传播效果和媒体的公信力以及权威性。除了对一些天气预测以及市场变化趋势关注之外，如今的受众对于整个世界发展趋势的关注度也在不断地提升。紧密的社会关系使受众不能仅仅局限于身处的物理空间中，更应以世界视角了解相关领域和行业的发展变化趋势，以作出及时的决策调整和应对举措。如今大数据时代，事物的产生与事件的出现往往都会在网络上出现蛛丝马迹，而后引起网民的激烈讨论。在讨论中，新媒体成为受众疑问聚集的场域，受众需求前置的情况给媒体和记者带来了诸多的便利。媒体和记者通过受众需求的提前采集，注意到受众真正关心的、对受众有用的信息，从受众的角度捕捉发现有价值的预测性观点信息进行及时报道。

第三节　预测性观点新闻的写作

预测性观点新闻中的预测性观点由于是对未来的不确定性的趋势或可能出现的问题的预见，因此存在误判和误导的可能性。而目前受众的社会

① 莫开伟：《人民币汇率进入波动性的升值通道，后期有望突破6.6》，新京报网2020年9月17日，http://www.bjnews.com.cn/fmcmce/2020/09/17/770097.html，2021年3月31日。

压力又决定其传播范围极其广泛，成为在应对社会发展的或然性变化或危机时的必要参考。因此，在报道预测性观点新闻时，记者更应靠依靠科学的分析和理性的论证，在采集专家和官方人士观点时注重多方观点的平衡，在写作时客观冷静，把握表达的分寸，谨防错误的预测产生错误的引导。

一、预测性观点新闻的写作理念

预测性观点新闻的价值在于其预测性观点。正确的预测性观点能够提升媒体的公信力和权威性，失之偏颇的预测性观点会损害媒体的良好形象。因此，在进行预测性观点新闻的报道时，记者应掌握科学有效的预测手段，以免导致错误的预测，造成不良的社会影响。

（一）坚持科学原则，谨防主观臆断

在唯物辩证法中，事物的表象和本质不一定具有一致性，且事物的矛盾是处于不断运动变化之中的，相对于无限的世界来说，人们的认知能力又是有限的，因此预测性观点新闻报道容易出现预测偏差甚至完全相反的情况，形成误判。但真正的预测性观点新闻中的预测性观点也并非凭空捏造，而是通过对已知事物的细致观察和认真分析后，以科学数据、专家分析为基础而作出的预测性报道。媒体在报道中应以客观科学数据、专家分析为前提，善用报道技巧，避免在过度迎合受众的心理时做出有违事物发展规律的报道。更不能仅凭经验式或直觉式的判断，简单地对事物未来发展进行预测或作出盲目的结论，误导受众。《新京报》的《演出市场加速回温：我国演出相关企业二季度新增3.2万家》报道（2020年9月21日），根据近十年来的演出相关企业注册量，加上对社会背景和政府政策结合进行分析，指出演出市场加速回温的预测。其中不仅包含有自观点，更以科学分析和数据进行论证，具有较强的说服力。

（二）收集多方观点，避免出现偏颇观点

预测性观点新闻的写作离不开权威人士的观点，包括记者的观点，但是也需要谨防偏颇观点的出现。新闻报道应恪守客观和理性原则，由于预

测性观点新闻的预见性和前瞻性，往往具有很强的主观性和倾向性而缺乏理性，使其报道出现失误。所以在写作时注意理性、客观、平衡地引用专家观点。单一观点往往具有强烈的个体主观色彩，写作中需要记者采用多方观点，收集丰富资料，对专家观点进行评估选择。任何观点在预测性观点新闻中都应有所选择。《新京报》在2020年9月22日刊发《挖掘机产量持续上涨！8月挖掘机产量27006台，同比增58%》，报道收集了国家统计局数据、企查查数据三一重工半年报等相关数据，采访中国机械工业联合会执行副会长观点，得出了“结合我国挖掘机市场发展情况以及目前行业内挖掘机品牌、制造企业、产品结构以及区域需求格局来看，我国挖掘机行业将会朝着高国产化率、行业集中度高、轻型化产品以及区域分化等趋势发展”的预测性观点。这篇预测性观点新闻以丰富的数据为支撑，取信于受众，从而有效提升这篇预测性观点新闻的说服力。

（三）运用严谨科学方法，谨防出现表达的娱乐化和低俗化

预测性观点新闻的成功预测不仅仅需要通过专业判断，更需要运用合理、有效的科学方法进行预测，且预测时应尽量采用可量化的方法。数据的展现不仅仅是为媒体提供确切可靠预测的途径，更是向受众展示观点来源的一个重要支撑点。只有在一定的控制变量条件下，发现可控因素和不可控因素，才能够更准确地预测。同时，科学方法的运用也能够谨防新闻娱乐化和低俗化。目前新闻呈现泛娱乐化的趋势，一些社交媒体为了在较短时间内获取较多的点击量，放纵标题党和黄色新闻，不顾新闻事件本质和发展规律而更关注娱乐化的新闻点。记者使用科学的预测方法能够较大程度地杜绝娱乐性因素对新闻的侵蚀，保证预测性观点新闻的科学性和严肃性，为公众提供高品质的新闻。

二、基于大数据背景下的预测性观点新闻写作要略

如今信息社会的大背景使每个个体都缩小为一个比特，成为大数据时代背景下的一个分子。大数据带来的不仅仅是个体信息的融合和社会连接关系的变革，更给新闻传播业带来了新的新闻报道方式。大数据以体量巨

大（Volume）、种类繁多（Variety）、流动快速快（Velocity）、价值密度低（Value）等为主要特征，使数据新闻登上了传媒业的舞台。借助数据媒体可以通过反馈前置更明确地了解到每个受众的需求，通过其上网行为、浏览网页和观看记录，明晰其心理动机和切实需求，为受众提供定制化的新闻服务。数据技术也成为新闻报道的一个手段，以数据为支撑、以信息为核心、以预测为最终目的，为受众提供可靠的数据支撑和专业分析，将整个预测过程变静态为动态，由单一报道转变为多侧面报道、系列报道。

（一）分析受众需求，定制个性化观点新闻

在传统媒体时代，媒体要了解受众对于事件关注与否，往往只能通过读者来信或者问卷调查等方式。而大数据时代，媒体可以利用大数据技术提前对自己的客户进行信息搜索，对其信息消费行为和社交行为进行分析，了解其需求并调整预测层面，为其提供个性化的定制观点新闻。另外，对于潜在受众的需求来说，媒体亦可以通过社交媒体中的话题讨论来悉知。社交媒体为受众提供了话语平台，受众可以借助社交媒体平台发表自己的所思所想，以及对当下新闻事件的疑问和希冀。媒体可以通过对社交媒体上的话题进行提前的话语分析，发现受众的前置需求，根据需求来确定采访对象和数据分析方向，以满足受众的切实需求。

（二）运用可视技术，直观化预测

数据技术可以直接使用于观点新闻的写作中。预测性观点新闻以观点为核心，通常以文字形式转述他人观点。而数据技术仍然是为了更直观生动地论证观点而使用的。通过对数据的分析与计算，以形态多样的图表形式呈现，减少枯燥乏味的观点转述，给受众以直接的体验感，增强传播效果和观点的说服力。

第八章　引导性观点新闻的采写

编辑部配发性观点新闻属于媒体的观点呈现，代表媒体本身的价值观和意见、态度，媒体往往在涉及重大事件时会安排编辑部配发观点新闻。因此新闻媒体对于观点呈现的要求也会更高。在选题上会围绕党和政府的法规政策、指示精神、中心工作以及社会中的热点问题进行选择。编辑部配发性观点新闻是媒体的旗帜，因此也应遵循新闻传播规律，选取具有广泛社会意义和舆论引导意义的议题。

第一节　引导性观点新闻在媒体上的呈现样态

一、代表党政机关或媒体机构发声的社论

社论是新闻媒体中最有分量的一种引导性观点新闻样态，它是报纸的灵魂，体现报纸（在我国有时是媒体的上级党委，下同）所代表的观点、基本政治倾向和立场。而社评则是指代表编辑部发言的引导性观点新闻样态，如《解放日报》的“申言”，《新华日报》的“苏言”，《南方日报》的“南方时评”等。这些新闻媒体专栏的社评代表编辑部立场，地位仅次于社论。随着社会和媒介的发展，地方党报的社论急剧减少，取而代之的是代表编辑部文章的社评。而有些报纸的社评就是社论，二者并无明显差别。这两类评论都有共同特点，即都是由媒介组织集议选题，由报社评论部撰写，较其他评论而言，更具有权威性。

如果说报纸新闻评论是所有媒体中最重要的评论，那么社论则是报纸

上最重要的新闻评论，也是报纸上最重要的新闻样态。社论的选题一般事关重大，主要针对国内外重大事件或中央的大政方针，且发表的指导性言论极具权威性和引导性，所以社论在没有同级党组织的特别指定的情况下，往往以报社、杂志社或通讯社编辑部为立场进行发言。丁法章曾在《当代新闻评论教程》中认为“社论是代表报社、刊物或通讯社编辑部（政党机关代表同级党委）就当前国内外重大事件、事变或问题表明立场的指导性言论”。[①]它针对当前重大事件和问题，围绕党的工作中心，及时阐明党的路线、方针、政策，发表引导性观点，提出解决问题的指导思想和措施，指出今后的任务和奋斗的方向，统一干部群众的思想，协调干部群众的行动，推动各项工作事业的开展。

社论之所以区别于报纸上其他新闻评论，主要因为以下两点：一是选题重大。选题重大是指社论的选题一般都是国内外重大事件或中央的大政方针。普通的新闻事件、社会现象、问题都不会被作为社论的选题考虑，这就导致社论传播的大多是权威、严肃、重要的观点，普通受众读或理解起来会比较吃力。另外，重大选题不是每时每刻都有，这就使社论在媒体上并不是一个常态，它的数量和一般的新闻评论比较要少得多。二是权威性极强。所谓权威性极强主要体现在社论是代表报纸、杂志社以及通讯社编辑部发言，有时还代表同级党组织发言，它代表的不是个人观点，而是媒体立场或党组织立场，这就导致社论这一引导性报道极强的观点新闻，在写作的整个流程中，选题、立论、论证等步骤上都需要严格把关，打上了“绝对权威”的烙印。如果在某一步骤上不符合权威性要求，则宁可舍去不用，宁缺毋滥。从另外一个层面来说，“权威性”并非编辑部主动寻求的结果，很大程度上还有来自其他各方的压力，比如国外媒体。在一些重大事件中，国外媒体会援引国内媒体社论的观点来支撑他们的某些判断，在这一情况下，社论所代表的不再仅仅是编辑部观点，而是被提升到了政党、国家立场，因此，这也就解释了为何权威性成为社论的重要特征。需要指出的是，在我国，一些由本报评论员署名的“社评”“评论员文章”实际上也是社论，它们代表的同样是编辑部立场。

2015年3月5日《人民日报》刊登的《为协调推进“四个全面”凝心聚

① 丁法章:《当代新闻评论教程》,复旦大学出版社2012年,第265页。

力》是一篇有代表性的社论：

为协调推进“四个全面”凝心聚力

春天的脚步，奏响催人奋行的乐章。今天，十二届全国人大三次会议在万众瞩目中拉开大幕。全国人大代表肩负人民重托，齐聚北京共议国是，光荣行使宪法和法律赋予的权利。我们对大会的召开表示热烈祝贺！

时光在回溯中尤显不凡。全面深化改革元年，面对复杂多变的国际环境和艰巨繁重的国内改革发展稳定任务，本届全国人大在以习近平同志为总书记的党中央坚强领导下，紧紧围绕党和国家工作大局依法行使职权，各方面工作成效显著。

惟其艰难，方知勇毅；惟其磨砺，始得玉成。这一年，无论是开展第一个国家宪法日活动，大力弘扬宪法精神，还是修订环境保护法、预算法、行政诉讼法等重要法律，立法的引领和推动作用得以充分发挥；无论是对香港特别行政区行政长官普选问题等重大法律问题作出决定，维护宪法法律权威，还是抓住促进经济平稳发展、加强预决算监督、保障和改善民生等重大问题，监督工作的针对性和实效性都得到切实增强。作为支撑国家治理体系和治理能力的根本政治制度，刚刚度过60岁生日的全国人大为协调推进“四个全面”垒筑了坚实的政治基础，凝聚起强大的精神动力。

“四个全面”为早日实现中国梦擘画出清晰路线图。协调推进这一引领民族复兴的战略布局，人民代表大会制度作用独特、不可替代。全面建成小康社会，政治建设是五位一体总体布局的关键一环，始终需要人大在民主政治建设、政治文明发展、政治体制改革上接力爬坡。全面深化改革与全面依法治国形同“鸟之两翼、车之两轮”，统一于国家治理体系和治理能力现代化，在法治下推进改革、在改革中完善法治，始终需要人大在科学立法、执法司法监督和民主发展等方面久久为功。全面从严治党，运用法治思维和法治方式为党的建设新的伟大工程固本强基，始终需要人大提供坚实的法治支撑。波澜壮阔的“四个全面”伟大实践，为人大充分发挥根本政治制度优势、激发创新活力提供了前所未有的机遇和舞台。

围绕协调推进“四个全面”加速提升人大履职能力，正逢其时。坚持立法先行，不断完善以宪法为核心的中国特色社会主义法律体系，做到重大改革于法有据、立法主动适应改革和经济社会发展需要，将为依法治国提供必要前提。担负起宪法法律赋予的神圣职责，加强对法律实施情况和“一府两院”工作的监督，对有效维护国家法制的统一、尊严、权威至关重要。深化和拓展代表工作，密切与人民群众的联系，自觉接受人民监督，是做到民有所呼、我有所应的关键所在。人民代表大会制度是坚持党的领导、人民当家作主、依法治国有机统一的根本制度安排，以人民之心为心，让人民对改革积淀更多获得感，使法治明灯在人民心中闪耀，最高国家权力机关任重道远、使命崇高。

一万年太久，只争朝夕。2015年是全面深化改革关键之年、全面推进依法治国开局之年，也是全面完成“十二五”规划收官之年。全国人大代表尽心履职，集睿智之言、纳务实之策，引领全国各族人民心往一处想、智往一处谋、劲往一处使，一定能在协调推进“四个全面”的历史新征途中，为成就中华民族伟大复兴的伟业汇聚磅礴力量。

预祝大会圆满成功。

（摘自《人民日报》2015年3月5日）

社论是报纸的灵魂，但当前社评数量少、层次“曲高和寡”，也成为许多报纸社论的一个问题，为最大程度改变社论当前的状况，我们认为许多可以借鉴《新京报》的做法和经验，在使社论在重大选题上维持“端庄”、深刻的同时，不高高在上，拉近和受众的距离，做到亲民、近民。这就要求社论的撰写学会在“政论本位”和“新闻本位”中自然切换，也就是说，社论的撰写在现有基础上加强“新闻本位”的社论建设。以《人民日报》为例，2014年《人民日报》社论的数量为20篇，也就是说一年365天除这20天外，报纸都处于没有社论的状态。我们认为，在345天中编辑部可以站在“新闻本位”的立场，加强社论的写作，使受众能读到更多社论。要做到这一点，社论的选题更加广泛，将时下一些重大的新闻事件和具有普遍性的社会现象、问题也纳入社论的选题范畴，尽可能地触及普通公众的生活。社论作者在表达观点保证正确、深刻时尽量易于受众理解，拉近和受众的心理距离。如果这一改变能够为受众和报纸提供一个互动交流的空间，那也是值得的。

二、代表编辑部立场的社评与本报评论员文章

社评和本报评论员文章的重要性仅次于社论，是报纸新闻评论的重要构成。社论因为选题的重大和言论、观点的权威，数量上要远远少于社评与本报评论员文章，报纸社评和本报评论员文章的选题较为宽泛、多样，贴近于社会现实，但它的观点仍代表报纸编辑部立场。

社评和本报评论员文章一种是不署名的，另一种是署名的。不署名的社评和本报评论员文章，往往被默认为是代表编辑部观点，署名的社评和本报评论员文章，从形式上看虽然代表个人意见与观点，但必须经过编辑部同意，和不署名的社评、评论员文章没有太大区别。

《没有哪一代人的青春是平凡的》是《人民日报》刊登的一篇本报评论员文章。这篇评论以《平凡的世界》电视剧的热播为由头，切入展开评论——所有人的青春都是不平凡的。选题时效性不强，但它切入由头是最贴近生活和受众的事件，这样一来非常容易拉近和受众的距离，将受众带入到评论的观点与言论当中去，并产生思想和情感的共鸣。评论立意也十分深远，它告诉读者的不仅仅是一部电视剧热播的状况，而是折射、反映一种青春的精神，即无论时代场景如何变换，人应该从各种磨难中走出来，精神上强大起来，变得更坚强。这是每一代人都需要经历的精神成长，也是一个民族焕发青春活力的心路历程。

没有哪一代人的青春是平凡的（节选）

同名电视剧热播，网上点击量近20亿，原著小说脱销，社会热议不断……种种现象级的传播，让新一轮“平凡热”引发了深深思考：《平凡的世界》为什么在今天还能这么热？穿透时代的生命力从何而来？

古人品诗，有“人代冥灭，而清音独远”之叹。今天，不管是捧读小说，还是观看电视剧，很多人都会有共鸣：“我就是孙少平！”很大意义上，《平凡的世界》讲述了年轻人成长与奋斗的故事，它凝结了一代人共同的生命记忆，人们总能在其中找到自己的身影。更重要的是，这种青春叙事，像一束永恒的光，超越了特定年代，依然照射着当下的青春世界。

孙少平连5分钱的丙菜都吃不起、只能偷偷啃黑色“非洲馍”，生活的艰难，今天蜗居地下室的“北漂”们何曾没有体会；孙少安赚了第一笔钱，与妻子在窑洞里激动相拥，创业的喜悦，那些收获订单的淘宝店主们其实感同身受。前几天，山西太原举办大型招聘会，求职者人山人海，场面壮观有如春运。

洗尽铅华始见真。相比那些勾心斗角的宫斗剧、胡拼乱凑的穿越剧，电视剧《平凡的世界》有着风吹麦浪般的清新。它不加“特技”，更不炫技，回到了生活本身，回到了人性本真，就像孙少平那清澈而深邃的眼睛。一幕幕感人的场景，一个个催人泪下的情节，让人感慨“只要有人的地方，世界就不是冰冷的”，让人为“利他”的真爱泪奔，让人感奋不走捷径的奋斗，才能真正“让手里的黑面馍变成白面馍”。

相信生活，相信理想，相信一切美好的事物，做一个真实而坦荡的人，“平凡世界”道出了人心深处的呼唤。尤其在当下，面对物质潮流的冲击、浮躁风气的侵袭、功利心态的膨胀，这些平凡的价值力量，难道不是极好的清醒剂和营养剂？难道不是我们面对人生风雨最为坚实的依靠？也正因为这样，“像孙少安一般去奋斗，像田润叶一样去爱”，成为很多人的深切感悟。

“痛苦难道是白忍受的吗？不！它应该使我们伟大！”托马斯·曼这句名言，无数次激励了孙少平。苦难不是人生的负资产，艰辛不是未来的绊脚石，只要理想之火不灭、赤子之心不失、奋斗之志不移，人就可以超越平凡，走向不凡。就此而言，最好的世界，其实就是平凡的世界。

站在时光的河流之上眺望，没有哪一代人的青春是平凡的。无论时代场景如何变幻，“人应该从各种磨难中走出来，精神上强大起来，变得更坚强”，这是每一代人都需要经历的精神成长，也是一个民族焕发青春活力的心路历程。

尽管从头至尾，孙少平都没能脱离所谓的“社会底层”，但从他身上，人们看到了人性的温暖、奋斗的执着、美德的力量。在精神坐标闪耀的世界，他是真正的王者。对这种价值的珍视与礼赞，深藏着打动一代代人的心灵密码，正如路遥笔力千钧的书写：“真正万古长青的却是普通的无人纪念碑——生生不息的人类生活自身。是的，生命之树常青。”

（《人民日报》2015年4月2日）

本报评论员文章中还有一种特殊的形式——本报特约评论员文章。“特约”二字强调了撰写新闻评论作者的身份，他们往往是媒体圈外的人士，一般在各自领域享有较高的知名度和地位，如高校教授等。虽然评论出自个人之手，但很大程度上也是代表了编辑部观点的。这类评论属于“术业有专攻”型，编辑部会挑选最合适的评论员来完成评论的写作，保证评论更具针对性、全局性、理论性。尤其是像《人民日报》《光明日报》这类党报的特约评论员文章还能够代表中国共产党或中央人民政府，对国内外重大事件或具有深远影响的问题发表自己的意见和看法。请看下例：

对内要“打虎”，对外要“猎狐”（节选）

廖保平（本报特约评论员）

这些年，涉嫌严重违纪违法的外逃人员尤其是官员越来越多，他们先是在国内大肆贪墨，通过各种手段洗白、转移赃款，在海外安顿好家人，然后伺机潜逃。这不仅造成国家财产的严重流失，更是给腐败分子以激励，认为只要可以逃往“法外之地”，伸手也不会被捉，客观上助长腐败之风，影响治根治本。

这就是要求反腐必须内外两头打，对内要“打虎”，对外要“猎狐”，双管齐下，不给腐败分子以喘息之机，不让腐败分子有藏身之地，真正对腐败形成强大震慑作用。为此，2014年7月22日，公安部部署全国公安机关集中开展“猎狐2014”专项行动，缉捕在逃境外经济犯罪嫌疑人。至当年9月，通过与国际刑警组织等机构的合作，从美国、加拿大等地抓获多名嫌疑人。在泰国捕获涉嫌非法吸收公众存款8亿余元的多名嫌疑人。一名挪用6000万元公款并已在加拿大潜逃14年的嫌疑人也被抓获。

比起境外反腐的决心来，“猎狐”成绩不能说十分优秀，还有大量外逃嫌疑人逍遥海外，这主要是因为抓捕外逃嫌疑人成本大，涉及国与国之间的法律如何衔接问题。比如美国、加拿大和澳大利亚是中国经济犯罪嫌疑人最热衷的三个躲避制裁目的地，但这三个国家至今尚未和中国签署双边引渡协定，中国执法机构在这些国家追逃时变得困难重重。

因此，要想形成对外逃腐败分子的高压态势，势必靠法律，靠增强与外国政府司法协助和执法合作，建构跨国刑事司法合作体系，扩展中国国内反腐法治体系的效力范围，对腐败分子“虽远必诛”。

中纪委书记王岐山在中央纪委三次全会上明确提出，要“做好实施《联合国反腐败公约》履约审议工作，加强反腐败国际交流与合作”，“完善国（境）外合作办案机制，加大防逃追逃力度，决不让腐败分子逍遥法外”。截至2014年9月，中国已与包括澳大利亚在内的63个国家缔结司法协助、引渡和移管被判刑人等条约。2014年11月，北京APEC会议上，又通过了《北京反腐败宣言》，各方承诺“通过引渡、司法协助、追回腐败所得等手段”消除腐败，还提出加强与腐败官员及其非法所得跨境活动相关的信息共享，合作范畴不断拓展。

事实上，一些经济类嫌犯不仅触犯中国法律，同样触犯驻在国法律，完全可以通过司法合作，促使驻在国对这些嫌犯提起法律诉讼，惩罚其触犯当地法律的行为，也可以达到跨国反腐的目的。俗话说，办法总比困难多，构建一个遍布全球的恢恢法网，让腐败分子成为过街老鼠，人人喊打、无处遁形，并非不可能。

（摘自《国际先驱导报》2015年4月1日）

三、运用灵活的配发短评

短评，顾名思义，篇幅短小的评论，这里特指短小的新闻评论。它是指新闻媒体上针对新闻报道配发的短小精悍的评论，一般是一事一议。短评不仅要有扎实的基本功，能够抓住新闻事件或社会现象、问题的本质，还要选择新颖的评论角度，并用生动、典型、有力的论据论证观点或阐明某一深刻的道理，善于就实论虚、叙事出理。所以，写短评简单，但写好短评非常难。

短评短小精悍，运用灵活，因此经常会被用作新闻报道的配评，配合新闻报道进一步说明、反映典型事件、现象或问题。也正是因为短评的短小精悍，短评不会面面俱到论述某一事件、现象或问题，而是应该选择一个最合适的点切入、展开，深化报道思想。《燕赵都市报》刊发的短评《朋友圈就该传递正能量》，是记者在国家互联网信息办公室出台《即时通信工具公众信息服务发展管理暂行规定》，以十条规定规范以微信为代表的即时通信工具公众信息服务，在第一时间发表的短评。它以微信朋友圈为切入点，意在呼吁与引导公众共同治理朋友圈和公众号等公众信息服务中的某些乱象。请看这篇短评：

朋友圈就该传递正能量

国家互联网信息办公室7日出台《即时通信工具公众信息服务发展管理暂行规定》，以十条规定规范以微信为代表的即时通信工具公众信息服务，意在治理朋友圈和公众号等公众信息服务中的某些乱象。

以微信为代表的即时通信工具中，朋友圈是朋友亲密互动的阵地，兼具“大喇叭”的媒体属性，能迅速产生一传十、十传百的传播效果。然而，微信朋友圈里信息杂芜，随手转等社交心理习惯，助长了不负责任的谣言散播，还被强媒体属性的部分微信公众号广为传播。用户不堪其扰，通过运营平台投诉，却发现往往石沉大海。

微信有超6亿用户，其中约4亿活跃用户，是当前中国使用人数最多、活跃度最高的移动即时通信工具。一起起谣言事件，破坏了正常的网络传播秩序，严重危害了公共利益；一起起用户隐私泄露事件，警示着用户的生命财产安全正面临威胁。

己所不欲勿施于人。不希望自己成为谣言的受害者，就应当充当网络空间秩序的构建者和使用者，避免成为造谣者和传谣者。

朋友圈就该传播正能量。我们不仅应加强对谣言的甄别能力，规范发言，还应努力成为真相的传播者，用理智遏制谣言的传播，用真相击碎造谣者的不良企图。这样，朋友圈就能够传递正能量。

（《燕赵都市报》2014年8月7日）

短评形式多样，也有个人署名的小评论专栏，这也是报纸普遍采用的一种形式。这类评论文章三五百字，时效性强，参与者多，很受读者的欢迎。

四、深化新闻思想意义的“编者按”和“编后”

“编者按”一般出现在新闻稿件之前，是编辑部通过简要的文字向受众提示新闻报道重点、表明编辑部态度或是对新闻报道主题的补充与深化。编辑部希望通过这种表达形式以引起受众的注意。新闻报道的核心内容受众都能通过编者按获得，一定程度上提高了受众的阅读效率。

“编后”，又被称为“编后小议”“编者后记”等，在新闻评论教材中往往将对它单独进行论述，因为它和短评的特征基本相符，因此把它归入短评。“编后”是由编辑部人员撰写的小型评论文章，一般依附在新闻报道后，是编辑部通过抒情、联想或议论性的文字，表达对某一事物或问题的态度或观点，以补充新闻报道中不方便言明的意见或深化新闻报道的主题或思想。需要指出的是，编后与编者按不能同时使用。请看这篇“编后”：

编　后

编辑完《涪陵：微企助推，15个贫困村一年“摘帽”》《村民无奈，栽种龙眼十年“无果”》两条新闻后，让我们既欣慰又心痛。欣慰的是涪陵区根据当地的实际情况，在15个贫困村重点扶持发展微型企业，使当地群众收入大幅增加，仅用一年时间就实现了15个贫困村整村脱贫，让村民走上了致富之路。

心痛的是，同样是在涪陵，种了千亩龙眼却十年未获丰收，村民不仅没有从“致富树”中致富，不少人现在还挣扎在贫困线上。我们不禁要问：当年决定种植龙眼的时候，当地有关部门做过调查研究吗？是否属政绩工程？这些年来龙眼不结果，村民还在受穷，当地政府了解吗？过问过吗？有想过解决的办法吗？我们希望尽快看到当地政府能拿出切实可行的办法，帮助村民真正走上脱贫致富之路。

（摘自《重庆日报》2012年3月27日）

五、选题广泛的专栏评论

专栏评论是指新闻媒体开设固定栏目针对受众关注的事件或现实问题刊发的观点、意见，如《解放日报》的“解放论坛”，《人民日报》的“人民论坛”，《文汇报》的“文汇论坛”，《羊城晚报》的“街谈巷议”，《新民晚报》的“未晚谈”等专栏评论。这一类专栏评论，往往设有固定的栏目名称，定期刊发新闻评论作者的署名评论。专栏评论的选题较为广泛，大至国内外重大事件、国家重大政策方针，小至街头巷尾凡人琐事，具有广泛的公众性。需要注意的是，专栏评论篇幅不宜过长，因为这会影响评论核心思想的表达，使其淹没在长篇大论之中。个人专栏是媒体为具有较高知名度的新闻评论作者专门开设的评论栏目。这类评论专栏的开设，对新闻评论作者的素养要求较高，要求评论作者有广博的知识、极其强烈的新闻及新闻评论敏感性等。

六、代表公众利益问题的来论

随着社会的发展，公众的话语权不断扩大，以前媒体“垄断”的版面、时段也渐渐地能够为公众所用。从报纸来看，公民话语权不断扩大主要体现在许多报纸都开辟了来信评论栏目，专门刊登公众的来信评论，例如《新京报》的“来信”，《南方周末》的“读者来信”。这类评论的专业要求并不高，主要呈现的是公众对身边一些事情或现象的看法与观点，但这些事情或现象切切实实都是公众关心的，相关部门可以以小见大，从中发现存在的问题并切实加以解决。

七、新闻与评论相结合的新闻述评

新闻述评又称记者述评或记述新闻，是一种特殊的新闻评论体裁。所谓“述”，是指新闻评论中有对新闻事实的陈述，这里的新闻事实有别于其他新闻评论当中的新闻事实。其他新闻评论中事实一是作为由头或论据使用的间接事实，二是作为要评论的对象的直接事实。而新闻述评中的新闻事实一般是记者自己采访到的事实。所谓“评”，是指新闻述评中也有评论的成分，夹叙夹议、边述边评，通过评论将新闻事实所显示的观点、思想、精神直接揭示给受众，以影响受众对事物的认知和判断。新闻事实是新闻述评的基础，通常是记者直接采访所得，而评论是新闻述评的核心，二者通过记者的观察、调查、研究以及思考，有机糅合在一起。

长期以来，新闻述评往往被看作是“新闻领域中一种边缘体裁，以融新闻和评论于一体为基本特点。述评介乎新闻与评论之间，兼有两者的特点和优势。它既报道事实，又对事实作出必要的分析和评价”[①]。因为新闻述评较其他新闻评论多出了一部分夯实的新闻事实，这也使这类新闻评论的说服力、可信度更高，更容易让受众信服，在集中民意、引导舆论上也更能发挥积极作用。新闻述评的篇幅因为有充实的新闻事实在其中，因此篇幅一般较长，写作难度也较高，需要新闻评论作者（记者）具有丰富的生活经历和理论修养，并能对新闻事件或问题进行深入细致的调查研究，因此述评在媒体新闻评论中占比较少。

第二节 引导性观点新闻的采写要义

引导性观点新闻由于缘事而发，因时而评，是对重要新闻事件、问题和观点进行即时评论，具有强烈的现实性、广泛的群众性和鲜明的政治性，它在评论百花园中一枝独秀。这类观点新闻通过对新闻时事进行条分缕析，让受众从复杂多变的现实中认清问题本质、指明方向，为政府及相关单位提供决策和参考建议，同时把握公众情绪，更好地引导舆论走向。因此，引导性观点新闻的写作应该注意以下几个关键问题。

一、选题注重新闻价值与评论价值的统一

就选题而言，引导性观点新闻选题既要具有新闻价值，又要具有评论价值，并强调新闻价值与新闻评论价值的统一。就新闻价值而言，引导性观点新闻是新闻的深化和延伸，它应该站在受众立场上，追踪新闻事件、社会热点和现象，透过新闻表象，力求用通俗的语言，帮助受众看清新闻的本质。从新闻评论价值而言，应选择关注受众所关心的热点、焦点问题和事件，回应社会关切，坚持“贴近实际、贴近生活、贴近群众”的“三贴近”原则，把坚持正确导向和通达社情民意统一起来，把体现党的主张和反映人民心声统一起来，做到好中求快、准中求快、深中求快，努力抢

① 胡文龙、秦珪、涂光晋：《新闻评论教程》，中国人民大学出版社1998年版，第307页。

占先机、赢得话语权、掌握主动权，牢牢掌握舆论的制高点，不断巩固壮大积极健康向上的主流舆论。

《彭城晚报》2014年6月6日发表评论《理性看待城市包容度排行榜》，这篇评论的起因是有媒体评选出“中国50个重点城市包容度排行榜”，在该排行榜中，徐州位列倒数第三，被列入“中国易被本地人忽略的城市”。这一结果引发了徐州当地居民的质疑与不服。这篇时评敏锐地感知到了公众的这种情绪。正是这篇评论的发表，让当地居民冷静下来，平和思考，理性看待这种并不权威也不真实的“评选活动”，也开始反思自己在平时的生活中，是否有过“排外”思想或举动。这篇评论既贴近当地事务，又联系国内热点，同时还及时引导了公众的情绪与舆论，选题十分巧妙。

新华社的“新华时评”发表《民生改革需要更多“小棉袄”》（2018年12月1日），针对公众办事难问题，借11月30日浙江通过《浙江省保障“最多跑一次”改革规定》，以地方立法让“数据共享”代替“群众跑腿”的新闻，提出政府应当坚持以人民为中心，就要想群众之所想、急群众之所急、解群众之所困，切实把事关群众的事做细做好。这篇评论既联系近期新闻事件和公众所关注的问题，着眼小处，又关乎民生的大问题，切中要害，实现了新闻价值与评论价值的有机统一。请看这篇具有代表性和说服力的“时评”：

民生改革需要更多“小棉袄”

11月30日，浙江通过《浙江省保障“最多跑一次”改革规定》，以地方立法让“数据共享”代替“群众跑腿”。此前一天，公安部宣布居民身份证相片可“多拍优选”等多项便民新举措。这些接地气的改革措施让群众办事越来越方便、越来越快捷，犹如冬日里的“小棉袄”，既贴身又贴心，让群众实实在在感受到了温暖。

曾经，磨破嘴、跑断腿的办事难问题、类似“我妈是我妈”的奇葩证明、身份证照片丑到不忍直视的尴尬……让群众有不少意见。这些民生领域的堵点痛点难点背后，折射的是一些政府部门对行政审批的迷恋、手握权力的傲慢和以自我为中心的狭隘思维模式。

民生无小事，深化改革就是要以人民为中心，针对这些堵点痛点难点，进行一场“刀刃向内”的自我革命，不断优化政府服务理念、提升服务水平，让人民群众事事、时时、处处都能感受到民生温暖。

民生温暖，需要洞察小处细节的眼力。人民群众关注改革看的不仅仅是数字上的取消多少审批事项、简化多少办事流程，还有切身感受办事究竟方不方便。这就需要抓小处、重细节，真正着眼于人民群众衣食住行、生老病死等日常生计，从满足群众的一个一个诉求做起，持续不断给民心“升温”。

民生温暖，需要“丈量大地”的脚力。高高在上的傲气、推诿扯皮的官气、惯于享受的娇气换不来工作的底气和在群众中的人气，只有放下官架子、走出院子、迈出步子，主动深入基层、深入实际，与人民群众打成一片，才能掌握和了解群众的真实想法，培养政务服务的用户思维，制定出有温度、有力度的民生举措。

坚持以人民为中心，就要想群众之所想、急群众之所急、解群众之所困，切实把事关群众的事做细做好，送上更多的“小棉袄”，不断增强群众的获得感、幸福感和满足感。

（摘自《新华每日电讯》2018年12月3日）

二、洞察敏锐，诚挚表达

新闻评论是观点性信息，无论哪种新闻评论，论点都是最重要的要素。而引导性观点新闻，是对当下正在发生的社会事务、国内国际关乎公共利益的事情进行评论，读者甚多，议论范围甚广，其观点更具有影响力。引导性观点新闻的写作一个极为重要的问题是，写作者要学会见微知著，有敏锐的嗅觉和洞察力，迅速及时地发现他人所未知、未见和未思的问题。另一方面，在表达意见观点和说理时，平等交流，真挚诚恳，切勿居高临下、盛气凌人。

（一）敏锐洞察社会现象，深入思考社会问题

世界在不停地变化着，尤其是今天的中国，社会发生着巨大的变迁。但是这种变化不是一蹴而就的，它总是从细微的量变到飞跃的质变。作为

评论员，需要对社会现象有着敏锐的洞察力，从他人察觉不到的静态和看似正常中洞察微妙的变化，从习以为常中抓住问题。社会的很多变化常常是很细微的量变，评论员要能用自己的触觉捕捉到变化后质变的前奏。

《中国青年报》评论员曹林写的评论《“反腐规律”的失效与法治的胜利》，就是觉察到舆论过去总结出的很多反腐败规律，如“名字出现在党报上就很安全”“退休了就安全了”等，在高压反腐的今天都失效了。正是因为写作者具备了这种见微知著的能力，笔下才会有与众不同的观点和评论。

在写评论之前，应当慎重对待快速涌现在自己脑海里的观点，并学会“慢思考”。尤其是在网络发达的今天，当一件事情发生时，大量的信息与观点迅速涌现出来，评论作者更应当克制表达，学会倾听不同的观点，尽量去了解更多的信息，去进行更深入的思考。曹林的评论《从医生、记者到公知——传统精英职业在中国的下流化》，就是抓住了一个碎片化的社会热点问题，从中看到了一种耐人寻味的社会现象，将个案上升为普遍问题，认为“每个人都能看到的社会热点是：医生在当下中国社会中被‘妖魔化’了，医患冲突不断，医务工作者的形象很糟。但如果停留于分析医生形象为何被妖魔化的层面，格局就很小，也很容易走进套路。深入分析后我发现，不仅仅是医生这种职业被贬低，过去那些有着神圣光环的精英职业群体，在今天都面临着巨大的形象、声誉和‘下流化’的危机，被拖进了一个受到大众排斥和仇恨的舆论漩涡中，典型如医生、教师、校长、记者、专家和公共知识分子。”在评论中，他进一步分析了这种现象出现的几种原因：一是现代化祛魅，世俗化让传统赋予这些职业的神圣光环被无情剥离；二是消费社会使顾客成为上帝；三是公众对这些职业从业者期望太高，相对堕落感最强烈；四是网络使权力资本发生转移，大众成功实现对精英的逆袭。

如果没有这种对社会现象的敏锐洞察力和深入思考分析，也许作者只能停留在对医生或医患关系的浅层次评论上，而无法透析这一中国社会存在的普遍性问题。

（二）放低姿态，真挚诚恳，避免站在道德制高点的说教

在这样一个开放的、信息多元的时代，引导性观点新闻的评论者不应

高高在上、居高临下地说教，也不能站在道德制高点说教，任意针砭，而应当放下身段，平等交流，真挚诚恳地发表观点和意见，这样就会有更多受众愿意接受我们的观点。

2004年，中国举办了当年的亚洲杯足球赛。由于历史的恩怨，中日足球队的比赛总弥漫着一股很不友好的火药味。决赛是中日对抗，网友的帖子一个比一个激烈，球迷的躁动通过网络论坛迅速地传播和膨胀。甚至外交部都介入了，表态称“中方期待着中日球迷能在8月7日非常文明地欣赏到一场精彩比赛”。当曹林接到这个评论写作任务后，没有讲“文明观球”之类的道理，而是以“我们看着日本世界看着我们”为视角，用诚恳的态度进行议论，从让球迷在更大的视野中看待自身的行为对国家形象可能带来的伤害。

作为评论者，要避免站在道德制高点进行随意评论与批评，用同理心，将心比心。“将心比心”是一个心理学概念，亦称为“设身处地理解”“感情移入”“神入”“共感”“共情”，泛指心理换位、将心比心。引导性观点新闻的作者不是冷漠的批判者，而应善于换位思考，具有“同理心”。当然，设身处地的理解并不是为了妥协，不是让批评虚无化，降低批评的力度，而是让批评建立在一个有人情味的基础上，没有情怀的批判只会伤害人心和激发冷漠的对抗。

三、充分发挥论据的作用

引导性观点新闻不是空谈，而应有理有据，以理服人；对观点进行充分论证，这离不开典型、生动、有力的论据。好的论据能够有力地支持作者的观点和判断，使用高质量、充分的材料作为论据，不仅能为评论本身增加“附加值”，还能触发、提升作者的思考，使其作出高水平的判断，更重要的是可以影响读者甚至改变读者的认知结构。引导性观点新闻的论据如果使用不当或者不合理，不仅会影响读者对评论和媒体的不信任，影响读者对新闻事件的看法，甚至还会影响读者对现实世界的感知。那么，引导性观点新闻在选用论据的时候应该注意些什么呢?

（一）论据精当，增强论证的说服力

引导性观点新闻屡屡发现论据与观点之间存在不相关性，分析起来大多是由于论据选择的问题，使得观点没有得到充分论证，甚至起到了反作用。如有篇评论习作在论述要加强雾霾治理时，使用了“人血馒头”这样的论据：“可以说当今英美良好的空气环境都是吃了前人的人血馒头，还记得谭嗣同被捕前说的那句话吗？‘各国变法，无不从流血而成，今中国未闻有因变法而流血者，此国之所以不昌。有之，请自嗣同始！’所以如果想快速获得蓝天，没有人血馒头的改革是很难进行下去的。”人血馒头与雾霾有什么内在关系与联系呢？

评论作者在这里可能是想强调应加强对雾霾治理的决心与力量，但是维新变法与雾霾治理毕竟是差距比较大的两个事件，社会背景也完全不同，采用这个作为论据，没有多少必然的相关性，自然就缺乏论证的力量，很难让受众接受。

总之，论据是为论证论点服务的，选择的事实论据必须恰当，即与需要证明的论点之间存在相关性，否则，再生动的论据也起不到论证论点的作用。同时论据应当精练，力求“以一当十”。这就要求作者一方面精选事例，另一方面对事例进行概括，把与论点相关的事实用简练的文字表达出来，以达到论证论点的目的。

（二）要多选择典型事例作为论据，避免“孤证”

在引导性观点新闻的论据选择中，还应多选择典型事件作为论据，而不是寻找孤立的事例进行论证。作为论据的事件越典型，越有说服力，越能让读者心服口服。而孤立的事例，不仅达不到论证的目的，反而会影响评论的说服力。

有一年，浙江余姚发生水灾，全城被淹，公众习惯性地把矛头指向政府，认为政府预警不力、救灾不力、善后不力，甚至发生了围攻市府、迁怒媒体等群体性事件。有网友爆料称：余姚某镇领导下乡视察水灾，穿的是高档皮鞋，还让年近六旬的村支书背其过水，所谓“有图有真相”。这张照片立刻在舆论场中炸开了锅。可后来的调查显示，这名干部根本没穿什

么高档皮鞋，也不是要官威“骑”在村民身上，只是他与村支书是从小在一个村子里长大的，两人关系很好，纯粹是开玩笑。

曹林在就这件事情撰写新闻评论时，通过这个事例来让情绪化的受众看到自己陷于情绪中所带来的误判。然而，他觉得这个事例作为论据虽然典型，但还是属于孤证，又引用雅安地震中被误读的案例来强化文章论证的效力。后来这篇新闻评论获得了中国新闻奖一等奖。鉴于此文是精品，全文引用，供读者学习研究：

防范和克制我们的“灾难情绪”

有网友爆料称：余姚三七市镇某领导下乡视察水灾，因穿着高档鞋子，迫不得已由年近六旬的村书记将其背进灾民家里——水灾汹涌下民众苦不堪言，穿着高档鞋来视察的领导却让六旬书记背，这消息自然在舆论中炸开了锅，当地也在舆论压力下迅速严惩了那名干部。可据媒体最新调查称，那名干部穿的是布鞋而不是高档鞋子，也不是要官威“骑”在村民身上，而是两人关系很熟很好，支书背他不乏玩笑成分。

综合常识和在场其他人的表述看，这名干部被舆论和网友“冤枉”了，成了救灾舆论场中“由不得你解释”“一点就着”的情绪化舆情的牺牲品。

这事儿刚一曝光就在网上炒得很火，网愤滔滔之下，板砖和口水如雨点般砸向那个干部，并借此批评余姚救灾不力时，我一直没有参与评论。这种沉默，是刻意与这一情绪保持距离。因为事实和背景不清楚，针对“余姚镇干部视察水灾让老人背”的爆料，只是一个网友语焉不详的描述和一张图片，很容易根据这些进行义愤填膺的想象。不评论，是因为对网友的描述有不少怀疑，但不在现场又无法求证，只能等待后续报道；不评论，是想与网愤的距离远一些，也能与事实近一些。保持距离，在静默中等待更翔实的报道，才能客观理性。

果然，记者对此事的调查颠覆了网友轻率的曝光。记得芦山地震救灾时，也有一名基层干部被冤枉而受到处理，他并没有脱岗，只是深入了更艰难的灾区抗震救灾。舆论后来对被冤枉者充满愧疚。眼见未必为实，有图未必有真相，尤其是在我们看来很陌生的基层尤其如此，不能用自己的经验和想象妄下结论，有时候，自以为是的大义凛然和远离事实的道德优越感，可能只是不明真相下对他人的伤害。

这里想谈一个词：灾难情绪。通过这几天对余姚救灾网络舆情的观察，我注意到一个无法回避的现象，就是灾难来临时，舆论会弥漫一种与平日不一样的“灾难情绪”，这种不冷静的情绪如果得不到防范和克制，会滋生很多冲突，带来很多与自然灾害相伴生的“次生社会灾害”。

灾难情绪有很多方面的表现，它表现在灾难来临时人们天然产生的消极心态、发泄需求、安全焦虑和归咎追责的冲动。一方面是受灾者的不安和不满，突然遭遇地震或洪灾，猝不及防，日常生活被打乱，财产受到损失，生活产生不便，甚至不少人的家人失去生命，身处其中的人肯定会有情绪的。另一方面是围观者的不满，尤其在信息传播极为发达的新媒体时代，人们眼看到一座城市陷于洪水之中，看到很多人的求救，目睹灾难带来的伤害，自然感同身受，并习惯性地去追问责任，追问政府在救灾工作中的不力，批评相关部门预警的滞后与应急的不足。

这就是灾难情绪。这种情绪，一方面源于弱小弱势的人们在自然灾害前的惊慌，一方面源于对政府工作习惯性的不满。“余姚镇干部视察水灾让老人背”事件的发酵，就是灾难情绪的产物，人们带着负面情绪看待政府和官员行为，把一个情况不明的行为想象和解读成为“骑在人民身上”，然后对着这个假想敌发泄不满。

这种灾难情绪还会驱使民众带着放大镜和“找茬”心态去解读官员的一言一行，官员言语稍有不慎，就可能引发强烈的反弹。灾难舆论场中人们的心态比平常要敏感和脆弱很多，容易被激怒和点燃，也容易发酵成集体的不满，将对灾难的不安和伤痛，都转移和发泄到一个假想的“稻草人”身上并大加鞭挞。这种失去理性的情绪所激发的冲突，会耗散救灾的力量，形成社会性的“次生灾难”。

政府和官员需要重视这种灾难情绪，意识到公众的脆弱和敏感、不安与不满，少说话，多做事，以实际行动安抚民心。另一方面，舆论和公众也应该防范和克制我们的灾难情绪，不要不分青红皂白去苛责，不要不问真假就轻信轻疑，不要被别人一两句话就点燃。客观看待所发生的灾难，是天灾还是人为，是否人力不可及？不是所有的灾难下都有一个不负责任的部门。危难之时，共同的敌人是灾难，而不是官民，放纵灾难情绪只会造成更大的伤害。

（摘自《中国青年报》2013年10月17日）

（三）力求论据的准确与可靠

引导性观点新闻的作者关注的多是热点新闻，需要抢时效，有时由于匆忙评论，可能导致引用的论据不够准确可靠造成不良后果。如有一年重庆市高考出现31名考生民族身份造假的事件，一篇来稿对有关部门没有公布造假者身份进行评论，作者从已曝光的两名考生家长是官员的事实，认定能够为孩子制造假民族身份的考生家长都是有权有势的，而调查组势单力薄，进而推断未公布的原因是调查组顾虑考生家长的权势。这样的论据没有可靠的来源，论据与论点也没有必然的联系，结论显然是不可靠的。

在传统媒体时代，评论作者都注意进行相关知识积累和资料收集，以备自己在评论写作时使用。互联网问世之后，为评论写作材料的查找提供了极大的便利。评论作者通过关键词上网搜索便可得到大量的相关材料。但是这也带来了新的问题：获得的材料良莠不齐，有的甚至真假难辨，需要评论作者去进一步比较鉴别。对于一些从网络中找寻的论据信息，评论作者应尽可能接近其信息源头，避免信息在辗转传播中失真。同时，评论作者应尽量采用出自权威主流媒体的报道作为论据或评论的由头，这样才能保证论证的准确与可靠。

（四）注重论据的新鲜性

这里的“新鲜”有两层含义：一方面要求评论者应采用新鲜的论据，另一方面则要求评论者使用新颖的论据。引导性观点新闻应具有亲和力与可读性，这就要求其作者应选用比较新鲜的事例作为论据。尽管新闻评论对论据的时效性并没有硬性要求，但是以新近发生的事实作为论据，往往更能切中时代的脉搏，更让人感受到文章是针对当下发生的事实或存在的问题发表意见和看法，更具有新意。

另外，在使用论据时，评论作者应尽量采用新颖的论据。老生常谈的论据，比如论述孩子的重要性就用“祖国的花朵”、论述老师的论题就用园丁做比老师，不仅影响读者阅读兴趣，也影响说理效果。下面这篇评论使用了“希伯来人看待虱子”以及“没读完大学的比尔·盖茨成功了，美国人没有因此停止大学招生”的论据来批驳“以屠呦呦获诺奖来推断和评判院士制度优劣”，论据新颖，给人留下了较为深刻的印象：

别拿屠呦呦说事儿

“中国大陆科学家离诺贝尔奖还有多远”的诘问，于2015年10月5日17时30分终结。没想到这一刻真的到来时，各种“吐槽”瞬间在网上“爆棚”。许多人把目光集中在屠呦呦的“三无”身份上，即无博士学位，无留洋背景，无院士头衔。按他们的逻辑，因为中国大陆第一位获得诺贝尔奖的科学家“三无”，所以科学界以往那些荣誉、职位、学位和称号等大打折扣，甚至一文不值。

古代希伯来人发现，健康的人身上有虱子，有病发烧的人身上没虱子。于是，他们高兴地得出结论：虱子能使人健康。而事实的真相却是，人在发烧时，身上的虱子觉得不舒服，嫌热才逃离。因果联系是世界万物之间普遍联系的一种，也可以说是最重要的一种。但问题在于，并不是任意两种现象之间都存在因果联系。谁规定中国大陆科学家的第一个诺贝尔奖得主必须在院士中产生？以屠呦呦获诺奖来推断和评判院士制度优劣，便是犯了和古代希伯来人同样的错误。

我们的人才评价体系，包括院士制度当然有种种弊端而且亟待完善，但它一定是理性改良的结果，而不可能在情绪化的宣泄中完成。另一方面，无论院士头衔、博士学位，还是在《自然》《科学》等顶级国际学术期刊发表论文，都只是对科学家的评价手段。既然是评价手段，就不可能十全十美。诺贝尔奖又何尝不是！拿科学成就来说，获奖者不一定高于其他科学家，或者说其他科学家不一定逊于获奖者。就中国科学事业而言，没有这个奖时照样发展，得过这个奖后也未必因之加速前进。评价科学家的这些手段之间当然会有一定联系，但肯定不是必然联系，更不是因果联系。屠呦呦获奖是好事。好事来了，咱们最好淡然处之，而不必过度解读。否则，不是存心塞私货的话，那就是庸人自扰了。

收藏界有种说法，叫“捡漏儿”。在某种意义上，“三无”的屠呦呦是且只是一个“漏儿”。试图以她的“三无”否定现有科学共同体秩序的观点，无论多么具有煽动性和蛊惑性，都不足信也不可取。没读完大学的比尔·盖茨成功了，美国人没有因此停止大学招生；不会说外语的屠呦呦得了诺奖，中国人同样不会因此取消外语教育。必然中有偶然，偶然中有必然。这个道理平时谁都懂得，就算突如其来的喜讯让人有些懵懂，也不该失去起码的辩证能力。

呦呦鹿鸣，食野之蒿。屠呦呦在科学道路上孜孜以求的探索，终被国际科学界以“21响礼炮”的最高礼仪认可和肯定。事实上，这件事给人们最重要的启示是，科学有自己独特的发展规律，急功近利的行为无法创造一流的成果，只有在寂寞的长跑中不言放弃的人，才有希望达到光辉的顶峰。作为科学家的屠呦呦获得诺贝尔奖，圆了一个中国梦。请为她点赞，别拿她说事儿！（刘亚东）

（摘自《科技日报》2015年10月8日）

四、注重理性与逻辑的融合

尽管有人认为新闻评论要“动之以情”，也确实有不少评论通过动之以情达到了较好的传播效果，产生了一定的社会影响。但是作为引导性观点新闻更强调“晓之以理”，强调理性与逻辑的融合。为什么这么说？

首先，因为引导性观点新闻的对象是各种各样的新闻事件和社会问题，这些事件和问题在复杂的社会背景中产生，需要评论作者去阐释，给出理性和正确的判断。另外，其中一些社会事件和问题可能关乎不同阶层、不同社会背景、不同立场的公众利益，甚至涉及各种争议与冲突，对于这些争议与冲突，只凭情性的呼吁并不能产生良好的传播效果，评论者应当进行理性分析与讨论，通过科学论证使评论以理服人。

其次，与20世纪90年代末的观念启蒙阶段相比，当代中国社会已经发生了很大的变化，产生了很多的新问题与新情况，那个时代的情感表达已经不适合当代社会了。随着受众主体意识提升、知识水平的提高以及社会的开放与多元，只有对事件和问题进行冷静地剖析、严密地推理论证，方能让人心服口服。

再次，作为新闻评论者，有责任促进一个社会成员理性素质的提高，而为了达到这个目的，他必须自己首先做到运用理性与逻辑来说服别人。

但是，在评论写作中缺乏清晰的逻辑与论证，又是一个较为严重的问题。究其原因，一方面可能有些评论作者并没有受过相关的训练，缺乏逻辑论证意识和素养。另一方面，在中国传统的思维中，比较习惯于形象思维，并不十分重视说理的逻辑推理论证。要改变这种局面，最好是评论作者都能学习一些形式逻辑知识，懂得概念、判断、推理，了解同一律、矛盾律、排中律。掌握科学论证的方法对观点新闻的写作也大有用处。这里介绍几种在新闻评论中常用的逻辑论证方法。

（一）演绎推理在观点新闻论证中的运用

演绎推理是指从一般到个别，即从某一类事物已知的普遍规律中推导出其中某一个事物的性质；因为个别事物的性质包含于它所属的这一类事物的共性之中。一般而言，只要前提是一般的，结论是个别的，就属于演绎推理。演绎推理是一种必然性的推理，其论点和论据之间的联系是必然联系。这种推理方式在新闻评论中运用十分广泛。

在演绎推理的使用中，老一辈评论家运用得非常多。众所周知，毛泽东同志经常为新华社写稿，写下了不少名篇。在他的作品中，逻辑严密，论证有力，是新闻评论写作学习的佳作。他的名篇《为人民服务》就用到了演绎推理：

人总是要死的，但死的意义有不同。中国古时候有个文学家叫做司马迁的说过："人固有一死，或重于泰山，或轻于鸿毛。"为人民利益而死，就比泰山还重；替法西斯卖力，替剥削人民和压迫人民的人去死，就比鸿毛还轻。张思德同志是为人民利益而死的，他的死是比泰山还要重的。

从"人固有一死，或重于泰山，或轻于鸿毛"和"为人民利益而死，就比泰山还重；替法西斯卖力，替剥削人民和压迫人民的人去死，就比鸿毛还轻"，从这两个具有一般意义的前提推出个别结论"张思德同志是为人民利益而死的，他的死是比泰山还要重的"。这是典型的演绎推理。

我国著名评论家、《大公报》主笔张季鸾先生也是善用演绎推理的高手。他的名篇《蒋介石之人生观》其中运用演绎推理：

男女，人之大欲也。其事属于本能的发动，动物皆然，不止人类。人生得真正恋爱，固属幸事。然其事不可必，目恋爱对象，变动不常，灵魂肉欲，其事难分。自生民以来，所谓有美满之姻缘甚少矣。然恋爱者，人生之一部分耳。

从一般的前提“男女，人之大欲也”和“自生民以来，所谓有美满之姻缘甚少矣”推论到个别的结论“然恋爱者，人生之一部分耳”。

（二）归纳推理在观点新闻论证中的运用

归纳推理正好和演绎推理相反，它是一个从个别推导到一般的推理过程。归纳推理在人们的社会生活中运用非常普遍，如我们常说的“无官不贪”“无商不奸”，其中都蕴含着归纳推理。又如我们去买橘子，当店主让我们尝了其中一个橘子是甜的，我们就会认为这个店里的橘子是甜的。这里面都蕴含着归纳推理方法。但是应该注意的是，归纳推理由于归纳无法穷尽所有的被归纳现象，因而前提和结论之间并非都具有必然的联系。

归纳推理在新闻评论中也得到广泛运用。2018年12月21日召开的中央经济工作会议提出，要支持民营企业发展，营造法治化制度环境，帮助民营企业解决困难。光明网对此发表了评论《以精准赋能助民营企业解决痛点渡过难关》（2018年12月29日），其中有这样一段话：

近年来，民营企业的生存状况受到普遍关注。盘点2018年的热点事件，“民营企业生存难”是绕不过去的新闻关键词。一方面，“私营经济离场论”及其变种多次出现在舆论场中，社会对民营经济的迷思导致民营企业家信心不稳；另一方面，眼下民营企业面临各种实际困难，比如融资难、税负负担重、转型乏力、政商关系扭曲等。认识论上的谬种流传与客观存在的发展痛点，都指向民营经济的生存窘境。

在这段话中运用了归纳推理的方法：将“社会对民营经济的迷思导致民营企业家信心不稳”这种认识上的“谬误流传”和“民营企业面临各种实际困难”的“发展痛点”两者归纳为一点：“都指向民营经济的生存窘境。”

湖北省松滋市王家桥镇卫生院请知名作家写工作总结，这一违规将公文“外包”的事件曝光后，相关人员受到处罚。《燕赵晚报》就此发表评论《公文“外包”是形式主义的哈哈镜》（2018年12月27日），其中采用了比较典型的归纳推理：

> 公文“外包”、心得抄袭凸显不正文风。职能部门发公文、文件，代表的是一级部门的政策理论水平，“学习心得”更应是发自内心，悟有所得，是深刻领会中央指示和文件精神，结合本地实际，因地制宜，认真写出的本单位、本人的工作文件，绝不能抄袭和外包。然而，从几年前陕西宝鸡市公安局交警支队抄袭山东淄博考驾照的内容，到此次公文“外包”、心得抄袭，弄虚作假屡见不鲜，说明脱离实际、脱离群众、投机取巧、华而不实的文风是不少机关的普遍现象。

这里把“陕西宝鸡市公安局交警支队抄袭山东淄博考驾照的内容”和这次公文“外包”事件联系在一起，归纳出论点：“脱离实际、脱离群众、投机取巧、华而不实的文风是不少机关的普遍现象。”

不过，由于归纳推理是一种或然性推理，其前提和结论并不存在必然联系，因此要警惕建立在非典型样本之上的论证，或者把不同性质的事物归为一类，犯以偏概全、“轻率归纳”的错误。

（三）类比推理在观点新闻论证中的运用

类比推理的原理是根据两个事物的许多属性是相同的，而且已知的一个事物还有其他属性，由此推论另一个事物也具有相同属性。类比推理是从某个个别事物的特征推论另一个其他个别事物的特征，强调的是事物之间的相似性。当我们对一个新的事物进行分析判断时，往往要借助于对类似事物的认识。这是普遍存在而且容易启动的思维过程，因此，它在新闻评论的论证中也运用得相当广泛。

刘亚东在《别拿屠呦呦说事儿》这篇评论中，用“希伯来人对于虱子的无知看法”来与“以屠呦呦获诺奖来推断和评判院士制度优劣”进行比较，便是典型的类比推理在新闻评论论证中的运用。当然在使用类比论证时应注意类比与比喻的区别，也要注意不同事物之间有着不同的性质与规律，而这可能成为类比论证的障碍。

（四）其他论证方法在观点新闻论证中的运用

还有一些论证的方法虽然不属于逻辑推理的方法，但在观点新闻的论证中也经常用到。

1. 对比论证法

对比论证法是通过对不同事物进行比较从而明辨事理、阐明论点的论证方法。对比分为横向对比和纵向对比。横向对比是对于处在同一个区域、同一个时间节点的不同事物进行对比；而纵向对比则是对于处在不同区域、不同时间节点的同一事物进行对比。2018年我国改革开放四十周年，媒体纷纷发表庆祝改革开放四十周年的相关评论。光明网“时评频道”在评论《改革开放四十年，盘点满满获得感》（2018年12月29日）中运用了纵向对比和横向对比的方法：

从新中国成立至改革开放，勤劳的中国人民用了三十年时间，在曲折中前进，建立了门类齐全的工业体系。改革开放以来，我们不断突破僵化的经济体制对生产力的束缚，建立、完善社会主义市场经济体制，以联产承包责任制激活农村活力，公有制经济不断优化壮大，民营经济繁荣发展，外贸和投资高速增长。1978年，我国国内生产总值仅2683亿美元，全球排名第15位；如今国内生产总值则高达13.7万亿美元，位居全球第二位，其中工业生产总值居于世界第一位，相当于美、日、德、俄等国的总和。2018年全球五百强企业排名中，中国以120家入榜数量居于第二位，接近美国总数126家，远超第三位日本的52家。全国铁路总里程12.7万公里，高铁里程居全球第一，从“绿皮车”到“复兴号”，见证了亿万国人出行方式的转变。世界十大港口中，中国拥有七个，运输着全球四分之一的货物。

全球摩天大楼有一半在中国，已连续10年成为新建摩天大楼数量最多的国家。从1997经济危机到2008金融危机，中国以体量巨大、富于韧劲的经济，对稳定地区乃至全球经济起到了重要作用。进入新时代以来，我国树立绿水青山就是金山银山的发展理念，从追求经济高速增长，转变到追求高质量增长的新阶段。可以说，改革开放四十年，我们找到了一条适合中国国情的经济发展道路，探索出了有自己特色的经济模式。

把1978年改革开放前与2018的国内生产总值放在一起比较，这是纵向对比；把中国的“全球五百强企业排名”数量与日本、美国的数量放在一起比较，这是横向对比。通过对比，更有力地支撑了作者的论点。

2. 分析论证法

评论者在评论中有时会遇到比较复杂的问题和现象，将其作为一个整体比较难以论述。这时比较好的论证方法就是将其分为几个部分，对关键部分或每一个部分分开论述。《更应反思山寨文化何以会流行？》一文对“山寨文化”进行剖析，首先把它和山寨商品区分开来，然后再进行论述。《南方都市报》的评论《智库化更有利于实现媒体价值》（2018年12月29日），其中有一段对“中国媒体的智库化转型有危有机”进行了“危”和“机”的分析论证，令人信服：

中国媒体的智库化转型，可谓“有危有机”。就前者而言，在新媒体的冲击之下，传统媒体必须提供更具深度的内容，才不会失去核心竞争力；就后者而言，随着数字化、网络化、智能化等技术的推进，深度数据挖掘、数据分析、人工智能等技术的不断应用使得智库产品以数据为驱动，更科学、更精确，结合传统媒体原有的优势，媒体的智库化转型一定大有作为。

3. 反驳论证法

反驳论证法是对一些错误、片面的观点，通过对其论点、论据或者论证等进行批评驳斥，从而达到论证目的的论证方法。2018年1月5日《北京青年报》对如下新闻事件进行评论：上海一中学教师缪某在高级教师资格评审公示期间受到质疑，该教师曾于2015年在医院与医生发生肢体冲突，将医生打至骨折尿失禁；2016年10月，想申报落户，却遭网友举报，最终“因个人原因，自愿撤销”落户申请；近日，高级教师资格评审公示，又被网友揪出，并对其师德提出非议。面对质疑，上海市闵行区教育局12日作出回应，认为该教师不存在师德问题。认为学校和教育局未接到家长和学生对其有违师德规范等方面的投诉，其未涉及《中小学教师违反职业道德行为处理办法》所规定的相关问题。在评论中作者对“闵行区教育局回应认为该教师不存在师德问题”进行了驳斥①。作者认为这个说法显然不能服众。按照《2016–2017年上海中小学教师职称制度改革及评定条件》规定，申报高级教师职称的教师放在第一条的硬性条件是师德要求：“拥护党的领导，胸怀祖国，热爱人民，遵守宪法和法律，贯彻党和国家的教育方针，忠诚于人民教育事业，具有良好的思想政治素质和职业道德，牢固树立爱与责任的意识，爱岗敬业，关爱学生，为人师表，教书育人”，第二条才是学历和资历要求。对照第一条师德标准，两年前在医院殴打医生的缪某闹那么大动静，产生了极其恶劣的社会影响，闵行区教育局领导不知道？这一师德失范行为比起家长或学生的举报，影响不知道恶劣多少倍，毫无疑问，缪某在“为人师表”上显然不合格。再对照第二条标准，一级教师岗位工作满五年是前提条件，而缪某打人事件发生在2015年，还在其一级教师岗位任职期内。《北京青年报》的评论通过有力的反驳论证表明这位教师是存在师德问题的。

4. 归谬论证法

归谬论证法是把对方的观点作为前提接受，并以此推演下去，直到推出荒谬的结论，从而论证该观点的错误。由于它可以将对方的观点置于荒谬的地位，并且能把隐藏的问题直接暴露出来，往往能够产生较好的传播效果，所以在新闻评论中经常被采用。如毛泽东的《评战犯求和》中的一段就是运用归谬法的经典案例：

蒋介石说：“要知道政府今天在这军事、政治、经济无论哪一方面的力量都要超过共党几倍乃至几十倍。”哎呀呀，这么大的力量怎样会不叫人们吓得要死呢？姑且把政治、经济两方面的力量放在一边不去说它们，单就

① 维扬书生:《打人女教师评高级何以引发质疑?》,《北京青年报》2018年01月05日。

“军事力量”一方面来说，人民解放军现在有三百多万人，“超过”这个数目一倍就是六百多万人，十倍就是三千多万人，“几十倍”是多少呢？姑且算作二十倍吧，就有六千多万人，无怪乎蒋总统要说“有决胜的把握”了。

上文提到张季鸾的《蒋介石之人生观》一文实践上也是归谬法在观点新闻中的应用：

呜呼，常忆蒋氏演说有云：“出兵以来，死伤者不下五万人。”为问蒋氏，此辈所谓武装同志，皆有美满姻缘乎？抑无之乎？其有之耶，何以拆散其姻缘？其无之耶，岂不虚生了一世？累累河边之骨，凄凄梦里之人！兵士殉生，将帅谈爱，人生不平，至此极矣。

第三节　引导性观点新闻写作的基本要求

一、写作者应具备的基本素养

观点新闻的引导性对社会舆论方向起着至关重要的作用，因此决定了引导性观点新闻的写作者必须具有较高的素养。由于此类观点新闻的写作者主要是媒体理论、评论部的编辑，这里实际上论述的是媒体评论工作者应具备的素养。

（一）政治素养

写作者应具有较高的政治素养，能够正确把握领会党和国家大政方针，了解党和国家政策走向和发展趋势。就社论写作而言，社论往往代表编辑部，甚至在某些情况下代表同级党委政府发言，经常对全局性的重大问题、重大事件以及党和政府的大政方针进行阐释，对实际工作和生活中具有指导意义的事件和问题进行分析和判断。其他评论的写作也是同样的道理，所以要求评论者具备较高的政治素养。

首先，写作者要有正确的立场、坚定的信念，对党的路线方针和基本政策非常熟悉，在政治上、思想上和党中央保持一致。写作者需要站在党和政府的立场上传播党的方针、政策，及时传达党中央和各级党委的声音。

其次，写作者要有政治家办报意识，始终满怀政治热情，关注党和国家的大事，胸怀全局，钻研党的方针政策，力求能通过评论及时、正确地宣传党的路线方针政策和中心工作，动员和教育广大人民群众为实现党的总任务、总目标而奋斗。

再次，写作者应具有高度的政治敏感性。政治嗅觉敏锐，“春江水暖鸭先知”，能在风起于青萍之末时识别风向，对于新出现的社会动向、社会思潮能敏锐地辨别。面对重大事件、重要问题时，能够分清是非、辨明方向。而对纷繁复杂、冲突和矛盾不断的转型期社会，写作者要有政治意识、大局意识、核心意识和看齐意识，抓住事物发展的主要矛盾，认清事物发展的方向，从复杂的局势中分清正确的政治方向，并通过新闻评论为受众释疑解惑，指明方向。

（二）思想素养

引导性观点新闻的写作者必须具有较为深厚的思想理论修养，能运用科学的思维方法和评论方法来提出问题、分析问题、解决问题。这种理论素养不仅包括马克思主义的相关理论素养，也包括各种相关知识的理论素养。很难设想，一个思想理论水平不高的观点新闻写作者能够透过错综复杂的社会现象、抓住事物的本质，有见微知著、鞭辟入里的透视力和真知灼见、透彻深刻的剖析力。引导性观点新闻的写作者要正确地阐述党的方针政策、及时分析和讨论各种社会思潮，帮助和指导受众提高认识世界、改造世界的能力，这要求写作者具有较高的思想理论素养，善于用科学的方法和理论来分析问题，揭示事物的本质，以有效引导舆论。

（三）知识素养

引导性观点新闻的写作者必须具有良好的知识素养，眼界开阔、知识渊博。一篇好的引导性观点新闻是和其写作者良好的知识素养分不开的。

很难设想，一个知识浅陋的人能写出以理服人、以情动人的好评论文章。评论工作涉及各行各业各种问题，这要求其写作者有丰富的知识储备，只要有可能，写作者应该什么书都读一点，什么知识都涉猎一下，以开阔眼界。评论工作者不仅要学习和精读马克思主义的基本著作，也要多学些历史知识、文学知识，懂点科学技术知识。

与此同时，写作者还应当具备深厚扎实的文字功底。观点新闻不仅风格多样，语言也富于变化，还需要严密的推理论证，这些都离不开对于语言文字的熟练掌握与运用。

总而言之，具有丰富知识、熟练掌握语言文字技巧的写作者更容易产生丰富的联想和独到的见解，会有更多的灵感、思想的生发和表达的激情与文采，写出来的文章也更具有感染力和说服力。

二、写作的基本要求

社会的进步与发展、网络时代的到来使媒体的观点新闻既面临着机遇，也面临着各种竞争与挑战。

（一）选题应兼顾政策导向与现实问题回应

引导性观点新闻不仅代表媒体编辑部的立场、观点，有时它甚至代表了党和政府的声音，尤其是党委机关报，它在一定程度上代表同级党委，直接表达党委的观点和意图，传达党和政府的声音。因此，观点新闻往往需要配合党和政府的重大方针政策进行宣传与阐述。同时又要吸引读者，要为公共利益服务。写作观点新闻，写作者在选题时又应了解社会现状、分析社会问题，体察民情，把握人民群众的思想脉搏，研究现实生活中涌现的新思想、新情况、新问题，抓住现实生活中百姓关切的问题来写。因此，党和政府的重要会议召开、重大纪念日和节日、重要决策和法令的颁布、全国和地方发生的重大新闻事件以及社会生活中迫切需要解决的问题，都应该成为引导性观点新闻的选题，只有这样引导性观点新闻才能够为更多受众所接受，从而真正起到舆论引导的作用。

（二）论证说理应当深刻透彻

引导性观点新闻是表达观点和意见的文本，它提出对当下问题、新闻事件的看法与观点，最重要的是应当以理服人。观点新闻写作者应当善于运用马克思主义的立场、观点、方法来进行论证，应经过具体分析和严密论证，通过充分的说理，以理服人。在进行分析论证时，应掌握、分析各方面的情况，弄清不同问题之间的联系，分清主要矛盾和次要矛盾，抓住问题的关键，集中笔墨，一层一层说透。同时，应分析不同公众对问题的认识程度和情况，哪些是公众认识不清或者是存在疑惑的地方，为什么会产生这种认识，根源和症结在哪里。然后在阐述自己观点的时候，有针对性地消除公众的这些疑惑，充分阐释自己的观点。这样有利于把道理说透，可以增强文章的针对性和说服力。

同时，对于一些抽象的道理，要善于结合具体问题进行分析。写作者要善于把抽象的大道理化成小道理，把抽象的问题具体化，通过典型材料、典型事例论证说理。

（三）文风要精练朴素、严谨庄重，也要平实近人

观点新闻尤其是评论性观点新闻讲求写作的文风。以社论为例，传统的社论常常以文字冗长、空泛无物而让人望而却步。在新的历史时期，为了更好地发挥社论的功能和作用，适应快节奏的时代脚步，应当改进社论写作的文风。作为引导性观点新闻的社论则应该既精练朴素又严谨庄重。精练朴素是指在其观点新闻写作时打破程式化，不“穿靴戴帽”，不拖泥带水，开门见山，直截了当，笔锋起落直击主题。在论述问题时，紧紧围绕所要分析的问题，重点突出，文字简短，尽量避免枝蔓横生、泛泛而谈。同时说理要平易近人，不要居高临下，要考虑到读者的接受心理。

此外，因引导性观点新闻多是就重大新闻事件、重要社会问题以及重大方针政策而进行的评论，因此与其他观点新闻相比，引导性观点新闻应更为严谨庄重。而这种严谨庄重多是通过文章结构与句式的使用体现出来的。焦喜峰通过对《人民日报》社论的章法结构进行研究发现，《人民日报》社论结构稳定、句式严整。其社论多采用“总—分—总”型结构，开

头开门见山提出主题，然后分段进行并列或递进式论证，最后照应总结。这种章法使得文章纲目清晰、条理分明、中心突出、一目了然。在句式的使用上，《人民日报》社论多使用包括因果、转折、假设、并列等关系在内的复杂的复句，这样能使观点表达更为周详、更具有逻辑性、更严密，表现形式也更整饬。但同时，它使用较长的单句以及联合或并列类词组或短语，使文章更具有扩展性和雄辩性[①]。长句结构复杂、内容丰富，能表达复杂的思想与内容，有较强的逻辑性；短句表意简洁、明快有力，有利于发挥引导性观点新闻的宣传鼓动性。二者相互配合，也显示出社论文风的庄重与严谨。

① 焦喜峰：《〈人民日报〉社论章法技法研究》，《科技信息》2010年第23期，第166页。

第九章 社会化媒体与政务新媒体观点新闻的采写

2003年，美国学者丹·吉尔默（Dan Gillmor）关注了自媒体（We Media，也译作“公民媒体”）现象，并对诸如网络论坛、社交网络、博客等网络新媒介的特点进行了比较分析，认为这些新媒介最显著的特点在于传播信息的同时，可以实现传播者与受众间的互动交流，而参与传播过程的所有人都可以获得即时表达自身见解的机会。他同时指出这种新媒体不同于以往所有传统媒体的传播模式，将会引发传播领域的变革①。

2003年7月，美国新闻学会媒体中心公开发布了由肖恩·鲍曼（Shayne Bowman）和克里斯·威尔斯（Chris Eills）撰写的全球首份自媒体专题报告《自媒体：大众将如何塑造未来的新闻和信息》（We Media：How audiences are shaping the future of news and information），初步界定了自媒体的基本概念：“自媒体是大众借助数字化、信息化技术，与全球信息及知识系统连接后所展现出来的大众如何提供、分享他们自身的信息、新闻的渠道和方式。”②在自媒体十分普及的今天，用户已经不满足唾手可得的新闻信息分享，更热衷于新闻观点的表达，积极参与话语传播，行使宪法所赋予的知情权、参与权、表达权和监督权。

微博、微信作为网络自媒体，传播新闻信息成本低廉，用它作为观点新闻信息的平台，能让公众更便捷开展互动传播，更好地表达观点，激活民智。微博等自媒体用户是通过共同爱好或共同利益联系在一起的，微力量的聚合改变世界。自媒体用户在网络空间中寻找同类的聚居地，发表意

① Dan Gillmor，“Here Come We Media，”Columbia Journalism Reviw，January/February，2003. 该刊为数字期刊，网址：http://www.cjr.org/year/03/1/gillmor.asp，2014-8-15.

② 陈宪奎、刘玉书《2003—2014年中美自媒体研究和比较分析——基于数据挖掘的视角》，《新闻与传播研究》2015年第3期，第80页。

见，宣泄情绪，消遣娱乐。自媒体时代的网民可以主动搜寻自己感兴趣的新闻信息，也可以主动发表观点。自媒体已然成为网民观点公开、互动讨论的强大平台。网民以普通用户为主体，但也有其他认证用户，其中政府等公共权力主体也利用微博、微信平台开发信息发布功能和公共服务功能，借助自媒体中用户的体量，快速传播发布观点新闻。

第一节　社会化媒体观点新闻的正面效应与失范问题

麻省理工学院媒体实验室的创办人、著名未来学家尼古拉斯·尼葛洛庞帝（Nicholas Negroponte）在1995年出版的《数字化生存》（Being Digital）一书中谈到，“信息的DNA”正在以极快的速度取代原本的原子而成为人们生活中的基本交换物。电视剧和计算机也在技术的不断发展下减小差别，最终呈现的不过是大小不同罢了。而之前大众传媒自上而下的单向传播也转变为以个人为中心的双向沟通。信息不再是由大众传媒传输，受众被动接受，而是由信息的被“推给”演变为主动“拿过来”。同时，信息革命也带来了移动传播的转变，计算机不再受制于键盘和显示器，而是能与人们随时随地地产生联系，能够抚摸或能够穿戴的媒体。这些发展都将变革我们的学习方式、工作方式、娱乐方式——一句话，我们的生活方式①。数字化生存的时代，新媒体显然成为人与人，人与物（机器），人与社会之间的孜孜不倦的连接者。从衣食住行、休闲娱乐到工作学习、交流交往，新媒体随时随地都伴随人们左右。如同当初印刷术、纸张的发明与普及，使文字成为人们传播活动的主要工具一样，自媒体技术的快速发展与普遍应用，使自媒体成为用户行使话语权的有效工具。网络意见领袖作为交互话语空间中的重要角色，影响着人们的思维方式，改变着人们的生存方式，孕育着数字文化的新力量。

一个普通的草根博主可能会因其成功的自媒体运营，吸引大量的粉丝

① [美]尼古拉斯·尼葛洛庞帝:《数字化生存》，胡冰、范海燕译，海南出版社1997年版，第4页。

关注而成为网络名人或网络红人[①]。"学习粉丝团"微博是新浪微博"高级达人"，由一名普通的江苏无锡打工者张洪铭创建，经常发布领导人的行程消息等信息。曾被《华盛顿邮报》《明报》《大公报》等新闻媒体作为网络意见领袖的代表，被国内外媒体报道[②]。"罗辑思维"微信公众订阅号，每天早上六点半左右发出一条"罗辑思维"语音，谈论一个话题（当然有时也旨在推销书籍等商品）。如果订阅用户回复语音中提出的关键词，那么就可以获得一个链接，点击阅读能够深入解读话题。自媒体满足人类的传播需要的手段是丰富多彩的，包括文字、声音、图形、影像等符号，其中影像传播具有多种符号同现的综合展现力。

自媒体传播中既有语言符号又有非语言符号。语言符号中的文字语言、声音语言，非语言符号中的形体符号、色彩符号、空间符号、音响符号等诸多手段综合展现同一事物所承载的全部"意义"，这些意义因其直观性而强烈地刺激观众的视听感官，并会留下深刻的印象。正是"影像的视觉直观性、现场可证性与语言、文字的逻辑性、阐述性和说明性相结合，实现优势互补，才能够同时作用于人的形象思维和抽象思维，充分发挥人的左右脑和其他感觉器官的作用，调动人们的经验、知识积累和文化背景，整合成为完美的、最有效的信息传播方式"[③]。自媒体之所以受到人们的青睐，正是建立在此特性之上的。

网络意见领袖是由普通的自媒体用户通过注册博客、微博、微信公众等账户转发或生产新闻、公众话题等信息，吸引大量粉丝关注，进而形成的具有强大影响力的用户。网络意见领袖的微观点表达是指网络意见领袖生产传播观点新闻信息等活动。网络意见领袖的微观点表达通常来自微博、

① 网络名人是指在各行各业确定显著成就，并得到网民认可、推崇的人士。网络红人是指在现实或者网络生活中因为某个事件或者某个行为而被网民关注从而走红的人。他们的走红皆因为自身的某种特质在网络作用下被放大，与网民的审美、审丑、娱乐、刺激、偷窥、臆想以及看客等心理相契合，有意或无意间受到网络世界的追捧，成为"网络红人"。因此，"网络红人"的产生不是自发的，而是网络媒介环境下，网络红人、网络推手、传统媒体以及受众心理需求等利益共同体综合作用下的结果（参见百度百科）。广义上，网络红人是不需要权威组织机构赋权而获得众多人认可的人。网红遍布各行各业，比如演艺圈中的网红、商圈中的网红、知识界的网红等。

② 陈思：《草根粉丝微博与传统媒体微博在发布政务活动信息上的差异》，《中国传媒科技》2013年第8期，第147页。

③ 史剑辉：《DV传播：大众影像话语与文化》，《池州学院学报》2010年第4期，第106页。

微信公众号等自媒体渠道。

一、社会化媒体观点新闻的正面效应

自媒体被称为“舆论场”，其原因不仅在于自媒体的公开性，也在于自媒体较高的信息覆盖率与较低的信息扩散门槛。不少政府部门利用微博的传播特性开设了“新闻发布厅”，建立了大量具有公信力的“公媒体”，维护了政府形象，提升了执政能力，扩大了舆论话语权。而在重大事件发生后，由网民集体参与的舆论场日趋强势，甚至对传统媒体进行了内容上的反哺。传统媒体在进行事件报道时，也越来越倾向于参考微博网友的意见与观点的报道。

自媒体环境中的观点新闻的整合力和回馈力是传统媒体鞭长莫及的。显然，微博、微信等自媒体的使用成本较其他媒体低廉，成为用户获得新闻、发表观点的理想选择。对突发事件、热点焦点问题的关注，用户会主动选择微博等自媒体，主动聚合、互动商讨、积极发表观点，促进事态朝有利于问题的解决和公众利益的方向发展。

（一）形成民意表达的新渠道，唤起沉默的大多数

在大众传播的语境下，传统媒体往往占据着主导权，为受众提供单向议程，也在强有力地进行着舆论引导。自媒体传播的最大的特点便在于其平等性，网民人人均可发言，也有可能成为意见领袖。网络具有天生的去阶层化的特质，所有人都可以借助网络平台发表自己的观点。表达权是个体向社会传播信息并影响舆论的权利。传播媒介掌握在谁的手中谁就掌握了意见表达权。随着以网络技术为依托的自媒体诸如手机电视、博客、播客等个人自媒体的发展，大众传播媒体的话语垄断权有所削弱，这客观上为大众行使话语权开辟出了广宽的天地。

自媒体以其制作成本的低廉性、思想传达的自由性、网络传播的广域性与快捷性、现场纪录的实证性以及声画融合的逼真性等赢得了广大传播人及接受者青睐。在个人媒体传播环境中，传播者和接受者往往是合二为

一的，这为大众话语权的实现开拓出了一定的空间。语言的社会运用是在语言市场中进行的。所谓语言市场是指无论什么时候，当有人发言，其接受者能够对其发言进行评估、赋值并确定价格的时候，就可以说存在着一个语言市场。既然有了市场就离不开资本。语言资本是控制语言价格塑形机制的权力，这一权力使得价格塑形的法则以符合人的有利条件的方式和以能够获取特定剩余价值的方式运作。显然语言资本是同发言者的社会地位、经济地位紧密联系在一起的。就当下大众传播媒体来说，它们总把目标受众定位于拥有一定经济政治权力或有较强消费能力的社会阶层。大众传播媒体对经济利益的优先追逐，限制了媒体的定位和方向，客观上造成了大众传媒对社会弱势群体的忽视甚至排斥，使他们基本上处于失语的状态，在媒介话语权的争夺中被边缘化。

数字化传播环境为自媒体开拓了广阔的传播市场。随着自媒体的普及，越来越多的自媒体用户加入了话语生产与传播行列。用户在自媒体上进行信息的生产、传播的同时，也就真正拥有了传播的话语权。在这样的公共空间之中，一些用户更愿意以匿名性的方式表现自己的专业才能，成为具有草根性质的意见领袖。且网络意见领袖由于不存在于任何机构之中，使其在发言时往往会更具有便利性，以同为公众的共情心理发声，使自媒体平台成为网络社会中的新型民意表达渠道。

伊丽莎白·诺尔·诺伊曼（Elisabeth Noelle-Neumann）在研究大众传播效果之时提出了“沉默的螺旋”（The Spiral Of Silence），其中指出在现实生活中，大众媒介往往会通过影响意见环境来影响少数人群的看法，在人们发现自己处于“劣势”意见之时，往往更倾向于沉默或者附和。而在自媒体中，匿名性和互动性的特点使越来越多的公众不再受到意见环境的影响而敢于发言。网络意见领袖分布的广泛性也在舆论的“利基市场”中成为少部分人群的代言人，在发表观点新闻之时引起具有相同观点的公众的注意力，使原本孤立的人群在网络意见领袖的发言中“抱团取暖”，甚至在观点的不断表明中吸引不同意见的人群靠近，出现少数意见的滚雪球现象。这对于事件发展和舆论引导来讲，有利于真理的发现和错误观点的辩驳。在传统媒体中沉默的少数人意见在不断沉默中被多数人意见所淹没，使观点以一方独大而呈现，而众多“少数”在网络意见领袖的带领下促进了舆论场的多元化，为每个公众赋予了表达观点、阐述意见的渠道，从理论角度而言，自媒体为民主社会的形成提供了良好平台。

（二）发挥意见领袖作用，有助于舆论监督的建设性和多元化

自媒体中的网络意见领袖具有天生的社会政治作用。网络意见领袖分为稳定型意见领袖和流动型意见领袖。稳定型的网络意见领袖的影响力来源于现实社会在网络中的映射；流动型的网络意见领袖往往指随着在某个社会热点的发生而以观点取信于民，成为该热点事件中的意见领袖，这类意见领袖往往并不具有稳定性，会随着热点事件的消解而逐渐沉寂。

对于稳定型网络意见领袖来说，他们往往具有专业的分析能力，具备参政议政的能力，可以在社会热点焦点问题中利用自身的影响力、独特的分析角度、娴熟的表达能力发表观点，在发表观点的同时也充当了官方和民间社会矛盾的弥合者，在主流价值观的引导下促成协商民主的实现。这也是一种建设性的舆论监督。《环球时报》总编辑胡锡进2020年2月8日在微信公众号“胡锡进观察”发表的文章《给李文亮贴“殉道者”标签对他不公，对社会的悲伤不公》中以理性的立场对一些极端声音表示反对，也对地方政府的举措质疑，成为政府与公民之间矛盾的调和者：

给李文亮贴“殉道者”标签对他不公，对社会的悲伤不公（节选）

一方面我们要拒绝跟着那种极端的声音跑，坚决反对那些人把我们纪念的李文亮打扮成“坚持异见”的政治标签，那既不是真实的李文亮，也不是大家心目中的李文亮。

另一方面也希望政府不要因为少数人在那样干就忽视了李文亮去世后激烈舆情中那些真实正当的元素，偏移了注意力。

我们要对李文亮表达深深的敬意，同时要通过他的事情促进应有的反思，强化应做的改进。这个过程中坚持实事求是应是基本原则。做出这些反思和改进，同时坚决打赢疫情反击战都是对李文亮的告慰，而给他贴“反抗者李文亮”、甚至“殉道者李文亮”的标签则是对他英勇形象的异化和恶意消费。怀念李文亮就要还原一个真实的他。我最后想说，李文亮没

有走，他在继续与我们一起战斗。

（微信公众号“胡锡进观察”2020年2月8日）

而对于流动型网络意见领袖来说，他们往往是来自底层或民间，观点发表完全代表着民间的诉求和底层的呼声，可以引起公众的情感共振，通过日常的生活积累以及独到的观点和广泛的公众基础，成为舆论场中的生力军。

但无论是哪种意见领袖，在自媒体中都存在着一定的号召力，能够在面对社会问题时，通过强有力的影响力和传播力，成为舆论的动员者，促成积极正面的社会共识的形成，推进舆论监督民意场域的构建。

（三）设置网络议程，与传统媒体互动

在传统媒体时代，大众传媒发挥着其“把关人”的功能，在选取报道事件之时会受到政治因素、宣传因素、经济因素等多重因素的影响。公众在传播流程中是“被动”的角色，在舆论引导中成为没有多少主动性的被引导者。

自媒体时代是用户运用自媒体自由书写的时代。微观点的生产与传播，已成了用户记录见闻、评判现实的有效方式。自媒体文化构建是创作者对身边事物、心中意义视觉化的过程。网络意见领袖的微观点是当下文化生产力中的新元素，它的驱动力并不只是传播权利的获得，而是自下而上来自用户的话语的生长力，这股力量来自用户心灵与思想深处，鲜活、普遍而广博。就其发展现状而言，还需进一步推进其发展，使其逐渐构建为一个关注人与社会本真的自媒体文化系统。微观点在自媒体空间的表达，借助不断培养起来的影响力，成为新型的议程设置者。自媒体人不仅仅在信息发布中比传统媒体更容易接近事实发生地点和事实真相，且在舆论引导中因更契合公众思维和诉求而强化了议题的引导能力。

2016年7月12日，菲律宾南海仲裁案仲裁庭做出了非法无效的最终裁决。面对这种情况，中方多次发表声明指出，菲律宾共和国阿基诺三世政府单方面提起仲裁违背国际法，仲裁庭没有管辖权，中国不接受，不承认。多家媒体报道了“海牙国际仲裁法庭作出非法无效裁决”的最终判决结果。

网络“大V”及网民也及时发表了“坚持领土主权，拒绝仲裁和干预”的观点。网络“大V”和网民一致维护中国对南海的领土主权，表示不管仲裁结果如何，均不接受仲裁，部分舆论暗示美国无权“指手画脚”。英国汉语教学研究会会员“@西征木兰”认为：“领土主权在我，不允许任何形式的仲裁。”紫网在线签约专栏作者“@蒹葭苍苍”认为：“美国，一个连《联合国海洋法公约》都没有加入的国家，有何资格对其他国家领土主权和海洋划界问题指手画脚?”网友“@苏昱成”认为：“连仲裁都是不应该的，一国主权不容他人指手画脚。就算仲裁结果有利也绝不承认，否则等于变相认可国际法庭之行为。”网友“@HHJJU”指出：“南海就是中国的，谁还要一个不相干的国家仲裁!”公众在微观点的表达中出现与传统媒体的不谋而合与互动，在网络意见领袖的带领下凝聚了共同体的形象。

再如2019年6月24日，一段女子在街头遭男子凶残踢打的视频流传，此后网络中出现大量讨论，之后引起澎湃新闻、封面新闻、《长江日报》等多家媒体关注，进行事件起因调查，同时网络意见领袖“@孟非”“@陈里”等发表微观点，形成传统媒体跟踪报道与自媒体微观点的议题互动，推进事情进一步解决。

二、社会化媒体观点新闻表达失范与思考

“失范”这一概念在17世纪后被使用，马里·居友（Mali Juyou）的早期作品提及这一概念，他不认为“失范”是一种邪恶的东西，而是伦理学进步的体现，是自治的一种补充，“失范本质上是一种个人自由的解放”[①]。法国社会科学家埃米尔·涂尔干在《社会分工论》中认为：“失范状态，它造成了经济世界中极端悲惨的景象，各种各样的冲突和混乱频繁产生出来。”[②]在20世纪的美国，也有学者对失范理论进行探讨，默顿（Merton）分析了人们对于职场、金钱以及其他需求与社会规范之间的不协调性。综上所述，失范是社会转型过程中发生的社会规范的变迁和社会成

① 转引自朱力：《失范范畴的理论演化》，《南京大学学报（哲学·人文科学·社会科学版）》2007年第4期，第131—144页。

② [法]埃米尔·涂尔干：《社会分工论》，梁东译，生活·读书·新知三联书店2000年，第338页。

员行为的混乱。故失范可分为两个层面。从宏观层面来说，失范涉及整个社会的法律法规、制度体系和社会秩序，是社会在转型过程中出现的既有规范的解体与无序化。从微观层面来说，失范是社会成员的态度或行为的偏离，是在自我社会化过程中对社会既有秩序的违背。往往宏观和微观两个层面上的失范是并行且互相作用的，社会秩序的失范引起社会成员对规范的无知和慌乱，个体成员态度行为的失范是社会规范滞后的标志，同时期盼于新规范的诞生。

规范是社会关系在各个层面的规训化的体现，也是内化为人们心中约束自身的规制，失范是对规范的解构，也无法对社会行为继续产生约束作用。道德（伦理）、纪律和法律都是人们行为的规范[①]。道德是在非强制条件下结成的重在克己的社会关系；纪律是在一定的社会组织中产生的规范性动作组成的社会关系；法律是整个社会建立在“同意权力”基础之上的社会合意组成的社会关系。网络意见领袖以庞大的粉丝群体为基础成为社会关系链条上的中心成员群体，其微博内容涉及多层社会关系，因此我们将表达失范按照影响社会秩序的维度分类分为道德失范维度、纪律失范维度、法律失范维度。

（一）道德失范及其表现

道德是一种价值基础，是建立在人们自然生活中处理人与人、人与社会关系基础上的非强制性的集体共识和行为准则。道德的核心是一种既有的价值体系，通过对事物好坏、事件是非曲直的判断表现出来。高兆明认为，“道德失范”指的是在社会生活中作为存在意义、生活规范的道德价值及其规范要求或者缺失，或者缺少有效性，不能对社会生活发挥正常的调节作用，从而表现为社会行为的混乱[②]。这一定义在强调规范和价值缺失的同时也阐明了道德失范是一种社会现象，是依托于社会结构本质的变迁而出现的表征。道德作为集体的共识，是占有主导性地位的价值规范，故而道德失范在不同的社会环境下亦会有不同的表现。在明晰道德失范的过程

① 潘效兰：《纪律、法律和道德伦理规范的比较分析》，《安徽电力职工大学学报》2002年第2期，第46页。

② 高兆明：《简论“道德失范”范畴》，《道德与文明》1999年第6期，第8页。

中，需确定现有主导性伦理规范的存在合理性；在遵从共同价值目标的价值前提下，探讨超脱现有生活方式和交往方式规范的意义表达体系。

1. 传播虚假信息，听信谣言

自媒体在以其迅捷性弥合时间跨度的同时，又以聚合社群的方式填补了空间跨度，创造了“无时间的时间”和“流动的空间”。时间上的延续性和空间上的延展性扩大了信息传播的深度和广度。而技术带来的不仅仅是真实而有价值的信息的传递，同时也为诽谤、谣言、色情等信息大开了方便之门。自媒体为公众提供了表达意见的平台，在当事人迅速告知事件真相的同时，追求参与感的公众则可能成为虚假信息的追随者。

作为极具传播力和影响力的群体，网络意见领袖存在这样的问题：为了吸引眼球，导引流量，发布或转发未经证实的信息，煽动公众情绪。任一奇等在对自媒体谣言的演化机理研究过程中指出，自媒体谣言不同于一般谣言，有自身的传播特点和加工特点，主要方式有张冠李戴式、无中生有式、断章取义式、添油加醋式、关联名人式。无论是哪种谣言加工方式，其都显现出自媒体的低成本复制功能。在自媒体情境下，从用户层面来说，谣言扩散的传播机制主要来源于草根化叙事和裂变式传播。[①]

而无论是在谣言扩散的哪个层面，网络意见领袖都可能以媒体或意见领袖的形式成为对谣言传播推波助澜的重要因素。网络意见领袖的转发或评论成为粉丝在信任关系下的消息来源。

2. 泛娱乐化传播，发布不良内容

社交媒体环境下“人人都有麦克风”的传播格局削弱了媒介的把关属性，未经筛选的信息充斥网络。话语权的下放使得原本的精英文化变为迎合大众趣味的大众通俗文化，同时大众在解读文化过程中按照自己的思维进行解码，并最终呈现为文化信息的平民化和趣味性。马升翼根据德国学者弗兰克·施尔玛赫（Frank Schirrmacher）的论述指出，网络时代人被不断的异化，并表现为注意力被吞噬、记忆力被消磨、创造力被抑制、阅读能

① 任一奇，王雅蕾，王国华，冯伟，《微博谣言的演化机理研究》，《情报杂志》2012年第5期，第50—54页。

力被扼杀等[①]。在巴赫金的狂欢理论中，狂欢不再仅仅是节日的庆贺，而是全民性的仪式化参与，成为颠覆官方的民粹式活动。而微博恰恰提供了这样一个全民性的平台，用户在参与中享受，获得快感，在“迷因（meme）”效应下产生模仿行为并塑造潮流形象，实质上是加强了对网络的认同感。而背后的资本逻辑与网络推手的蓄意炒作更“成就”了微博的商业化和娱乐化，在商业动机驱使下，网络意见领袖成为谋取利润的工具，通过粉丝群体的情感营销和熟练的宣传技巧，受雇于公司而成为某种情感内容的助推手。同时，网络意见领袖在自身的社交圈层中进一步强化泛娱乐信息的传播，公众在回声室效应中不断沦为被娱乐蚕食的对象。用户也在对名人、八卦、恶趣味中解构精英文化，拉近阶层距离，在娱乐参与中进一步被娱乐化。泛娱乐化信息传播中，主要体现为三方面的信息：一是传播低俗、色情、暴力等不良信息，二是炒作明星或名人出轨、绯闻等信息，三是歪曲历史，解构英雄烈士，存在历史虚无主义和价值观的混乱。

3. 标签化叙事，语言表达情绪化，助推群体极化倾向

社会学家贝克尔（Becker）认为，在社会团体制定某条规范的同时，也为“越轨”行动提供了依据，而规范之外的行动即为“越轨”。同时规范之内的人成为自己人，而从事“越轨”行动的行为人则成了“圈外人”[②]。此时的“圈外人”并非因其本身的个性特质而出现，而是因社会的共有规范性的突破而被定义。标签本是某个单一个体的特质或行为表现，发生标签定义后，亦即对该类特质和表现以某种符号形式进行指代后，泛化后的标签就成为对特定群体的污名化处理。污名的负面信息成为吸引受众眼球的客体，受众在对标签的态度表明中实现对事件的参与并演化为态度的极端化。而网络意见领袖通过标签的应用，迎合受众的刻板印象，并形成态度共鸣，最终在圈层传播中倾向于群体极化。在自媒体的情境视阈下，关注效应和跟随机制促使粉丝寻找到自身感兴趣的网络意见领袖，并与其他粉丝一起在共同信息接收中寻找到情感共鸣，从而处在“信息茧房”中远离其他观点和外部干扰，成为无意识集体中的一分子，极易被情绪语言和标

① 马升翼：《网络时代人的异化新表征——读施尔玛赫〈网络至死〉》，《中共南京市委党校学报》2013年第1期，第100—102页。

② [美]贝克尔：《局外人：越轨的社会学研究》，张墨雪译，南京大学出版社2011年版，第9页。

签化用词所煽动。部分网络意见领袖以标签化的叙事口吻加侮辱性的用词，完成对客体形象的构建并撕裂社会共识。

4. 反智文化盛行，语言污化

有学者提出，“网络社会中充斥着言语暴力、仇恨、民粹主义等现象，甚至是网络犯罪、网络恐怖主义等恶性事件，导致了公众参与的无效性”①。网络媒体传播具有伤害性、侮辱性、煽动性的内容，从而对现实社会成员造成伤害；或者“假借正义的名义制造社会话题，影响公共舆论”②，引发社会分歧或焦虑，走向网络意见领袖影响力的反面。美国思想家理查德·霍夫斯塔特（Richard Hofstadter）在《美国生活中的反智主义》一书中首先提出“反智主义”，指出大众对于精英文化的反感。③而在自媒体中，反智文化的体现之一就在于将受众设定为低素质群体，传播反权威式、反精英式的抵抗话语。在话语权理论中，话语是构建社会关系甚至整个世界的主要维持物，人们因话语而得到权力。传统媒体时代，话语权掌握在权威媒体和精英人士手中，奉行高雅文化和主流价值观，而大众虽拥有人际交流的权利，却只是存在于小圈子中的交流，圈子中的文化偏向于宣泄。同时自媒体部分“大V”在审丑、反智文化的思潮下，跟随潮流，顺应网络受众需求，以彰显自身的标新立异和对现实的反抗性，并以此来获得社会认同感或进行流量变现。

（二）纪律失范及其表现

纪律，指的是一定社会条件下社会成员为维护集体利益和保证工作顺利开展而必须遵守的行为规范。张晨在《纪律规范弱化的原因、表现及治理对策探析》一文中指出，纪律规范作为社会规范的重要构成部分，是在公共领域、公共场所发挥约束、控制和管理作用以保证基本的秩序和协调正常的效率的公共规则。其规范权威和作用地位下降，是纪律规范弱化的集中体现④。我国公民，尤其是中共党员、行政官员在自媒体上的言论代表

① 杨峰：《论网络政治参与权的法治保障》，《电子政务》2016年第6期，第48页。

② 顾理平：《网络舆论监督失范行为的几种表现方式》，《新闻与写作》2014年第10期，第37页。

③ [美]理查德·霍夫斯塔特：《美国生活中的反智主义》，何博超译，译林出版社2021年，第3页。

④ 张晨：《纪律规范弱化的原因、表现及治理对策探析》，《中共乐山市委党校学报》2017年第3期，第85页。

的不仅仅是其个人，更是党和国家的形象，少数网络意见领袖无视纪律规定，擅自发布诋毁社会主义制度、党和国家形象，妄议中央，破坏社会安定，显然是严重的纪律失范。我们将违反党政纪律，包括诋毁攻击国家、政党、政府、种族、民族等的表达失范行为视为纪律失范。

1. 违背集体主义，彰显极端个人主义

新媒体时代，人类生活节奏的加快和以用户为中心的媒体技术的特征，促进了碎片化阅读方式的形成和“个人主义”人生观的强化。一方面，自媒体的使用使每个人都成为节点，现实生活中的社会属性被消弭，每个人都成为自己微博世界的中心，成为“被关注者”的中心，用户信息的发布和观点的评价都被粉丝密切关注，在此基础上，用户也实现了自我的成就感。另一方面，用户通过微博获取的信息量呈指数函数的形式迅速增长，提升其认知能力的同时也提高了对自己的认可度。成就感和认可度的迅速提升一定程度上也使个人脱离群体而倾向于“自恋”形式，并通过自媒体进一步展现，自媒体在成就现实生活中“高孤独感”的个体的同时也助长了极端个人主义。

2. 诋毁国家、政党、政府、民族，传播民粹主义

民粹主义强调的是人民与精英之间的对立关系，将普通群众集合成的“同质化的整体”当作政治的唯一决定性力量。而现代社会中，民主意识的崛起和技术的赋权使得“反权威反主流”意识抬头，并汇聚为民粹主义，表现为对党和政府的抵抗，是一种极端的大众意识。针对政府，一旦出现谣言或涉及政府治理与管理的事件，即会触发网民的敏感神经，并站到“声讨”政府的角度，将错失归咎于政府；针对精英阶层，则表现为极度的仇视或者极度的蔑视，通过对知识分子的不屑来表明自身的独特性。网民们以“砖家”称“专家”、以“叫兽”称“教授”，以此来通过语言对其身份进行符号暴力。而公共事件中，关乎社会公平、社会公正的矛盾激化则成为民粹主义产生的源头，非理性的“暴民”在仇富、仇官中形成群体盲思。而网络民粹主义则依托其去中心化而变得更为分散，在不同的社会阶层汇聚为更为宏观的力量，影响力更为巨大。在涉及公共利益的事件中，极端、偏激性的表达成为吸引人们注意的因子，演化为与政府对抗的反精英力量。

在自媒体的场域中民粹主义的生成则更具复杂性。一方面，自媒体用户从数量上而言极为庞大；从空间上而言分散极为广泛，遍布各个阶层和地区；从时间上而言，可以横跨过去和未来。这决定了自媒体中存在矛盾的复杂性和多重性，同时更易引起群体性的网络聚合，对民意事件产生情感共鸣。另一方面，以大众传播加人际传播链条共存的社交媒体渠道进一步扩大信息的传播范围，通过自媒体“热搜”和“话题榜”进行议题设置的大众传播，再通过弱连接加强连接的人际传播建立关系。同时，部分网络意见领袖则成为民粹主义的代言人，解构主流文化的传播，并造成群体的慌乱。2015年天津“8·12”特别重大火灾爆炸事故发生后，部分网络意见领袖发布恶意言论，扰乱社会秩序。网络意见领袖吴稼祥称“天津的爆炸已成为大规模杀伤性武器，堪称爆破界杰作”①，将爆炸事件曲解为恐怖主义。另一位“大V”将天津爆炸事故与广岛、长崎原子弹爆炸相关联，渲染恐怖气氛，甚至有人发布辱骂消防队员的言论，恶意配发血腥图片②。

3. 违反政治纪律，破坏党风政风

遵守党的政治纪律，是与党中央保持一致，遵守党员权利和义务的基本要求。在政治纪律方面，应做到增强党性，形成作风建设的长效机制，从而营造良好的政治生态。但部分党员或政府官员仍存在着虚无倾向、模糊倾向、回避倾向、实用倾向等四种作风不良的“市场化”倾向③。党员在人民群众中都具有较高的地位，同时在做人做事中也起着行为示范的作用，而这也决定了其在人民心中的话语权和地位。现实身份映射在网络上则不再仅仅只代表个人，更是党和政府的整个形象。但部分党员“大V”弱化纪律规范，对于政治纪律的原则性不清楚，在各种利益诱惑面前违背马克思主义，并表现为唯利是图。为腐败、危机、混乱等埋下了祸根，挑战党的权威的同时，违背党的政令政策，破坏党的形象。部分“大V”言行有失，与党和政府“对着干”，在发泄情绪的同时彰显伪个性，破坏社会安定和谐秩序，造成“劣币驱逐良币”的不良现象。

---

①《国家网信办依法查处360多个传播涉天津港火灾爆炸事故谣言网络账号》，中国网信网2015年8月14日，http://www.cac.gov.cn/2015-08/14/c_1116261244.htm，2021年3月31日。

② 同上。

③ 龚晨：《违反政治纪律和政治规矩的现象透视》，《中共云南省委党校学报》2015年第6期，第108页。

（三）法律失范及其表现

法律是指由国家最高权力机关或专门立法机关保证实施，依据一定立法程序所制定的规范性文件，是基于社会“同意意志”认同的一致性所形成的“同意权力”，是社会公众行为规范的最低底线。但自媒体“前台”“后台”的分割性使少数网络名人在缺乏完善的网络规制的环境中滥用影响力，在营造自身角色过程中，为吸引注意力而无视法律法规和道德底线。为此，相关部门指出，需依法关闭某些网络“大V”账号①。

1. 侵犯公众权益，危害公共安全

自媒体中数字化的信息成为人们在虚拟空间表达情感、发表意见和传播信息以及交际的主要手段，其复制简单的特点和表达者个人法律意识淡薄或缺乏媒介素质，使得侵权现象时有发生，而在针对虚拟社会中权利与义务的规定不尽完善的背景下，一些以自媒体为代表的“网络水军”在监督的旗号下从事犯罪活动，与媒体人或政府官员进行勾结，频繁组织实施大规模有偿发帖、有偿删帖、有偿公关等网络行为，涉嫌从事敲诈勒索、强迫交易、诈骗、非法经营、寻衅滋事、侮辱诽谤、侵犯公民个人信息等违法犯罪活动②。突出表现为对隐私权、著作权、名誉权的侵害。

2. 媒介审判，干扰司法工作

媒介审判是指媒体在司法未判决之前对犯罪嫌疑人通过媒体进行犯罪定性并展开引导性报道，从而通过形成巨大的媒体压力和舆论压力影响案件判决的公正性。自媒体作为碎片化信息的聚集地，呈现的有些新闻是碎片化信息拼凑出来的，往往偏离事实真相，是带有情感偏见的“拟态环境”。造成媒介审判的原因一是自媒体的“蝴蝶效应”。自媒体中有数亿的节点，一旦某个节点发出的信息引起人们的猎奇心理或者共鸣，就会在“meme”效应下迅速传播，并引发网民“狂欢”下的惊涛骇浪。二是自媒体的“雪崩效应”。前文已经提到人际传播在自媒体“人肉搜索”中的巨大作

① 姜珊：《浅析微博监督的合法性——以大V微博被关为例》，《商》2016年第9期，第210页。

② 熊本：《公安机关重拳打击“网络水军”违法犯罪关闭“大V”账号1100余个》，中共中央网络安全信息化委员会办公室2018年12月8日，http://www.cac.gov.cn/2018-12/08/c_1123825003.htm，2021年3月31日。

用，而在隐私信息传递的同时，也存在对当事人的“网络暴力”行为，并形成人人声讨的局面，为当事人贴标签，并以庞大的群体心理造成舆论压力。三是蜂窝型群体中的信息传播。自媒体中因兴趣而组成的群体成为具有部分同质化特点的小团体。从团体内部来说，信息的共鸣点加速信息的传播，从群体外部来说，依靠两个团体中共有的成员进行群体外传播，并使分散的小群体最终组合为整个网络声势。

综上所述，网络意见领袖的表达失范可分为道德失范、纪律失范和法律失范。上述三种表达失范类别既有其共性又有个性和区别，三者都是公众在日常生活中需要避免的失范问题。解决法律失范和纪律失范问题，依靠法律和纪律的强制力可以解决，目前已有许多明确的文本形式予以规定，这些法律法规亦是公众应遵守的底线。而道德失范则是非强制性的，主要依靠社会舆论即多数人心中的集体共识和伦理信念进行规制。道德失范不仅与法律失范和纪律失范关联，还涉及法律和纪律之外的其他失范问题。

第二节　政务新媒体观点新闻与舆论引导

自媒体观点新闻同样对舆论具有引导作用。李普曼在其著作《公众舆论》中提出：“当代意义最为重大的革命不是经济革命或政治革命，而是一场在被统治者中制造同意的艺术革命……在新一代掌权者的政治生活中，劝服已然成为一门自觉的艺术与大众政府的常规器官。还没有人开始理解这场革命的结果，然而说如何制造同意的认识将改变所有的政治前提将毫不为过”①。如果说，借助传统媒体制造“同意”与“劝服”常常与国家机器为伍，是一种外在的、灌输式的“硬性传播”，那么新媒体和传统媒体互动公益传播与和谐社会同在，可以说是“内在的、自觉的、公民全身心投入”的“传播艺术”。

“言之无文，行而不远”，微博、微信等自媒体观点新闻传播同样应讲求传播艺术。社交媒体是以实时话语交谈为基础的，最大的优势在于“确认性精准传播”，即“传受”双方能够通过声音确认对方的身份并实时互动

①［美］沃尔特·李普曼：《公众舆论》，阎克文，江红译，上海人民出版社2002年，第197—199页。

完成传播。社交媒体还可以通过短信、微博、微信等方式在“传受”双方不同步的情况下进行，有些重要信息可能因得不到及时确认而影响传播效率，或者因接受者的有意忽略而终止了传播。因此，当微博、微信等方式不能实现“确认性精准传播”时，传播者往往会通过交谈（语音通话）完成，交谈本身是借助话语“元信息场”影响或改变对方思想的一门艺术。

手机媒体跨时空交谈，在完成确认性精准化传播、提高个体话语传播效率的同时，也为舆论场闪电式扩散注入了强大的能量。话语如同影像，具有较强的实证性。通常情况下，一个人经过成年变声期之后，其音域、音调等基本元素就进入稳定状态，且具有身份实证性。言为心声，声音印象及语音语调能全面而真实地传递话语，表达观点，这为舆论的形成与扩散创设了“真实话语空间”。手机媒体话语真实性交谈，为舆论领袖及其追随者提供实时互动的“真实话语空间”，与其他媒介创设的“虚拟环境”相比，前者更具亲和力、感召力、高信任度。手机作为个人传播工具，在公益话语传播中，常以“自己人”或“熟人”身份，借助于语音交流、文本短信、QQ群聊、微博、微信、易信方式互动交谈、宣泄情绪、表达观点，构建公益话语空间，形成了舆论影响力。当突发事件与大多数人权益息息相关时，共同的意愿会聚集大规模的关注；在传统媒体无法满足公众的信息需求时，手机媒体发挥其开放式互动传播的特长，参与舆论引导。突发事件中手机媒体舆论引导构成了手机媒体公益话语传播的一部分，随着手机媒体传播的常态化，其舆论引导的功能不仅得到手机用户的积极运用，也引起了政府部门的注意，开始广泛应用。

一、政务新媒体微观点的特点

当今社交媒体背景下，政府也利用微博进行内容发布、舆论引导、与民互动，将其作为发布信息、为民服务的平台。微博等社会化媒体本身的平等性、交互性和实时性都使得政府可以在微博上发表简短消息公布，建立与公众之间的和谐关系。政务微博专指政府部门或相关政府官员因处理政府事宜以及公共事务而创办的微博。2011年被称为“政务微博元年”，便是因为在这一年中政务微博数量激增，政府部门开始重视微博搭建的民意疏通渠道，利用微博与公众产生亲密互动，以有利于政府其他工作的正常运行以及社会管理。显然，政务微博也成为政府继媒体、网站之后的主要信息发布平台，成为政府微观点的承载者，这种微观点在微博场域下适应媒介特点，显然也具有了与传统媒体中观点表达的不同特征。

（一）议题多元化

传统媒体时代议程主要是由政府和传统媒体进行设置的，在观点新闻的传播中也占据着主导地位。而在新媒体时代，公众成为舆论场中新的议程设置者，与传统媒体进行互动形成议程设置的交互性。议题的多元化也使政府在传递观点时，以不同的新闻事实或信息事实为支撑，既发布关于政策法规、法令等动态信息，同时也发布关于天气、交通等与公众息息相关的信息，通过议题的丰富性和议题的延展性，不断为自己预设“百事通”的角色，成为公众进行咨询、求助的重要平台。

与此同时，政务微博针对社会中的热点、焦点问题及时发布相关信息。网络时代生活中的任何事件都可以在网络上因涉及公众的敏感点而形成“meme”式传播，在快速扩散下凝聚为舆论声势。此时政务新媒体及时针对公众的疑惑进行解答，既避免虚假信息的弥散式传播，同时也防止自身在消息迟缓中陷入“塔西佗陷阱”。

（二）表述亲民

法国社会学创始人加布里埃尔·塔尔德（Gabriel Tarde）认为，“交谈是形成舆论的一种媒介，我们认识到，交谈是一个经久不衰、无所不在的媒介，是一条看不见的涓涓细流，它渗透在一切时代、一切地方，虽然它未必很有规律”。①话语沟通是典型的“确认性精准传播”，就话语传播效果而言，面对面的交谈拥有绝对优势。交谈过程中既有声音（言语），也有影像（眼睛看到的一切景象），还有其他感官器官获得的大量信息，如体味、直觉、心理感应等，所有这些共同构成了强大的人际话语传播的“元信息”互动场。舆论正是借助人际话语交流的“元信息互动场力”，能够快速有效地交换信息，进而汇聚成真实可感知的“元舆论信息场”。

① [法]塔尔德:《传播与社会影响》,何道宽译,中国人民大学出版社2005年版,第245页。

我们不妨从这个意义上理解，塔尔德将交谈认定为形成舆论的有效媒介，源于交谈过程中“元信息互动场”形成的强大驱动力。在这里，交谈双方能够达成共识实现交谈的最高目标。现实中，小到个体之间的日常交往，大到国家之间重大问题磋商，常常要通过面对面交谈（或谈判）的方式才能达成最终目标。随着人们活动时空的扩张，交谈的时空也随之扩大。当面对面的人际话语传播方式不能满足个人及社会话语传播需求，人的嘴巴与耳朵急需“延伸”时，手机（语音通话手机）应运而生。当人们需要嘴巴、耳朵、眼睛综合“延伸”时，多媒体智能手机应运而生。从单一的听觉媒介，到视听兼备、“动静”（或走动或静坐中生产、消费信息）并举的全媒体，手机拥有了名副其实的话语传播力与舆论引导力。

微博基于手机带来的移动传播给公众带来了“类人际传播”的新体验。政务新媒体在Web2.0的时代也开始摒弃传统媒体权威式、下达式的消息命令，转而顺应公众的交流语言风格，以群众语言、群众特色呈现出了其亲民性的特点，给予公众平等性、互动性和民主化的“类人际传播”的心理感受。2012年10月20日，重庆市公安局网安总队官方微博（“@重庆网警”）发布如下博文：

仁杰：元芳，对当今一些低龄女性被强奸诱奸之事，你怎么看？元芳：大人，这背后一定有一个天大秘密！仁杰：我隐隐感到网络有天大危险。元芳：大人，微信比网络交友，更高效。仁杰：以我断定，摇一摇可能摇出色狼！仁杰：要提高警惕，别轻易接受陌生微信信息，给色狼可乘之机。元芳：大人真乃神人也！

该博文紧跟时代潮流，运用网络流行语“元芳体”，在提醒公众注意安全的同时，也契合了公众的情感需求，政务新媒体微观点以去严肃化的形式表达严肃内容，拉近了与公众的距离。

（三）影响力的增强

在政务新媒体的“类人际传播”中，公众与政府基于平等地位进行交流，而政务新媒体也突破了原有的“居高临下”式的信息传递，而增加了信息的服务性，通过与公众的沟通与互动，为自身设置媒介形象，树立以民为本，重视为社会服务的管理模式。政务新媒体在网络中的亲民性语言使传播流程由不对等的情况变为真诚的沟通。政府微观点在沟通交流中无意识地将观点传递给公众，在“零距离”对话中进行舆论整合，增强传播效果和影响力。

二、政务新媒体在观点市场中的作用

我国政务新媒体自2009年开始兴起，由湖南省桃源县的“@桃源网”首开先河。根据第47次CNNIC报告（中国互联网发展状况统计报告）显示，“截至2020年12月，我国在线政务服务用户规模达8.43亿，较2020年3月增长21.6%，占网民整体的85.3%”，“截至2020年12月，经过新浪平台认证的政务机构微博为140 837个”。目前政务微博不仅仅用来发布信息，更成了政务服务的重要平台。政务微博在观点市场中承担着信息发布、舆论引导、宣传主流价值观的重要作用，既通过自上而下的信息公开保证公众的知情权，借助微博的辐射式传播迅速发布信息，掌握话语主动权，又在自下而上的“观点的自由市场”中成为舆情的监测员，消解了官本位的政治传播理念，拓宽了公众监督的渠道。

（一）及时发布信息，抢占舆论高地

政务新媒体与传统媒体相比，可以主动发布信息，及时对民意进行回应。在社会热点议题中，往往会引起社会舆论的剧烈反响，在网络意见领袖的带领下形成了舆论多元的格局。此时政务新媒体就成为辟谣、引导舆论的主要平台，政府利用微博进行议程设置、塑造政府形象，传播正面信息，在传递信息的过程中做好公共服务，不仅有利于社会管理，也对政府本身高效民主形象的维护具有重要作用。2020年新冠肺炎疫情期间，全国诸多地方政府均利用微博进行疫情信息公布，如“@上海发布”“@山西发布”等进行疫情信息的实施播发，为公众提供预警信息的同时，抢占舆论高地，防止谣言的滋生。再如2019年12月1日上午9：28，在广州大道北与禺东西路交界处出现地面塌陷，且因塌陷区已被水体覆盖，土体塌落，

给救援工作带来极大困难。广州地铁官方微博“@广州地铁”及时发布消息称“具体原因正在调查”。之后发布了“关于十一号线沙河站路面坍塌事件的续报”。政府利用政务新媒体的微观点及时向公众公开政务信息，增加了政务的透明度。

（二）保持与民互动，监控微博舆情

微博具有天生的公民表达的色彩，在微博匿名性、开放性的加持之下，公民与政府在微博中持有平等的主体身份。而手机带来的移动传播也使得公众可以随时随地地浏览信息、发表观点。微观点成为组成微博场域的主要舆论，微观点中包含着公众的现实诉求和对事实的看法。政府通过入驻微博，将微博作为体察民情、勘测民意的主要工具，建立与民互动的沟通渠道。政务新媒体既可以通过发布政务微观点，关注网民评论以观察其看法；同时亦成为微博中的“大V”所在，民众在具有直接诉求或者有对政务的看法观点时均可以通过“@”形式将自身观点直接送达政府。政府同时也可以通过对微博中的舆情分析，及时了解当下公众的社情民意，以此在矛盾激化之前及时采取措施，防患于未然，提升危机意识，根据舆情的演化规律而进行针对性、有效性的危机处理。

（三）去“隔层”对话，宣传主流价值

在巴赫金（Bakhtin）的对话理论中，对话的前提是语言和话语，“语言、话语——这几乎是人类生活的一切”。在没有语言、没有话语的地方，不可能有对话关系；在事物之间，在概念、判断等逻辑范畴之间也不可能产生对话关系。由于人的全部思维，都具有对话的性质，因此，“对话的边界纵横交错在人们现实的思维空间里”[①]。对话的狭义概念是人与人的交流，但从广义概念上来看，还指不同阶层、不同领域、不同范围人群之内的交流。在话语方式不同的语境中，即使是基于相同的语言和相同的背景，同样无法达成对话的和谐。在只有“独语”的情况下，是无法传递消息，亦无法凝聚共同价值观的。

对于政府而言，政务新媒体则跨越单向性质的宣传而实现双向的交流，

①《巴赫金全集》（第四卷），河北人民出版社2009年版，第324页。

同时在交流中不仅仅是话语之间的互相传递，而是在语言文化和语言形式的同一种形成意义的共享。官方话语和民间话语具有天生的不同特点，官方话语为维持自身的严肃性和权威性而保持严谨；民间话语则依靠语言的多样性和独特性来表示自身的创造性。政务新媒体的存在为官方话语在民间话语的平台上准备了“表演”的“前台”，通过亲民性语言的表达，实现去“隔层”对话。在和谐对话形式中，既是官方话语对民间话语的妥协，但同时也使主流价值观在官方与民间的“共舞”中达成共识。

第三节　微信公众号观点新闻的写作

一、微信公众号的现状及其发展

微信公众号是开发者或商家在微信公众平台上申请的应用账号，该账号和QQ账号互通，平台上实现和特定群体的文字、图片、语音、视频的全方位沟通、互动。2012年8月17日，微信正式推出微信公众号，微信公众平台正式向普通用户开放，命名为“官方平台”和“媒体平台”。在微信公众号开放之时，微信作为一个社交媒体平台已经运营一年，积累了大量的用户资源，一大批商家和用户均看中了这块大蛋糕，将其作为发布消息并与用户互动，吸引眼球的平台，一大批自媒体争相入驻。微信由社交媒体向社交媒体与大众媒体融合的媒体形式转变的契机，也正来源于此，不仅仅为用户提供信息交流的平台，更为用户提供了各种信息的接收机会。而微信公众号最大的魅力也正来源于其将信息发布权放权给普通用户。申请微信公众号的主体不仅可以是组织，个人也可以自由申请账号来进行运营，正如其口号中指出的，“再小的个体，都有自己的品牌”。以微信公众平台为中心的舆论生态环境也由此诞生。2013年8月5日，微信公众号被分为订阅号和服务号，订阅号主体可以是组织和个人，而服务号则只能是组织，其功能也在分类中分开。服务号主要是为用户提供相应的服务，帮助用户能够获取其所欲知组织的相关信息，每月可发送一条信息；而订阅号则内容更为广泛，帮助用户随时随地找到相应信息。2013年也被称为“微信公众号元年”。

2021年1月19日，在微信公开课Pro上，微信创始人张小龙披露微信最新数据：每天有10.9亿用户打开微信，3.3亿用户进行了视频通话；有7.8亿用户进入朋友圈，1.2亿用户发表朋友圈，其中照片6.7亿张，短视频1亿条；有3.6亿用户读公众号文章，4亿用户使用小程序。

如今微信公众号的创办主体已经聚集了政府、媒体、企业、个人等各种类型的主体，其功能也从原来简单的信息发布的功能转向集信息发布、信息传播、信息互动、社会服务、链接小程序等多种功能，成为人们日常生活中不可或缺的一部分。尽管如今随着短视频等新型信息发布平台的崛起，微信公众号的红利时代已经结束，但是它凭借着微信这一聚合力数亿用户的端口而依然是信息发布的重要平台，盈利前景和变现方式仍不可小觑。而其成为社交新方式与信息发布的新载体的原因也成为观点新闻能够在其中生存与发展的重要依托。

（一）微信社交平台成为流量载体

从2.0版本开始，微信迅速开始自我进化之路：2011年5月，微信2.0发布，支持语音对讲，迅速取代了传统手机短信；2011年8月，支持查看附近的人和手机号注册，社交属性开始展现；2012年4月，支持朋友圈；2012年7月，推出公众账号，支持视频聊天，自媒体因此繁盛；2013年，推出扫一扫和微信支付，奠定了商业服务的技术底层基础；2015年，推出微信红包，微信支付瞬间打开局面，与支付宝双足鼎立……腾讯财报显示，截至2020年三季度末，微信月活跃账户数达12.13亿。这意味着大多数国人的日常生活里都少不了微信，微信已经成为国内的第一App①。微信作为用户移动通信时的重要接口，在社交行为进行的同时，一键进入微信公众号的阅览界面成为“轻而易举”的事情，为微信公众号本身的浏览量增长提供了机会。

① 王新根：《微信月活用户达12.13亿》，2021年1月20日，光明网https://m.gmw.cn/2021-01/20/content_1302055242.htm，2021年3月31日。

而与用户数量相关的便是微信公众号与用户的情感连接。微信公众号不同于简单的信息发布平台，而是具有留言、点赞等互动功能的，用户不仅可以通过信息接收来获得公众账号的信息，更可以通过在文章下方评论与公众号作者进行互动，也可以通过“在看”“点赞”“转发”等形式进一步将文章进行裂变式传播。而微信公众号本身也依托微信平台成为强连接的产物，将从其他平台吸引来的用户转化为私欲流量形成闭环式的扩张和深化。

（二）形式多样与内容原创共存

针对微信这一移动化的社交媒体，微信公众号也以碎片化内容为主，在为用户创造无限信息内容的同时，也尽量以最简短的信息符号来承载更多的信息，满足用户在碎片化时间下的阅读需求。从内容形态来看，微信公众号更多以图文为主，添加小部分视频，而当下更通过链接外部H5的形式为公众号阅读带来不同的体验。但微信公众号仍然将图文视作主要市场，尽管当下短视频方兴未艾，但图文也通过其阅读体验而留下了更多具有一定深度和思想性的文章，抓住用户的深度阅读需求进一步发展，也留下具有强黏性和高支持度的用户群体。

从内容的质量考量，微信公众号也选取了极为有效的方式来限制内容的生产与传播，即通过限制微信文章的信息传播次数来倒逼微信公众号主体进行优质内容生产，以免出现信息泛滥问题引起公众的不适，同时通过直观的“阅读量”和“点赞量”提醒用户，但是也出现了一些问题，譬如“标题党”“唯点赞”等问题。对此，微信公众号也做出及时调整，努力提升优质内容的触达效率。

（三）细分小众市场做精致内容

随着咪蒙、HUGO等微信公众号的永久封闭，微信公众号的圈子也愈加向专业性内容的方向发展。微信公众平台背后的用户数据分析更是为微信公众账号提供了对自身进行评估和对自身用户的行为进行分析的重要支撑。因微信本身的社交裂变属性，其用户往往依靠现实社会关系而形成社交圈子，或者基于网络虚拟空间而形成基于某一共同关心内容的网络社区，因此，具有某些共同属性。微信公众账号也正是抓住了这一特点，深耕于某一领域向下挖掘，细分小众市场，将公域流量进一步变为私域流量。同时通过微信文章的兴趣链接，将相关阅读文章以链接的形式放在文章下方，方面用户读取，从内容上形成兴趣链条。

二、微信公众号的文章是真正意义上的观点新闻

微信公众号围绕事件、时政、热点问题的文章是真正意义上的观点新闻。微信公众号的内容除了极少数新闻机构微信、政务类微信能提供事件、时政活动和热点问题的事实信息外，主要是机构主体和个人主体针对事件或问题所发表的观点、意见、态度等，是价值判断层面的表达（并无多少事件、事实的揭示），微信公众号即便涉及新闻事件或事实，也是一种质疑追问，并不是具体事实的呈现，是一种观点态度等价值判断。它是网络空间左右舆论的重要的新闻品系，是观点新闻在社交媒体中的重要表现形式，在社交媒体舆论场中起到设置议题、引导舆论的作用。所以，它也是各种舆论和意见主体必争之地，我们应该重视这一舆论市场和阵地，抢占社交媒体空间微信公众账号资源和高地，进一步发挥主流权威微信公众号的作用。

如上所述，因新闻而产生的公众号文章，如突发事件、时政新闻和社会热点敏感问题等，可以说都是观点新闻，是对新闻的解读、释义、表态等观点、意见、倾向、态度等价值判断的产物，只是未必都会产生科学正确和积极的舆论引导意义。按照微信公众号的运营机构分析微信公众号，发现其中的观点新闻具有如下的性质和特点。

（一）政务类微信公众号的政策发布及为公众服务的导向性

政务类微信公众号是以政府机构为主体创办的微信公众号。政务微信是电子政务综合平台的有机组成部分，发挥着民生服务和政务传播的作用。研究表明，政务微信为政府信息提供了多种表达方式，保证了政府信息的精准传递，让政民交流沟通更畅通，进而推动了社会的对话机制、信任机

制和动员机制的创新[①]。正因为政务类微信公众号创办主体的特殊性，决定其内容也主要以政策发布和为公众服务为主。在政策发布方面，微信公众号依托于互联移动网络，可以随时随地将政府信息以最快的方式传达给公众，如政府的重要会议、决策部署、经济发展状况以及重大突发事件等。在谣言滋生的微信公众平台之中，政务类微信公众号显然作为一种权威性的平台，能够在最短的时间内引导舆论思潮，其真实信息的存在本身就是对谣言的消解，是观点信息的一种样态。在为民服务中，政务类微信公众号在公众平台上链接掌上服务，在满足用户“不出门办天下事”的需求之下，也拉近了与用户的关系，通过微信公众平台的互动来传递政府的亲民形象。

（二）媒体类微信公众号的新闻资讯与观点评论的思想性

媒体类微信公众号不仅包括传统媒体的“上网”，更包括网络媒体的诞生。媒体类公众号可谓是微信公众号中最活跃的公众号，它们往往以内容为基础，将微信公众平台作为传递自身新闻资讯的又一平台，将新闻以更便捷的方式传达给公众。尽管由于媒体内部的审核机制规范、严密，其时效性很难与其他自媒体媲美，但是正因其新闻规范、事实核查和权威性，能够在众多微信公众号中成为最具有公信力、思想性的公众号。

（三）企业类微信公众号的广告呈现与形象宣传

企业类微信公众号的背后往往是以盈利为目的的企业商家，其创办公众号的最大目的是在宣传自身、树立自我形象的同时沉淀消费者，将消费者变为自己的忠实粉丝后进行社群营销。尽管企业类微信公众号大多以打广告为目的，但是不可否认的是，其本质上也是为了宣传自我。如今广告的发展也不单单是向消费者介绍产品，而是为消费者营造一种特定场景，使之产生购买欲望。而其中的场景往往以节日、故事、告慰等形式出现，多种形式的运用本质上也是企业价值观的一种传递。只有具有正确价值观并且能够真正迎合用户消费心理的企业类微信公众号才能够吸引更多用户，

① 王芳，张璐阳：《中国政务微信的功能定位及公众利用情况调查研究》，《电子政务》，2014年第10期，第58-69页。

以将其转变为实际意义上的消费者。

（四）个人类微信公众号的情绪表达与内容选择

个人类微信公众号是由个人或团体创办，而这类自媒体也是比较特殊的，其创办目的和文章内容多样，但都是就自己所感兴趣的内容而表达观点，往往就一个主题深入挖掘，常见如搞笑趣闻类、情感类等自媒体。这些自媒体为了能够吸引更多用户的注意力，更加注重内容的风格，找到独属于自身的特色内容，在经过一段运营时间之后，往往会吸引一定的粉丝并形成固定内容下的社群。此时其传递的信息就不仅仅是知识和信息的扩散，而是通过知识和信息的扩散来影响他人的认知，在这一过程中观点新闻属性也得以展露。

三、微信公众号观点新闻写作的具体要求和注意事项

微信公众号中的观点新闻，在为用户提供观点信息以致引导用户思想观念和舆论市场之时极易受到其他因素的影响，导致诸多乱象，表现为过度追逐点击率形成的题文不符的标题党现象、过度情绪化的煽情、难辨真假的谣言等。正因为种种乱象的存在，导致微信公众号无法发挥其观点新闻实质上的思想和舆论引导功能。

（一）提供有价值内容，防止谣言的传播

公众号要想获得流量，需要紧追社会热点焦点事件和问题做文章，这样才有获得更多流量的可能性。但是也要防止一味紧追未经事实核查而造成失实问题，很多所谓热点新闻爆出不久，就被证明是谣言或者是不实信息，反倒让紧追热点、焦点事件和问题的公众号掉进新闻失实的陷阱。微信公众号和传统媒体不同主要在于其实时性和新鲜性。如今网络赋权，自媒体可以随时将自己的所见所闻和所思所想通过微信公众号这一渠道发表出来，特别是在重大事件和突发事件发生之初，微信公众号便会及时推送相关消息，但由于种种原因，其内容难免具有其片面性，极易出现部分自媒体的主观推测，甚至在消息来源不明的情况下便抢占时机进行文章发送，

用户难以凭借自己能力进行理性识别，导致以讹传讹、信以为真。在被证伪之后，微信公众号损失的不仅仅是一篇文章的真实客观，而是自身的公信力和整体形象，引起用户反感后“粉转路”甚至“粉转黑”。

作为微信公众号观点新闻的写作者，要坚持理性和客观，并且具备基本的识别谣言的能力。提供真实有价值的内容，才会真正增加粉丝。没有真实有价值的“爽文”，不一定能增加粉丝。同时，敏感题材需要防止触碰底线和红线。公众号的创作一直处于网络管理部门、各平台的严格监督管理之下，一些敏感的话题一旦触及红线，文章在推送后就会收到提醒，提示文内有敏感词，需要修改文章，否则发送不出去。或者推送之后，会遭到删除。这也说明公众号的写作对于红线、底线、敏感区的理解和把握本身就代表一种能力和竞争力。

（二）避免夸张煽情，杜绝“标题党”

移动互联时代和传统媒体时代信息的其中一个区别在于文章的浏览模式。在传统媒体时代，往往一张报纸以整张版面的形式出现，受众在阅读标题的同时，会在视觉范围内浏览到内容，但内容传播的有效率仅仅能从报纸发行量上进行判定。而移动互联时代，微信公众号通过内容折叠方式，使微信文章仅仅只有标题能出现在公众的第一视野之中，是否进行进一步的阅读完全取决于用户对微信文章标题的兴趣度以及对该微信公众号的忠诚度。如果标题不具有吸引力，那么微信文章也很难吸引读者，而“阅读量”也无法上升，因此，微信公众号文章的标题党现象也成为微信观点新闻的一个突出问题。“震惊”“速看”“紧急”等字眼频繁出现在微信公众平台之上，有些标题存在夸张惊悚、低俗暗示、养生谣言等问题，甚至将标题与广告相连，以此来赚取广告费用。

对此，微信公众号中的观点新闻传播者也应具备相应的媒体素养，应了解新媒体的规律，并且学会运用新媒体的技术、平台。了解网络舆情的规律，对于网络事件具有基本的判断力和解读能力，同时对于网络情绪要保持清醒的认识，既要理解网民情绪，适当借助热点传播，也要防止煽动网络情绪，引发传播风险。

拟写公众号文章标题需要具备综合能力。碎片化传播的时代，信息冗余是常态，如果文章没有具有吸引力的标题，很容易就会被淹没在信息的海洋中；所以写公众号文章，其标题的拟写显得非常重要。在微信公众号的观点新闻传播中，标题的拟写更倾向于使用长标题，因为微信文章除了进行消息推送之外，还可以通过搜索窗口为用户提供信息，即用户通过搜索关键词来查找相关文章，而关键词此时便起到了相应的作用，可以帮助用户定位至该微信公众号。同时微信账号也凭借此可以将重要信息更多包含在标题中，引起用户的阅读兴趣。

微信公众号文章和传统媒体文章标题最大的不同也在于其传播形式，正因为其特别的网络承载形式，使得其能够在语言使用中更加贴近用户兴趣和用户的情感倾向，使用流行语来迎合用户需求。在移动互联时代，关系连接下的需求满足成为最主要的信息传递方式，在满足用户信息需求的同时，以用户口吻来维持与用户的亲密关系也成为标题中常用的方式。因此，微信观点新闻在传播中不仅应传播真实有价值的观点信息，更应通过标题制作来满足用户的情感诉求，在营造阅读情境和满足情感需求中将公众号的粉丝量转化为阅读量，继而转化为观点的接受度和影响力。

（三）增强观点的思想性，防止过度娱乐化

社交媒体时代可谓是全民娱乐的时代，新媒体带来碎片化内容的同时，也强化了信息的娱乐功能。社会压力的增大使用户借助社交媒体平台来缓解压力和焦虑创造了条件，娱乐便成了有效的手段。但部分微信公众号在“流量至上”和“眼球至上”的观念影响下，过度娱乐化、煽情化、低俗化。激发、调动用户情怀本不是坏事，但是部分自媒体将情怀至上，忽略更为重要的价值取向。微信公众号中的观点新闻作为用户重要的观点信息诉求，在过度娱乐的情况下，只会让用户沉溺于猎奇性、娱乐性新闻之中，而忽视社会发展的主流方向，消弭正确的世界观、人生观和价值观。正因微信公众号文章本质上是一种观点新闻，账号主体更应该担负好新闻传播的责任，不仅关注于知识性、趣味性的软新闻，更关注与用户切身利益相关的观点新闻，从用户的实际出发点考量，将趣味性和用户的观点信息诉求等结合起来，制作更多能够引发用户深思、有品质有价值的文章。

不可否认，当下处于一个娱乐化的时代，娱乐并非是一个贬义词，只

有适当运用娱乐，才能够真正击中网民的焦虑、恐惧、笑点、好奇心，才可能会被转载、分享，达到“十万+”，成为娱乐时代的爆文。对此，微信公众账号主体更应该就观点问题进行深度挖掘，从不同角度看待和分析事物、事件发展趋势，揭示事物、事件、问题的内在规律，更以幽默口吻来激发受众的求知欲，以亲切而又不失思想性和责任感的媒体形象呈现在受众面前，只有这样才能够真正写出有品质、有价值的观点新闻。

结 语

观点新闻是即时获悉和生成的受众欲知的观点、意见、看法、态度、倾向等信息。新闻报道中动态的事实性信息并不足以满足受众的知悉欲，要通过观点意见的表达为受众提供更高更深层次信息，更需要新闻媒体提供当事人、相关人士或专业人士的观点和意见，为受众认知事件的性质、意义，对事件做出正确的价值判断和行为决策进行积极的引导。观点本身作为主观的表述，出现在以事实为基础的新闻之中。观点新闻本质上是主观与客观的互动，它通过观点的报道，形成意见与事实的互动的同时，提升新闻的贴近性和说服力。观点新闻在报道中从他人口吻还原事实真相，并提供多方视角下的事件定义，将当事人放在不同的视野下进行认知与场景叙说，反映民声，并以权威人士的专业性观点和政府的法规政令对舆论进行有效引导。当然也包括各种表达主体对新闻事件和问题所产生和形成的观点、意见、态度、倾向等主观表达和诉求。

观点新闻学是以观点为核心的新闻报道。研究观点新闻学有助于发现观点新闻生产传播与公共话语空间、社会舆论的关系，探讨观点的形成机制、基本形态、传播规律，分析观点新闻的类型、特征及各类观点新闻的策划采写要略。观点新闻是一种话语的沟通和交流。在新媒体传播语境中，观点鱼龙混杂，新闻媒体更需要借助观点对舆论进行引导，通过不同传播平台各方观点新闻的传播，表达不同阶层公众的利益诉求，以平衡新闻传播生态，显然易见，这对构建我国公共话语空间具有积极和重要的实践价值和意义。

主要参考文献

专著类:

1.《马克思恩格斯全集》第40卷,人民出版社1956年版。

2.[美]弥尔顿:《论出版自由》,吴之椿译,商务印书馆1958年版。

3.[美]布鲁克斯等:《新闻写作教程》,褚高德译,新华出版社1986年版。

4.[美]艾吉等:《实用新闻学基础》,华世平译,中国新闻出版社1988年版。

5.[美]施拉姆:《大众传播媒介与社会发展》,华夏出版社1990年版。

6.王韬:《弢园文录外编》,辽宁出版社1994年版。

7.靖鸣:《会议学概论》,广西科学技术出版社1996年版。

8.[美]尼古拉斯·尼葛洛庞帝:《数字化生存》,胡冰、范海燕译,海南出版社1997年版。

9.[英]安东尼·吉登斯:《现代性与自我认同》,赵旭东、方文译,生活·读书·新知三联书店1998年版。

10.[美]沃尔特·福克斯:《新闻写作——报刊记者指南》,李彬译,新华出版社1999年版。

11.[美]斯蒂文·小约翰:《传播理论》,陈德民、叶晓辉译,中国社会科学出版社1999年版。

12.郭庆光:《传播学教程》,中国人民大学出版社1999年版。

13.郑超然、程曼丽、王泰玄,《外国新闻传播史》,中国人民大学出版社2000年版。

14.[美]梅尔文·门彻:《新闻报道与写作》,展江译,华夏出版社2003年版。

15.刘其中:《诤言良语——与青年记者谈新闻写作》,新华出版社2003年版。

16.[英]萨莉·斯皮尔伯利:《媒体法》,周文译,武汉大学出版社2004年版。

17.[美]W·兰斯·班尼特(W. Lance Bennett):《新闻:政治的幻想》,杨晓红、王家全译,当代中国出版社2004年版。

18.[英]丹尼斯·麦奎尔、[瑞典]斯文·温德尔:《大众传播模式论》,祝建华、武伟译,上海译文出版社2008年版。

19.汪言海:《新闻的背后》,安徽大学出版社2008年版。

20.刘茂华:《观点交锋 媒介化时代的新闻评论》,武汉出版社2011年版。

21.[美]贝克尔:《局外人:越轨的社会学研究》,张墨雪译,南京大学出版社2011年版。

22.刘德寰:《正在发生的未来 手机人的族群与趋势》,机械工业出版社2012年版。

23.陈力丹:《舆论学——舆论导向研究》,上海交通大学出版社2012年版。

24.丁法章:《当代新闻评论教程》,复旦大学出版社2012年版。

25.马少华:《新闻评论教程(第二版)》,高等教育出版社2012年版。

26.马少华:《什么影响着新闻评论观点表达和说服方法的案例分析》,人民日报出版社2013年版。

27.[英]安东尼·吉登斯、[英]菲利普·萨顿著:《社会学》,赵旭东等译,北京大学出版社2015年版。

28.刘茂华、焦俊波:《新闻评论:原理、方法与案例》,上海交通大学出版社2017年版。

期刊类:

1.葛迟胤:《坚持无产阶级新闻事业的党性原则》,《新闻记者》1983年第5期。

2.夏勇:《近代新闻法制革命考:关于提出和确立自由的若干问题》,《世界历史》1988年第5期。

3.陆晔:《美国新闻业"客观性法则"的历史演进》,《新闻大学》1994年第1期。

4.展江:《马克思主义新闻自由观再探》,《中国青年政治学院学报》2000年第1期。

5. 程曼丽:《中国共产党新闻思想探析》,《新闻与传播研究》2001年第3期。

6. 陈力丹:《再论列宁十月革命后的新闻思想》,《中国青年政治学院学报》2003年第6期。

7. 方晓红:《从"党性原则"到"三贴近原则"——论中国党报理论的发展与党报改革》,《南京师大学报(社会科学版)》2004年第5期。

8. 刘建明:《马克思主义新闻观的经典性与实践性》,《国际新闻界》2006年第1期。

9. 涂光晋:《搭建"意见平台"——我国报纸言论版的回顾与思考》,《国际新闻界》2007年第7期。

10. 朱颖、陈小彪:《论网络环境下的新闻自由及其边界》,《国际新闻界》2007年第11期。

11. 胡泳:《网络开展政治慎议的障碍因素》,《国际新闻界》2008年第5期。

12. 丁柏铨、彭婷:《改革开放30年来国内马克思主义新闻思想研究综述》,《南京社会科学》2008年第8期。

13. 孙旭培:《从精英主义新闻观念到无产阶级新闻自由》,《新闻与传播评论》2008年第12期。

14. 靖裕思:《观点新闻意识与会议报道》,《新闻与写作》2014年第3期。

15. 顾理平:《网络舆论监督失范行为的几种表现方式》,《新闻与写作》2014年第10期。

16. 陈宪奎、刘玉书《2003—2014年中美自媒体研究和比较分析——基于数据挖掘的视角》,《新闻与传播研究》2015年第3期。

17. 杨峰:《论网络政治参与权的法治保障》,《电子政务》2016年第6期。

18. 陈力丹:《坚持正确舆论导向,加强互联网内容建设——学习十九大报告关于新闻舆论工作的论述》,《国际新闻界》2017年第11期。

附　录　与观点新闻有关的新媒体管理条例

附录一：互联网信息服务管理办法（2000年）

第一条 为了规范互联网信息服务活动，促进互联网信息服务健康有序发展，制定本办法。

第二条 在中华人民共和国境内从事互联网信息服务活动，必须遵守本办法。

本办法所称互联网信息服务，是指通过互联网向上网用户提供信息的服务活动。

第三条 互联网信息服务分为经营性和非经营性两类。

经营性互联网信息服务，是指通过互联网向上网用户有偿提供信息或者网页制作等服务活动。

非经营性互联网信息服务，是指通过互联网向上网用户无偿提供具有公开性、共享性信息的服务活动。

第四条 国家对经营性互联网信息服务实行许可制度；对非经营性互联网信息服务实行备案制度。

未取得许可或者未履行备案手续的，不得从事互联网信息服务。

第五条 从事新闻、出版、教育、医疗保健、药品和医疗器械等互联网信息服务，依照法律、行政法规以及国家有关规定须经有关主管部门审核同意的，在申请经营许可或者履行备案手续前，应当依法经有关主管部门审核同意。

第六条 从事经营性互联网信息服务，除应当符合《中华人民共和国电信条例》规定的要求外，还应当具备下列条件：

（一）有业务发展计划及相关技术方案；

（二）有健全的网络与信息安全保障措施，包括网站安全保障措施、信息安全保密管理制度、用户信息安全管理制度；

（三）服务项目属于本办法第五条规定范围的，已取得有关主管部门同意的文件。

第七条 从事经营性互联网信息服务，应当向省、自治区、直辖市电信管理机构或者国务院信息产业主管部门申请办理互联网信息服务增值电信业务经营许可证(以下简称经营许可证)。

省、自治区、直辖市电信管理机构或者国务院信息产业主管部门应当自收到申请之日起60日内审查完毕，作出批准或者不予批准的决定。予以批准的，颁发经营许可证；不予批准的，应当书面通知申请人并说明理由。

申请人取得经营许可证后，应当持经营许可证向企业登记机关办理登记手续。

第八条 从事非经营性互联网信息服务，应当向省、自治区、直辖市电信管理机构或者国务院信息产业主管部门办理备案手续。办理备案时，应当提交下列材料：

（一）主办单位和网站负责人的基本情况；

（二）网站网址和服务项目；

（三）服务项目属于本办法第五条规定范围的，已取得有关主管部门的同意文件。

省、自治区、直辖市电信管理机构对备案材料齐全的，应当予以备案并编号。

第九条 从事互联网信息服务，拟开办电子公告服务的，应当在申请经营性互联网信息服务许可或者办理非经营性互联网信息服务备案时，按照国家有关规定提出专项申请或者专项备案。

第十条 省、自治区、直辖市电信管理机构和国务院信息产业主管部门应当公布取得经营许可证或者已履行备案手续的互联网信息服务提供者名单。

第十一条 互联网信息服务提供者应当按照经许可或者备案的项目提供服务，不得超出经许可或者备案的项目提供服务。

非经营性互联网信息服务提供者不得从事有偿服务。

互联网信息服务提供者变更服务项目、网站网址等事项的，应当提前30日向原审核、发证或者备案机关办理变更手续。

第十二条 互联网信息服务提供者应当在其网站主页的显著位置标明其经营许可证编号或者备案编号。

第十三条 互联网信息服务提供者应当向上网用户提供良好的服务，并保证所提供的信息内容合法。

第十四条 从事新闻、出版以及电子公告等服务项目的互联网信息服务提供者，应当记录提供的信息内容及其发布时间、互联网地址或者域名；互联网接入服务提供者应当记录上网用户的上网时间、用户账号、互联网地址或者域名、主叫电话号码等信息。

互联网信息服务提供者和互联网接入服务提供者的记录备份应当保存60日，并在国家有关机关依法查询时，予以提供。

第十五条 互联网信息服务提供者不得制作、复制、发布、传播含有下列内容的信息：

（一）反对宪法所确定的基本原则的；

（二）危害国家安全，泄露国家秘密，颠覆国家政权，破坏国家统一的；

（三）损害国家荣誉和利益的；

（四）煽动民族仇恨、民族歧视，破坏民族团结的；

（五）破坏国家宗教政策，宣扬邪教和封建迷信的；

（六）散布谣言，扰乱社会秩序，破坏社会稳定的；

（七）散布淫秽、色情、赌博、暴力、凶杀、恐怖或者教唆犯罪的；

（八）侮辱或者诽谤他人，侵害他人合法权益的；

（九）含有法律、行政法规禁止的其他内容的。

第十六条 互联网信息服务提供者发现其网站传输的信息明显属于本办法第十五条所列内容之一的，应当立即停止传输，保存有关记录，并向国家有关机关报告。

第十七条 经营性互联网信息服务提供者申请在境内境外上市或者同外商合资、合作，应当事先经国务院信息产业主管部门审查同意；其中，外商投资的比例应当符合有关法律、行政法规的规定。

第十八条 国务院信息产业主管部门和省、自治区、直辖市电信管理机构，依法对互联网信息服务实施监督管理。

新闻、出版、教育、卫生、药品监督管理、工商行政管理和公安、国家安全等有关主管部门，在各自职责范围内依法对互联网信息内容实施监督管理。

第十九条 违反本办法的规定，未取得经营许可证，擅自从事经营性互联网信息服务，或者超出许可的项目提供服务的，由省、自治区、直辖市电信管理机构责令限期改正，有违法所得的，没收违法所得，处违法所得3倍以上5倍以下的罚款；没有违法所得或者违法所得不足5万元的，处10万元以上100万元以下的罚款；情节严重的，责令关闭网站。

违反本办法的规定，未履行备案手续，擅自从事非经营性互联网信息服务，或者超出备案的项目提供服务的，由省、自治区、直辖市电信管理机构责令限期改正；拒不改正的，责令关闭网站。

第二十条 制作、复制、发布、传播本办法第十五条所列内容之一的信息，构成犯罪的，依法追究刑事责任；尚不构成犯罪的，由公安机关、国家安全机关依照《中华人民共和国治安管理处罚条例》《计算机信息网络国际联网安全保护管理办法》等有关法律、行政法规的规定予以处罚；对经营性互联网信息服务提供者，并由发证机关责令停业整顿直至吊销经营许可证，通知企业登记机关；对非经营性互联网信息服务提供者，并由备案机关责令暂时关闭网站直至关闭网站。

第二十一条 未履行本办法第十四条规定的义务的，由省、自治区、直辖市电信管理机构责令改正；情节严重的，责令停业整顿或者暂时关闭网站。

第二十二条 违反本办法的规定，未在其网站主页上标明其经营许可证编号或者备案编号的，由省、自治区、直辖市电信管理机构责令改正，处5000元以上5万元以下的罚款。

第二十三条 违反本办法第十六条规定的义务的，由省、自治区、直辖市电信管理机构责令改正；情节严重的，对经营性互联网信息服务提供者，并由发证机关吊销经营许可证，对非经营性互联网信息服务提供者，并由备案机关责令关闭网站。

第二十四条 互联网信息服务提供者在其业务活动中，违反其他法律、法规的，由新闻、出版、教育、卫生、药品监督管理和工商行政管理等有关主管部门依照有关法律、法规的规定处罚。

第二十五条 电信管理机构和其他有关主管部门及其工作人员，玩忽职守、滥用职权、徇私舞弊，疏于对互联网信息服务的监督管理，造成严重后果，构成犯罪的，依法追究刑事责任；尚不构成犯罪的，对直接负责的主管人员和其他直接责任人员依法给予降级、撤职直至开除的行政处分。

第二十六条 在本办法公布前从事互联网信息服务的，应当自本办法公布之日起60日内依照本办法的有关规定补办有关手续。

第二十七条 本办法自公布之日起施行。

附录二：国家互联网信息办公室的“七条底线”（2013年）

一是法律法规底线。现实生活中，每个人都应该知法、懂法、守法、护法，以事实为依据，以法律为准绳。互联网是虚拟空间，有一定的隐匿性，但也要遵守相关法律法规。如果不遵守法律法规，互联网就会乱成一锅粥，成为一团乱麻。

二是社会主义制度底线。我国是社会主义国家，这是历史和人民选择的结果。坚守社会主义制度底线，是让我们的生活有秩序、平稳运行的需求。

三是国家利益底线。国家利益高于一切是每一个公民的应为之举。互联网没有国界，但网民有国界。对于那些以民主、自由的外衣试图颠覆我政权的行为，要与之作坚决的斗争。爱国是最基本的信仰，我们应当自觉地坚守。

四是公民合法权益底线。公民合法权益底线是网络世界每一个网民公平、权益必须得到保证的要求。网络为公民合法权益维护打造了一个崭新的平台，我利用这个平台，维护好自己的合法权益，同时我们也应该警惕某些人利用这个平台维护自己的非法权益。

五是社会公共秩序底线。网络虽然给了个人很大的空间和自由度，但它并不是没有任何约束的公共场所，不能认为这里没有互相监督和道德约束，可以随心所欲。网络与现实是互动的，网上不道德问题不仅影响网络的文明建设，而且会直接影响现实社会的进步与发展。所以，营造风清气正的公共秩序，需要所有人共同努力。

六是道德风尚底线。人是社会性的群体，只要有人的活动参与，就要受到人类社会各种道德伦理的约束，决不能借口网络世界的虚拟性、匿名性、相对性而漠视或否定网络道德。我们要努力强化网络主体的道德责任，提高对网络行为和网络文化的是非鉴别力，自觉抵制不良网络文化侵蚀;要依靠网络主体的理性、信念和内心自觉来自律。

七是信息真实性底线。对于信息而言，最忌讳的就是虚假信息。虚假信息跟真实信息在一起，鱼目混珠、鱼龙混杂，蒙蔽了人们的双眼，影响了人们对于信息真实性的判断。在一个传播多元的时代，无论是政府机构、大众媒体还是公民个人，所要做的是，共同抵制虚假有害信息、特别是恶意谣言的传播，大力倡导真实、文明的信息交换和流通，这是互联网时代的底线，也是人类文明持续健康向前发展的要求。

附录三：即时通信工具公众信息服务发展管理暂行规定（2014年）

第一条 为进一步推动即时通信工具公众信息服务健康有序发展，保护公民、法人和其他组织的合法权益，维护国家安全和公共利益，根据《全国人民代表大会常务委员会关于维护互联网安全的决定》《全国人民代表大会常务委员会关于加强网络信息保护的决定》《最高人民法院最高人民检察院关于办理利用信息网络实施诽谤等刑事案件适用法律若干问题的解释》《互联网信息服务管理办法》《互联网新闻信息服务管理规定》等法律法规，制定本规定。

第二条 在中华人民共和国境内从事即时通信工具公众信息服务，适用本规定。

本规定所称即时通信工具，是指基于互联网面向终端使用者提供即时信息交流服务的应用。本规定所称公众信息服务，是指通过即时通信工具的公众账号及其他形式向公众发布信息的活动。

第三条 国家互联网信息办公室负责统筹协调指导即时通信工具公众信息服务发展管理工作，省级互联网信息内容主管部门负责本行政区域的相关工作。

互联网行业组织应当积极发挥作用，加强行业自律，推动行业信用评价体系建设，促进行业健康有序发展。

第四条 即时通信工具服务提供者应当取得法律法规规定的相关资质。即时通信工具服务提供者从事公众信息服务活动，应当取得互联网新闻信息服务资质。

第五条 即时通信工具服务提供者应当落实安全管理责任，建立健全各项制度，配备与服务规模相适应的专业人员，保护用户信息及公民个人隐私，自觉接受社会监督，及时处理公众举报的违法和不良信息。

第六条 即时通信工具服务提供者应当按照“后台实名、前台自愿”的原则，要求即时通信工具服务使用者通过真实身份信息认证后注册账号。

即时通信工具服务使用者注册账号时，应当与即时通信工具服务提供者签订协议，承诺遵守法律法规、社会主义制度、国家利益、公民合法权益、公共秩序、社会道德风尚和信息真实性等“七条底线”。

第七条 即时通信工具服务使用者为从事公众信息服务活动开设公众账号，应当经即时通信工具服务提供者审核，由即时通信工具服务提供者向互联网信息内容主管部门分类备案。

新闻单位、新闻网站开设的公众账号可以发布、转载时政类新闻，取得互联网新闻信息服务资质的非新闻单位开设的公众账号可以转载时政类新闻。其他公众账号未经批准不得发布、转载时政类新闻。

即时通信工具服务提供者应当对可以发布或转载时政类新闻的公众账号加注标识。

鼓励各级党政机关、企事业单位和各人民团体开设公众账号，服务经济社会发展，满足公众需求。

第八条 即时通信工具服务使用者从事公众信息服务活动，应当遵守相关法律法规。

对违反协议约定的即时通信工具服务使用者，即时通信工具服务提供者应当视情节采取警示、限制发布、暂停更新直至关闭账号等措施，并保存有关记录，履行向有关主管部门报告义务。

第九条 对违反本规定的行为，由有关部门依照相关法律法规处理。

第十条 本规定自公布之日起施行。

附录四：互联网用户账号名称管理规定（2015年）

第一条 为加强对互联网用户账号名称的管理，保护公民、法人和其他组织的合法权益，根据《国务院关于授权国家互联网信息办公室负责互联网信息内容管理工作的通知》和有关法律、行政法规，制定本规定。

第二条 在中华人民共和国境内注册、使用和管理互联网用户账号名称，适用本规定。

本规定所称互联网用户账号名称，是指机构或个人在博客、微博客、即时通信工具、论坛、贴吧、跟帖评论等互联网信息服务中注册或使用的账号名称。

第三条 国家互联网信息办公室负责对全国互联网用户账号名称的注册、使用实施监督管理，各省、自治区、直辖市互联网信息内容主管部门负责对本行政区域内互联网用户账号名称的注册、使用实施监督管理。

第四条 互联网信息服务提供者应当落实安全管理责任，完善用户服务协议，明示互联网信息服务使用者在账号名称、头像和简介等注册信息中不得出现违法和不良信息，配备与服务规模相适应的专业人员，对互联网用户提交的账号名称、头像和简介等注册信息进行审核，对含有违法和不良信息的，不予注册；保护用户信息及公民个人隐私，自觉接受社会监督，及时处理公众举报的账号名称、头像和简介等注册信息中的违法和不良信息。

第五条 互联网信息服务提供者应当按照“后台实名、前台自愿”的原则，要求互联网信息服务使用者通过真实身份信息认证后注册账号。

互联网信息服务使用者注册账号时，应当与互联网信息服务提供者签订协议，承诺遵守法律法规、社会主义制度、国家利益、公民合法权益、公共秩序、社会道德风尚和信息真实性等七条底线。

第六条 任何机构或个人注册和使用的互联网用户账号名称，不得有下列情形：

（一）违反宪法或法律法规规定的；

（二）危害国家安全，泄露国家秘密，颠覆国家政权，破坏国家统一的；

（三）损害国家荣誉和利益的，损害公共利益的；

（四）煽动民族仇恨、民族歧视，破坏民族团结的；

（五）破坏国家宗教政策，宣扬邪教和封建迷信的；

（六）散布谣言，扰乱社会秩序，破坏社会稳定的；

（七）散布淫秽、色情、赌博、暴力、凶杀、恐怖或者教唆犯罪的；

（八）侮辱或者诽谤他人，侵害他人合法权益的；

（九）含有法律、行政法规禁止的其他内容的。

第七条 互联网信息服务使用者以虚假信息骗取账号名称注册，或其账号头像、简介等注册信息存在违法和不良信息的，互联网信息服务提供者应当采取通知限期改正、暂停使用、注销登记等措施。

第八条 对冒用、关联机构或社会名人注册账号名称的，互联网信息服务提供者应当注销其账号，并向互联网信息内容主管部门报告。

第九条 对违反本规定的行为，由有关部门依照相关法律规定处理。

第十条 本规定自2015年3月1日施行。

附录五：互联网新闻信息服务单位约谈工作规定（2015年）

第一条 为了进一步推进依法治网，促进互联网新闻信息服务单位依法办网、文明办网，规范互联网新闻信息服务，保护公民、法人和其他组织的合法权益，营造清朗网络空间，根据《互联网信息服务管理办法》《互联网新闻信息服务管理规定》和《国务院关于授权国家互联网信息办公室负责互联网信息内容管理工作的通知》，制定本规定。

第二条 国家互联网信息办公室、地方互联网信息办公室建立互联网新闻信息服务单位约谈制度。

本规定所称约谈，是指国家互联网信息办公室、地方互联网信息办公室在互联网新闻信息服务单位发生严重违法违规情形时，约见其相关负责人，进行警示谈话、指出问题、责令整改纠正的行政行为。

第三条 地方互联网信息办公室负责对本行政区域内的互联网新闻信息服务单位实施约谈，约谈情况应当及时向国家互联网信息办公室报告。

对存在重大违法情形的互联网新闻信息服务单位，由国家互联网信息办公室单独或联合属地互联网信息办公室实施约谈。

第四条 互联网新闻信息服务单位有下列情形之一的，国家互联网信息办公室、地方互联网信息办公室可对其主要负责人、总编辑等进行约谈：

（一）未及时处理公民、法人和其他组织关于互联网新闻信息服务的投诉、举报情节严重的；

（二）通过采编、发布、转载、删除新闻信息等谋取不正当利益的；

（三）违反互联网用户账号名称注册、使用、管理相关规定情节严重的；

（四）未及时处置违法信息情节严重的；

（五）未及时落实监管措施情节严重的；

（六）内容管理和网络安全制度不健全、不落实的；

（七）网站日常考核中问题突出的；

（八）年检中问题突出的；

（九）其他违反相关法律法规规定需要约谈的情形。

第五条 国家互联网信息办公室、地方互联网信息办公室对互联网新闻信息服务单位实施约谈，应当提前告知约谈事由，并约定时间、地点和参加人员等。

国家互联网信息办公室、地方互联网信息办公室实施约谈时，应当由两名以上执法人员参加，主动出示证件，并记录约谈情况。

第六条 国家互联网信息办公室、地方互联网信息办公室通过约谈，及时指出互联网新闻信息服务单位存在的问题，并提出整改要求。

互联网新闻信息服务单位应当及时落实整改要求，依法提供互联网新闻信息服务。

第七条 国家互联网信息办公室、地方互联网信息办公室应当加强对互联网新闻信息服务单位的监督检查，并对其整改情况进行综合评估，综合评估可以委托第三方开展。

互联网新闻信息服务单位未按要求整改，或经综合评估未达到整改要求的，将依照《互联网信息服务管理办法》《互联网新闻信息服务管理规定》的有关规定给予警告、罚款、责令停业整顿、吊销许可证等处罚；互联网新闻信息服务单位被多次约谈仍然存在违法行为的，依法从重处罚。

第八条 国家互联网信息办公室、地方互联网信息办公室可将与互联网新闻信息服务单位的约谈情况向社会公开。

约谈情况记入互联网新闻信息服务单位日常考核和年检档案。

第九条 国家互联网信息办公室、地方互联网信息办公室履行约谈职责时，互联网新闻信息服务单位应当予以配合，不得拒绝、阻挠。

第十条 本规定由国家互联网信息办公室负责解释，自2015年6月1日起实施。

附录六：移动互联网应用程序信息服务管理规定（2016年）

第一条 为加强对移动互联网应用程序（App）信息服务的管理，保护公民、法人和其他组织的合法权益，维护国家安全和公共利益，根据《全国人民代表大会常务委员会关于加强网络信息保护的决定》和《国务院关于授权国家互联网信息办公室负责互联网信息内容管理工作的通知》，制定本规定。

第二条 在中华人民共和国境内通过移动互联网应用程序提供信息服务，从事互联网应用商店服务，应当遵守本规定。

本规定所称移动互联网应用程序，是指通过预装、下载等方式获取并运行在移动智能终端上、向用户提供信息服务的应用软件。

本规定所称移动互联网应用程序提供者，是指提供信息服务的移动互联网应用程序所有者或运营者。

本规定所称互联网应用商店，是指通过互联网提供应用软件浏览、搜索、下载或开发工具和产品发布服务的平台。

第三条 国家互联网信息办公室负责全国移动互联网应用程序信息内容的监督管理执法工作。地方互联网信息办公室依据职责负责本行政区域内的移动互联网应用程序信息内容的监督管理执法工作。

第四条 鼓励各级党政机关、企事业单位和各人民团体积极运用移动互联网应用程序，推进政务公开，提供公共服务，促进经济社会发展。

第五条 通过移动互联网应用程序提供信息服务，应当依法取得法律法规规定的相关资质。从事互联网应用商店服务，还应当在业务上线运营三十日内向所在地省、自治区、直辖市互联网信息办公室备案。

第六条 移动互联网应用程序提供者和互联网应用商店服务提供者不得利用移动互联网应用程序从事危害国家安全、扰乱社会秩序、侵犯他人合法权益等法律法规禁止的活动，不得利用移动互联网应用程序制作、复制、发布、传播法律法规禁止的信息内容。

第七条 移动互联网应用程序提供者应当严格落实信息安全管理责任，依法履行以下义务：

（一）按照“后台实名、前台自愿”的原则，对注册用户进行基于移动电话号码等真实身份信息认证。

（二）建立健全用户信息安全保护机制，收集、使用用户个人信息应当遵循合法、正当、必要的原则，明示收集使用信息的目的、方式和范围，并经用户同意。

（三）建立健全信息内容审核管理机制，对发布违法违规信息内容的，视情采取警示、限制功能、暂停更新、关闭账号等处置措施，保存记录并向有关主管部门报告。

（四）依法保障用户在安装或使用过程中的知情权和选择权，未向用户明示并经用户同意，不得开启收集地理位置、读取通讯录、使用摄像头、启用录音等功能，不得开启与服务无关的功能，不得捆绑安装无关应用程序。

（五）尊重和保护知识产权，不得制作、发布侵犯他人知识产权的应用程序。

（六）记录用户日志信息，并保存六十日。

第八条 互联网应用商店服务提供者应当对应用程序提供者履行以下管理责任：

（一）对应用程序提供者进行真实性、安全性、合法性等审核，建立信用管理制度，并向所在地省、自治区、直辖市互联网信息办公室分类备案。

（二）督促应用程序提供者保护用户信息，完整提供应用程序获取和使用用户信息的说明，并向用户呈现。

（三）督促应用程序提供者发布合法信息内容，建立健全安全审核机制，配备与服务规模相适应的专业人员。

（四）督促应用程序提供者发布合法应用程序，尊重和保护应用程序提供者的知识产权。

对违反前款规定的应用程序提供者，视情采取警示、暂停发布、下架应用程序等措施，保存记录并向有关主管部门报告。

第九条 互联网应用商店服务提供者和移动互联网应用程序提供者应当签订服务协议，明确双方权利义务，共同遵守法律法规和平台公约。

第十条 移动互联网应用程序提供者和互联网应用商店服务提供者应当配合有关部门依法进行的监督检查，自觉接受社会监督，设置便捷的投诉举报入口，及时处理公众投诉举报。

第十一条 本规定自2016年8月1日起施行。

附录七：互联网群组信息服务管理规定（2017年）

第一条 为规范互联网群组信息服务，维护国家安全和公共利益，保护公民、法人和其他组织的合法权益，根据《中华人民共和国网络安全法》《国务院关于授权国家互联网信息办公室负责互联网信息内容管理工作的通知》，制定本规定。

第二条 在中华人民共和国境内提供、使用互联网群组信息服务，应当遵守本规定。

本规定所称互联网群组，是指互联网用户通过互联网站、移动互联网应用程序等建立的，用于群体在线交流信息的网络空间。本规定所称互联网群组信息服务提供者，是指提供互联网群组信息服务的平台。本规定所称互联网群组信息服务使用者，包括群组建立者、管理者和成员。

第三条 国家互联网信息办公室负责全国互联网群组信息服务的监督管理执法工作。地方互联网信息办公室依据职责负责本行政区域内的互联网群组信息服务的监督管理执法工作。

第四条 互联网群组信息服务提供者和使用者，应当坚持正确导向，弘扬社会主义核心价值观，培育积极健康的网络文化，维护良好网络生态。

第五条 互联网群组信息服务提供者应当落实信息内容安全管理主体责任，配备与服务规模相适应的专业人员和技术能力，建立健全用户注册、信息审核、应急处置、安全防护等管理制度。

互联网群组信息服务提供者应当制定并公开管理规则和平台公约，与使用者签订服务协议，明确双方权利义务。

第六条 互联网群组信息服务提供者应当按照“后台实名、前台自愿”的原则，对互联网群组信息服务使用者进行真实身份信息认证，用户不提供真实身份信息的，不得为其提供信息发布服务。

互联网群组信息服务提供者应当采取必要措施保护使用者个人信息安全，不得泄露、篡改、毁损，不得非法出售或者非法向他人提供。

第七条 互联网群组信息服务提供者应当根据互联网群组的性质类别、成员规模、活跃程度等实行分级分类管理，制定具体管理制度并向国家或省、自治区、直辖市互联网信息办公室备案，依法规范群组信息传播秩序。

互联网群组信息服务提供者应当建立互联网群组信息服务使用者信用等级管理体系，根据信用等级提供相应服务。

第八条 互联网群组信息服务提供者应当根据自身服务规模和管理能力，合理设定群组成员人数和个人建立群数、参加群数上限。

互联网群组信息服务提供者应设置和显示唯一群组识别编码，对成员达到一定规模的群组要设置群信息页面，注明群组名称、人数、类别等基本信息。

互联网群组信息服务提供者应根据群组规模类别，分级审核群组建立者真实身份、信用等级等建群资质，完善建群、入群等审核验证功能，并标注群组建立者、管理者及成员群内身份信息。

第九条 互联网群组建立者、管理者应当履行群组管理责任，依据法律法规、用户协议和平台公约，规范群组网络行为和信息发布，构建文明有序的网络群体空间。

互联网群组成员在参与群组信息交流时，应当遵守法律法规，文明互动、理性表达。

互联网群组信息服务提供者应为群组建立者、管理者进行群组管理提供必要功能权限。

第十条 互联网群组信息服务提供者和使用者不得利用互联网群组传播法律法规和国家有关规定禁止的信息内容。

第十一条 互联网群组信息服务提供者应当对违反法律法规和国家有关规定的互联网群组，依法依约采取警示整改、暂停发布、关闭群组等处置措施，保存有关记录，并向有关主管部门报告。

互联网群组信息服务提供者应当对违反法律法规和国家有关规定的群组建立者、管理者等使用者，依法依约采取降低信用等级、暂停管理权限、取消建群资格等管理措施，保存有关记录，并向有关主管部门报告。

互联网群组信息服务提供者应当建立黑名单管理制度，对违法违约情节严重的群组及建立者、管理者和成员纳入黑名单，限制群组服务功能，保存有关记录，并向有关主管部门报告。

第十二条 互联网群组信息服务提供者和使用者应当接受社会公众和行业组织的监督，建立健全投诉举报渠道，设置便捷举报入口，及时处理投诉举报。国家和地方互联网信息办公室依据职责，对举报受理落实情况进行监督检查。

鼓励互联网行业组织指导推动互联网群组信息服务提供者制定行业公约，加强行业自律，履行社会责任。

第十三条 互联网群组信息服务提供者应当配合有关主管部门依法进行的监督检查，并提供必要的技术支持和协助。

互联网群组信息服务提供者应当按规定留存网络日志不少于六个月。

第十四条 互联网群组信息服务提供者和使用者违反本规定的，由有关部门依照相关法律法规处理。

第十五条 本规定自2017年10月8日起施行。

附录八：互联网新闻信息服务单位内容管理从业人员管理办法（2017年）

第一章 总则

第一条 为加强对互联网新闻信息服务单位内容管理从业人员（以下简称“从业人员”）的管理，维护从业人员和社会公众的合法权益，促进互联网新闻信息服务健康有序发展，根据《中华人民共和国网络安全法》《互联网新闻信息服务管理规定》，制定本办法。

第二条 本办法所称从业人员，是指互联网新闻信息服务单位中专门从事互联网新闻信息采编发布、转载和审核等内容管理工作的人员。

第三条 本办法所称互联网新闻信息服务单位，是指依法取得互联网新闻信息服务许可，通过互联网站、应用程序、论坛、博客、微博客、公众账号、即时通信工具、网络直播等形式向社会公众提供互联网新闻信息服务的单位。

第四条 国家互联网信息办公室负责全国互联网新闻信息服务单位从业人员教育培训工作的规划指导和从业情况的监督检查。

地方互联网信息办公室依据职责负责本地区互联网新闻信息服务单位从业人员教育培训工作的规划指导和从业情况的监督检查。

第二章 从业人员行为规范

第五条 从业人员应当遵守宪法、法律和行政法规，坚持正确政治方向和舆论导向，贯彻执行党和国家有关新闻舆论工作的方针政策，维护国家利益和公共利益，严格遵守互联网内容管理的法律法规和国家有关规定，促进形成积极健康、向上向善的网络文化，推动构建风清气正的网络空间。

第六条 从业人员应当坚持马克思主义新闻观，坚持社会主义核心价值观，坚持以人民为中心的工作导向，树立群众观点，坚决抵制不良风气和低俗内容。

第七条 从业人员应当恪守新闻职业道德，坚持新闻真实性原则，认真核实新闻信息来源，按规定转载国家规定范围内的单位发布的新闻信息，杜绝编发虚假互联网新闻信息，确保互联网新闻信息真实、准确、全面、客观。

第八条 从业人员不得从事有偿新闻活动。不得利用互联网新闻信息采编发布、转载和审核等工作便利从事广告、发行、赞助、中介等经营活动，谋取不正当利益。不得利用网络舆论监督等工作便利进行敲诈勒索、打击报复等活动。

第三章 从业人员教育培训

第九条 国家互联网信息办公室组织开展对中央新闻单位（含其控股的

单位）和中央新闻宣传部门主管的单位主办的互联网新闻信息服务单位从业人员的教育培训工作。

省、自治区、直辖市互联网信息办公室组织开展对所在地地方新闻单位（含其控股的单位）和地方新闻宣传部门主管的单位、其他单位主办的互联网新闻信息服务单位，以及中央重点新闻网站地方频道从业人员的教育培训工作。

省、自治区、直辖市互联网信息办公室应当按要求向国家互联网信息办公室报告组织开展的从业人员教育培训工作情况。

第十条 互联网新闻信息服务单位应当建立完善从业人员教育培训制度，建立培训档案，加强培训管理，自行组织开展从业人员初任培训、专项培训、定期培训等工作，按要求组织从业人员参加国家和省、自治区、直辖市互联网信息办公室组织开展的教育培训工作。

第十一条 从业人员应当按要求参加国家和省、自治区、直辖市互联网信息办公室组织开展的教育培训，每三年不少于40个学时。

从业人员应当接受所在互联网新闻信息服务单位自行组织开展的、每年不少于40个学时的教育培训，其中关于马克思主义新闻观的教育培训不少于10个学时。

第十二条 从业人员的教育培训内容应当包括马克思主义新闻观，党和国家关于网络安全和信息化、新闻舆论等工作的重要决策部署、政策措施和相关法律法规，从业人员职业道德规范等。

第十三条 互联网新闻信息服务单位自行组织从业人员开展的教育培训工作，应当接受国家和地方互联网信息办公室的指导和监督。有关情况纳入国家和地方互联网信息办公室对该单位的监督检查内容。

第四章 从业人员监督管理

第十四条 国家和地方互联网信息办公室指导互联网新闻信息服务单位建立健全从业人员准入、奖惩、考评、退出等制度。

互联网新闻信息服务单位应当建立健全从业人员劳动人事制度，加强从业人员管理，按照国家和地方互联网信息办公室要求，定期报送从业人员有关信息，并及时报告从业人员变动情况。

第十五条 国家互联网信息办公室建立从业人员统一的管理信息系统，

对从业人员基本信息、从业培训经历和奖惩情况等进行记录，并及时更新、调整。地方互联网信息办公室负责对属地从业人员建立管理信息系统，并将更新、调整情况及时上报上一级互联网信息办公室。

国家和地方互联网信息办公室依法建立从业人员信用档案和黑名单。

第十六条 从业人员从事互联网新闻信息服务活动，存在违反本办法第五条至第八条规定，以及其他违反党和国家新闻舆论领域有关方针政策的行为的，国家或省、自治区、直辖市互联网信息办公室负责对其所在互联网新闻信息服务单位进行约谈，督促该单位对有关人员加强管理和教育培训。

从业人员存在违法行为的，根据有关法律法规依法处理。构成犯罪的，依法追究刑事责任。

互联网新闻信息服务单位发现从业人员存在违法行为的，应当依法依约对其给予警示、处分直至解除聘用合同或劳动合同，并在15个工作日内，按照分级管理、属地管理要求，将有关情况报告国家或省、自治区、直辖市互联网信息办公室。

第十七条 国家和地方互联网信息办公室将互联网新闻信息服务单位从业人员的从业情况纳入对该单位的监督检查内容。

互联网新闻信息服务单位对从业人员管理不力，造成严重后果，导致其不再符合许可条件的，由国家和地方互联网信息办公室依据《互联网新闻信息服务管理规定》第二十三条有关规定予以处理。

第十八条 从业人员提供互联网新闻信息服务，应当自觉接受社会监督。互联网新闻信息服务单位应当建立举报制度，畅通社会公众监督举报的渠道。

第五章 附则

第十九条 互联网新闻信息服务单位的主管主办单位或宣传管理部门、新闻出版广电部门有从业人员教育培训、管理工作等方面安排和规定的，应当同时符合其规定。

本办法所称从业人员，不包括互联网新闻信息服务单位中党务、人事、行政、后勤、经营、工程技术等非直接提供互联网新闻信息服务的人员。

第二十条 本办法自2017年12月1日起施行。

附录九：微博客信息服务管理规定（2018年）

第一条 为促进微博客信息服务健康有序发展，保护公民、法人和其他组织的合法权益，维护国家安全和公共利益，根据《中华人民共和国网络安全法》《国务院关于授权国家互联网信息办公室负责互联网信息内容管理工作的通知》，制定本规定。

第二条 在中华人民共和国境内从事微博客信息服务，应当遵守本规定。

本规定所称微博客，是指基于使用者关注机制，主要以简短文字、图片、视频等形式实现信息传播、获取的社交网络服务。

微博客服务提供者是指提供微博客平台服务的主体。微博客服务使用者是指使用微博客平台从事信息发布、互动交流等的行为主体。

微博客信息服务是指提供微博客平台服务及使用微博客平台从事信息发布、传播等行为。

第三条 国家互联网信息办公室负责全国微博客信息服务的监督管理执法工作。地方互联网信息办公室依据职责负责本行政区域内的微博客信息服务的监督管理执法工作。

第四条 微博客服务提供者应当依法取得法律法规规定的相关资质。

向社会公众提供互联网新闻信息服务的，应当依法取得互联网新闻信息服务许可，并在许可范围内开展服务，禁止未经许可或超越许可范围开展互联网新闻信息服务活动。

第五条 微博客服务提供者应当发挥促进经济发展、服务社会大众的积极作用，弘扬社会主义核心价值观，传播先进文化，坚持正确舆论导向，倡导依法上网、文明上网、安全上网。

第六条 微博客服务提供者应当落实信息内容安全管理主体责任，建立健全用户注册、信息发布审核、跟帖评论管理、应急处置、从业人员教育培训等制度及总编辑制度，具有安全可控的技术保障和防范措施，配备与服务规模相适应的管理人员。

微博客服务提供者应当制定平台服务规则，与微博客服务使用者签订服务协议，明确双方权利、义务，要求微博客服务使用者遵守相关法律法规。

第七条 微博客服务提供者应当按照“后台实名、前台自愿”的原则，对微博客服务使用者进行基于组织机构代码、身份证件号码、移动电话号码等方式的真实身份信息认证、定期核验。微博客服务使用者不提供真实身份信息的，微博客服务提供者不得为其提供信息发布服务。

微博客服务提供者应当保障微博客服务使用者的信息安全，不得泄露、篡改、毁损，不得出售或者非法向他人提供。

第八条 微博客服务使用者申请前台实名认证账号的，应当提供与认证信息相符的有效证明材料。

境内具有组织机构特征的微博客服务使用者申请前台实名认证账号的，应当提供组织机构代码证、营业执照等有效证明材料。

境外组织和机构申请前台实名认证账号的，应当提供驻华机构出具的有效证明材料。

第九条 微博客服务提供者应当按照分级分类管理原则，根据微博客服务使用者主体类型、发布内容、关注者数量、信用等级等制定具体管理制度，提供相应服务，并向国家或省、自治区、直辖市互联网信息办公室备案。

第十条 微博客服务提供者应当对申请前台实名认证账号的微博客服务使用者进行认证信息审核，并按照注册地向国家或省、自治区、直辖市互联网信息办公室分类备案。微博客服务使用者提供的证明材料与认证信息不相符的，微博客服务提供者不得为其提供前台实名认证服务。

各级党政机关、企事业单位、人民团体和新闻媒体等组织机构对所开设的前台实名认证账号发布的信息内容及其跟帖评论负有管理责任。微博客服务提供者应当提供管理权限等必要支持。

第十一条 微博客服务提供者应当建立健全辟谣机制，发现微博客服务使用者发布、传播谣言或不实信息，应当主动采取辟谣措施。

第十二条 微博客服务提供者和微博客服务使用者不得利用微博客发布、传播法律法规禁止的信息内容。

微博客服务提供者发现微博客服务使用者发布、传播法律法规禁止的信息内容，应当依法立即停止传输该信息、采取消除等处置措施，保存有关记录，并向有关主管部门报告。

第十三条 微博客服务提供者应用新技术、调整增设具有新闻舆论属性或社会动员能力的应用功能，应当报国家或省、自治区、直辖市互联网信息办公室进行安全评估。

第十四条 微博客服务提供者应当自觉接受社会监督，设置便捷的投诉举报入口，及时处理公众投诉举报。

第十五条 国家鼓励和指导互联网行业组织建立健全微博客行业自律制度和行业准则，推动微博客行业信用等级评价和信用体系建设，督促微博客服务提供者依法提供服务、接受社会监督。

第十六条 微博客服务提供者应当遵守国家相关法律法规规定，配合有关部门开展监督管理执法工作，并提供必要的技术支持和协助。

微博客服务提供者应当记录微博客服务使用者日志信息，保存时间不少于六个月。

第十七条 微博客服务提供者违反本规定的，由有关部门依照相关法律法规处理。

第十八条 本规定自2018年3月20日起施行。